● 小企业会计准则培训系列丛书

小企业会计准则下的施工企业会计

李志远　韩东海◎编著

中国市场出版社
China Market Press

图书在版编目（CIP）数据

小企业会计准则下的施工企业会计/李志远，韩东海编著. —北京：中国
市场出版社，2012.1

ISBN 978-7-5092-0839-7

Ⅰ.①小… Ⅱ.①李… ②韩… Ⅲ.①施工单位-基本建设会计 Ⅳ.①F407.967.2

中国版本图书馆 CIP 数据核字（2011）第 255505 号

书　　名：小企业会计准则下的施工企业会计
编　　著：李志远　韩东海
责任编辑：胡超平
出版发行：中国市场出版社
地　　址：北京市西城区月坛北小街 2 号院 3 号楼 （100837）
电　　话：编辑部 （010）68037344　读者服务部 （010）68022950
　　　　　发行部 （010）68021338　68020340　68053489
　　　　　　　　68024335　68033577　68033539
经　　销：新华书店
印　　刷：河北省高碑店市鑫宏源印刷包装有限责任公司
规　　格：787×1092 毫米　1/16　21.5 印张　470 千字
版　　本：2012 年 1 月第 1 版
印　　次：2012 年 1 月第 1 次印刷
书　　号：ISBN 978-7-5092-0839-7
定　　价：48.00 元

前　言

　　2011 年 10 月 28 日，财政部印发了《小企业会计准则》，自 2013 年 1 月 1 日起将在小企业范围内施行。《小企业会计准则》的颁布与实施是我国企业会计核算制度准则体系建设的重要环节。为了解析《小企业会计准则》在建筑施工企业的应用原理与方法，我们结合多年从事建筑施工企业会计继续教育的经验和建筑施工企业会计实践的情况，编写了这本《小企业会计准则下的施工企业会计》，希望本书能够成为我们与建筑施工企业会计同仁进行交流的平台。

　　在编写过程中，我们注重理论与实践的紧密结合，强调会计标准与小企业管理需要的结合，突出了以下的特点：

一、全面体现《小企业会计准则》的基本内容

　　小企业会计准则和企业会计准则分工明确，相互衔接，为小企业的发展提供了制度空间。小企业会计准则在原则上遵循《企业会计准则——基本准则》的前提下，对会计确认、计量和报告要求进行了适当简化，既维护了基本准则在整个会计标准体系中的统驭地位，又兼顾了小企业的实际情况。在保证小企业会计信息质量的同时，最大程度降低了小企业成长壮大为大中型企业、转而执行企业会计准则后所面临的制度转换成本。本书全面体现了小企业会计准则的基本要求和内容。

二、紧密结合小型建筑施工企业会计核算实际

　　本书按照小型建筑施工企业常见的业务类型进行章

节安排，而非机械地照搬会计准则。我们将与建筑施工企业密切相关的业务内容，如工程施工成本、机械作业成本、建筑劳务收入与费用的核算作为重点内容进行了讲述；同时，也将与实际业务较为疏远的生物资产、金融资产业务作了压缩或删减，使本书的内容更加贴近建筑施工企业会计核算实际，更加便于读者阅读与理解。

三、精心选编施工企业内部财务会计制度范本

《小企业会计准则》的顺利实施，有赖于企业内部财务会计制度的建立健全。可以说，企业健全的财务会计制度是其有效实施内部控制、做好财会工作的前提。但囿于各种原因，小型施工企业在内部财务会计制度建设方面非常薄弱，财务管理工作很不规范。鉴于此，本书为读者提供了 27 个内部财务会计制度范本。这些范本是从许多优秀小型施工企业内部财务会计制度中精心选编的，符合小型施工企业的特点和实际需要。借鉴这些成功经验，可以快速提升企业内控质量，实现财会工作的标准化和规范化。

本书主要由李志远、韩东海编著完成，赵露雨、杨卓、杨凡参加了部分章节的编写。在编著过程中，我们力求使本书既能够体现小企业会计准则的基本原则，又能够满足建筑施工企业财会工作的实际需要，期盼本书能成为广大建筑施工企业财会工作者的良师益友。但由于作者水平所限，书中纰漏和不足之处在所难免，恳请广大读者给予指正。本书的交流博客为：http://liydge. blog. esnai. com/，作者的电子邮箱是：124823032@qq. com。

作者
2011 年 11 月

目　录

CONTENTS

1

第一章
总　论

第一节　小企业会计准则导读

为了规范小企业会计确认、计量和报告行为，促进小企业可持续发展，发挥小企业在国民经济和社会发展中的重要作用，根据《中华人民共和国会计法》及其他有关法律和法规，财政部制定了《小企业会计准则》，并于2011年10月28日印发。

一、小企业会计准则的制定背景

小企业是我国国民经济和社会发展的重要力量，加强小企业管理、促进小企业发展是保持国民经济平稳较快发展的重要基础，是关系民生和社会稳定的重大战略任务。为此，党中央、国务院高度重视支持小企业发展，2002年6月出台了《中小企业促进法》。2009年9月，国务院印发《关于进一步促进中小企业发展的若干意见》（国发〔2009〕36号），提出了进一步扶持中小企业发展的综合性政策措施。2011年10月，国务院总理温家宝主持召开国务院常务会议，研究确定支持小型和微型企业发展的金融、财税政策措施。

（一）制定小企业会计准则是加强小企业管理、促进小企业发展的重要制度安排

据有关资料统计，在目前所有477万户企业中，小企业数量占97.11%、从业人员占52.95%、主营业务收入占39.34%、资产总额占41.97%。制定和发布《小企业会计准则》，是落实国发〔2009〕36号文件精神，规范小企业会计工作、加强小企业管理、促进小企业发展的重要制度安排。

（二）制定小企业会计准则是加强税收征管、防范金融风险的重要制度保障

由于小企业往往存在会计基础工作薄弱、会计核算资料不全的问题，造成对外提供的会计信息质量不高，税务部门无法采用查账方式征收企业所得税。当前，有相当一部分的小企业实行核定征收方式征收企业所得税，较查账征收增加了企业税负。同时，由于小企业的会计信息质量不高，银行在对小企业贷款管理中，更多依赖的并非小企业的财务报表，增加了银行对小企业贷款风险管理成本。

（三）制定小企业会计准则是健全企业会计标准体系、规范小企业会计行为的重要制度基础

我国于 2006 年建成的企业会计准则体系，自 2007 年 1 月 1 日起在我国上市公司和非上市大中型企业实施，得到了国内和国际社会的普遍认可，但这套准则体系的实施范围不包括小企业。现行小企业会计制度是 2004 年制定的，有的内容早已过时，实际工作中无所适从，亟须制定小企业会计准则，建立完善的企业会计准则体系。同时，国际会计准则理事会于 2009 年 7 月制定发布了《中小主体国际财务报告准则》，引起了国际社会的广泛关注，我国也积极响应，加快了小企业会计改革步伐，抓紧制定小企业会计准则。

二、小企业会计准则的制定思路和原则

制定小企业会计准则应当立足国情、借鉴《中小主体国际财务报告准则》简化要求的思路，同时与我国税法保持协调，并有助于银行等债权人提供信贷，实现以下三个"结合"。

（一）遵循基本准则与简化要求相结合

按照我国企业会计改革的总体框架，基本准则是纲，适用于在中华人民共和国境内设立的所有企业；企业会计准则和小企业会计准则是基本准则框架下的两个子系统，分别适用于大中型企业和小企业。小企业会计准则应当按照基本准则的要求规范小企业会计确认、计量和报告行为，同时考虑到我国小企业规模小、业务简单、会计基础工作较为薄弱、会计信息使用者的信息需求相对单一等实际，小企业会计准则应当简化要求。

（二）满足税收征管信息需求与有助于银行提供信贷相结合

小企业外部会计信息使用者主要为税务部门和银行。税务部门主要利用小企业会计信息作出税收决策，包括是否给予税收优惠政策、采取何种征税方式、怎样确定应征税额等，他们更多希望减少小企业会计与税法的差异；银行主要利用小企业会计信息作出信贷决策，他们更多希望小企业按照国家统一的会计准则提供财务报表。为满足小企业这些外部主要会计信息使用者的需求，

小企业会计准则制定中减少了会计职业判断的内容，基本消除了小企业会计与税法的差异。

（三）和企业会计准则合理分工与有序衔接相结合

小企业会计准则和企业会计准则虽适用范围不同，但为适应小企业发展壮大的需要，二者又要相互衔接，从而发挥会计准则在企业发展中的政策效用。为此，对于小企业非经常性发生的、甚至基本不可能发生的交易或事项，一旦发生，可以参照企业会计准则的规定执行；对于小企业公开发行股票或债券的，或者因经营规模、企业性质变化不再符合小企业标准而成为大中型企业或金融企业的，应当转为执行企业会计准则；小企业转为执行企业会计准则时，应当按照《企业会计准则第38号——首次执行企业会计准则》等相关规定进行会计处理。

三、小企业会计准则的适用范围

（一）小企业

小企业会计准则自2013年1月1日起在小企业范围内施行，鼓励小企业提前执行。除股票或债券在市场上公开交易的小企业、金融机构或其他具有金融性质的小企业以及企业集团内的母公司和子公司等三类小企业外，小企业可以执行本准则，也可以执行企业会计准则。

（二）微型企业

根据《小企业会计准则》第八十九条规定，符合《中小企业划型标准规定》所规定的微型企业标准的企业参照执行本准则。

（三）特殊规定

（1）执行小企业会计准则的小企业，发生的交易或者事项《小企业会计准则》未作规范的，可以参照企业会计准则中的相关规定进行处理。

（2）执行企业会计准则的小企业，不得在执行《企业会计准则》的同时，选择执行小企业会计准则的相关规定。

（3）执行小企业会计准则的小企业公开发行股票或债券的，应当转为执行《企业会计准则》；因经营规模或企业性质变化导致不符合小企业会计准则规定而成为大中型企业或金融企业的，应当从次年1月1日起转为执行企业会计准则。

（4）已执行企业会计准则的上市公司、大中型企业和小企业，不得转为执行小企业会计准则。

（四）各行业小型和微型企业划型标准

根据《工业和信息化部、国家统计局、国家发展和改革委员会、财政部关于印发〈中小企业划型标准规定〉的通知》（工信部联企业〔2011〕300号），各行业小型和微型企业的划型标准如下。

行　业	小型企业	微型企业
1. 农、林、牧、渔业	营业收入50万～500万元（不含）的	营业收入50万元（不含）以下的
2. 工业（包括采矿业，制造业，电力、热力、燃气及水生产和供应业）	从业人员20～300人（不含），且营业收入300万～2 000万元（不含）的	从业人员20人（不含）以下或营业收入300万元（不含）以下的
3. 建筑业	营业收入300万～6 000万元（不含），且资产总额300万～5 000万元（不含）的	营业收入300万元以下或资产总额300万元以下的
4. 批发业	从业人员5～20人（不含），且营业收入1 000万～5 000万元（不含）的	从业人员5人以下或营业收入1 000万元以下的
5. 零售业	从业人员10～50人（不含），且营业收入100万～500万元（不含）的	从业人员10人以下或营业收入100万元以下的
6. 交通运输业（不含铁路运输业）	从业人员20～300人（不含），且营业收入200万～3 000万元（不含）的	从业人员20人以下或营业收入200万元以下的
7. 仓储业	从业人员20～100人（不含），且营业收入100万～1 000万元（不含）的	从业人员20人以下或营业收入100万元以下的
8. 邮政业	从业人员20～300人（不含），且营业收入100万～2 000万元（不含）的	从业人员20人以下或营业收入100万元以下的
9. 住宿业	从业人员10～100人（不含），且营业收入100万～2 000万元（不含）的	从业人员10人以下或营业收入100万元以下的
10. 餐饮业	从业人员10～100人（不含），且营业收入100万～2 000万元（不含）的	从业人员10人以下或营业收入100万元以下的
11. 信息传输业（包括电信、互联网和相关服务）	从业人员10～100人（不含），且营业收入100万～1 000万元（不含）的	从业人员10人以下或营业收入100万元以下的
12. 软件和信息技术服务业	从业人员10～100人（不含），且营业收入50万～1 000万元（不含）的	从业人员10人以下或营业收入50万元以下的
13. 房地产开发经营	营业收入100万～1 000万元（不含），且资产总额2 000万～5 000万元（不含）的	营业收入100万元以下或资产总额2 000万元以下的

续表

行　业	小型企业	微型企业
14. 物业管理	从业人员 100～300 人（不含），且营业收入 500 万～1 000 万元（不含）的	从业人员 100 人以下或营业收入 500 万元以下的
15. 租赁和商务服务业	从业人员 10～100 人（不含），且资产总额 100 万～8 000 万元（不含）的	从业人员 10 人以下或资产总额 100 万元以下的
16. 其他未列明行业（包括科学研究和技术服务业、水利、环境和公共设施管理业、居民服务、修理和其他服务业、社会工作、文化、体育和娱乐业等）	从业人员 10～100 人（不含）的	从业人员 10 人以下的

四、小企业会计准则、企业会计准则、小企业会计制度比较

（一）三者会计科目的比较

会计科目比较

小企业会计准则			企业会计准则			小企业会计制度			说明
序号	编号	会计科目名称	序号	编号	会计科目名称	序号	编号	会计科目名称	
		一、资产类			一、资产类			一、资产类	
1	1001	库存现金	1	1001	现金	1	1001	现金	
2	1002	银行存款	2	1002	银行存款	2	1002	银行存款	
			3	1003	存放中央银行款项				银行专用
			4	1011	存放同业				银行专用
3	1012	其他货币资金	5	1012	其他货币资金	3	1009	其他货币资金	
							100901	外埠存款	
							100902	银行本票存款	
							100903	银行汇票存款	
							100904	信用卡存款	
							100905	信用证保证金存款	
							100906	存出投资款	
			6	1021	结算备付金				证券专用
			7	1031	存出保证金				金融共用
			8	1101	交易性金融资产				

续表

小企业会计准则			企业会计准则			小企业会计制度			说明
序号	编号	会计科目名称	序号	编号	会计科目名称	序号	编号	会计科目名称	
			9	1111	买入返售金融资产				金融共用
4	1101	短期投资				4	1101	短期投资	
							110101	股票	
							110102	债券	
							110103	基金	
							110110	其他	
						5	1102	短期投资跌价准备	
5	1121	应收票据	10	1121	应收票据	6	1111	应收票据	
6	1122	应收账款	11	1122	应收账款	8	1131	应收账款	
7	1123	预付账款	12	1123	预付账款				
8	1131	应收股利	13	1131	应收股利	7	1121	应收股息	
9	1132	应收利息	14	1132	应收利息				
			15	1201	应收代位追偿款				保险专用
			16	1211	应收分保账款				保险专用
			17	1212	应收分保合同准备金				保险专用
10	1221	其他应收款	18	1221	其他应收款	9	1133	其他应收款	
			19	1231	坏账准备	10	1141	坏账准备	
			20	1301	贴现资产				银行专用
			21	1302	拆出资金				金融共用
			22	1303	贷款				银行专用
			23	1304	贷款损失准备				银行专用
			24	1311	代理兑付证券				银行和证券共用
			25	1321	代理业务资产				
11	1401	材料采购	26	1401	材料采购				
12	1402	在途物资	27	1402	在途物资	11	1201	在途物资	
13	1403	原材料	28	1403	原材料	12	1211	材料	
14	1404	材料成本差异	29	1404	材料成本差异				
15	1405	库存商品	30	1405	库存商品	14	1243	库存商品	
			31	1406	发出商品				
16	1407	商品进销差价	32	1407	商品进销差价	15	1244	商品进销差价	
17	1408	委托加工物资	33	1408	委托加工物资	16	1251	委托加工物资	
						17	1261	委托代销商品	
						13	1231	低值易耗品	

续表

小企业会计准则			企业会计准则			小企业会计制度			说明
序号	编号	会计科目名称	序号	编号	会计科目名称	序号	编号	会计科目名称	
18	1411	周转材料	34	1411	周转材料				
19	1421	消耗性生物资产	35	1421	消耗性生物资产				农业专用
			36	1431	贵金属				金融共用
			37	1441	抵债资产				金融共用
			38	1451	损余物资				保险专用
			39	1461	融资租赁资产				租赁专用
			40	1471	存货跌价准备	18	1281	存货跌价准备	
						19	1301	待摊费用	
			41	1501	持有至到期投资				
			42	1502	持有至到期投资减值准备				
			43	1503	可供出售金融资产				
20	1501	长期债权投资				21	1402	长期债权投资	
							140201	债券投资	
							140202	其他债权投资	
21	1511	长期股权投资	44	1511	长期股权投资	20	1401	长期股权投资	
							140101	股票投资	
							140102	其他股权投资	
			45	1512	长期股权投资减值准备				
			46	1521	投资性房地产				
			47	1531	长期应收款				
			48	1532	未实现融资收益				
			49	1541	存出资本保证金				保险专用
22	1601	固定资产	50	1601	固定资产	22	1501	固定资产	
23	1602	累计折旧	51	1602	累计折旧	23	1502	累计折旧	
			52	1603	固定资产减值准备				
24	1604	在建工程	53	1604	在建工程	25	1603	在建工程	
							160301	建筑工程	
							160302	安装工程	
							160303	技术改造工程	
							160304	其他支出	

小企业会计准则			企业会计准则			小企业会计制度			说明
序号	编号	会计科目名称	序号	编号	会计科目名称	序号	编号	会计科目名称	
25	1605	工程物资	54	1605	工程物资	24	1601	工程物资	
26	1606	固定资产清理	55	1606	固定资产清理	26	1701	固定资产清理	
			56	1611	未担保余值				租赁专用
27	1621	生产性生物资产	57	1621	生产性生物资产				农业专用
28	1622	生产性生物资产累计折旧	58	1622	生产性生物资产累计折旧				农业专用
			59	1623	公益性生物资产				农业专用
			60	1631	油气资产				石油天然气开采专用
			61	1632	累计折耗				石油天然气开采专用
29	1701	无形资产	62	1701	无形资产	27	1801	无形资产	
30	1702	累计摊销	63	1702	累计摊销				
			64	1703	无形资产减值准备				
			65	1711	商誉				
31	1801	长期待摊费用	66	1801	长期待摊费用	28	1901	长期待摊费用	
			67	1811	递延所得税资产				
			68	1821	独立账户资产				保险专用
32	1901	待处理财产损溢	69	1901	待处理财产损溢				
		二、负债类			二、负债类			二、负债类	
33	2001	短期借款	70	2001	短期借款	29	2101	短期借款	
			71	2002	存入保证金				金融共用
			72	2003	拆入资金				金融共用
			73	2004	向中央银行借款				银行专用
			74	2011	吸收存款				银行专用
			75	2012	同业存放				银行专用
			76	2021	贴现负债				银行专用
			77	2101	交易性金融负债				
			78	2111	卖出回购金融资产款				金融共用

小企业会计准则			企业会计准则			小企业会计制度			说明
序号	编号	会计科目名称	序号	编号	会计科目名称	序号	编号	会计科目名称	
34	2201	应付票据	79	2201	应付票据	30	2111	应付票据	
35	2202	应付账款	80	2202	应付账款	31	2121	应付账款	
36	2203	预收账款	81	2203	预收账款				
37	2211	应付职工薪酬	82	2211	应付职工薪酬	32	2151	应付工资	
						33	2153	应付福利费	
38	2221	应交税费	83	2221	应交税费	35	2171	应交税金	
							217101	应交增值税	
							21710101	进项税额	
							21710102	已交税金	
							21710103	减免税款	
							21710104	出口抵减内销产品应纳税额	
							21710105	转出未交增值税	
							21710106	销项税额	
							21710107	出口退税	
							21710108	进项税额转出	
							21710109	转出多交增值税	
							217102	未交增值税	
							217103	应交营业税	
							217104	应交消费税	
							217105	应交资源税	
							217106	应交所得税	
							217107	应交土地增值税	
							217108		
							217109	应交房产税	
							217110	应交土地使用税	
							217111	应交车船使用税	
							217112	应交个人所得税	
39	2231	应付利息	84	2231	应付利息				
40	2232	应付利润	85	2232	应付股利	34	2161	应付利润	
						36	2176	其他应交款	
41	2241	其他应付款	86	2241	其他应付款	37	2181	其他应付款	

续表

_序_号	_编号_	_会计科目名称_	_序_号	_编号_	_会计科目名称_	_序_号	_编号_	_会计科目名称_	说明
		小企业会计准则			企业会计准则			小企业会计制度	
			87	2251	应付保单红利				保险专用
			88	2261	应付分保账款				保险专用
			89	2311	代理买卖证券款				证券专用
			90	2312	代理承销证券款				金融共用
			91	2313	代理兑付证券款				证券和银行共用
			92	2314	代理业务负债				
						38	2191	预提费用	
						39	2201	待转资产价值	
							220101	接受捐赠货币性资产价值	
							220102	接受捐赠非货币性　资产价值	
42	2401	递延收益	93	2401	递延收益				
43	2501	长期借款	94	2501	长期借款	40	2301	长期借款	
			95	2502	应付债券				
			96	2601	未到期责任准备				保险专用
			97	2602	保险责任准备金				保险专用
			98	2611	保户储金				保险专用
			99	2621	独立账户负债				保险专用
44	2701	长期应付款	100	2701	长期应付款	41	2321	长期应付款	
			101	2702	未确认融资费用				
			102	2711	专项应付款				
			103	2801	预计负债				
			104	2901	递延所得税负债				
					三、共同类				
			105	3001	清算资金往来				银行专用
			106	3002	货币兑换				金融共用
			107	3101	衍生工具				
			108	3201	套期工具				
			109	3202	被套期项目				
		三、所有者权益类			四、所有者权益类			三、所有者权益类	
45	3001	实收资本	110	4001	实收资本	42	3101	实收资本	
46	3002	资本公积	111	4002	资本公积	43	3111	资本公积	

续表

小企业会计准则			企业会计准则			小企业会计制度			说明
序号	编号	会计科目名称	序号	编号	会计科目名称	序号	编号	会计科目名称	
							311101	资本溢价	
							311102	接受捐赠非现金资产准备	
							311106	外币资本折算差额	
							311107	其他资本公积	
47	3101	盈余公积	112	4101	盈余公积	44	3121	盈余公积	
							312101	法定盈余公积	
							312102	任意盈余公积	
							312103	法定公益金	
			113	4102	一般风险准备				金融共用
48	3103	本年利润	114	4103	本年利润	45	3131	本年利润	
49	3104	利润分配	115	4104	利润分配	46	3141	利润分配	
							314101	其他转入	
							314102	提取法定盈余公积	
							314103	提取法定公益金	
							314109	提取任意盈余公积	
							314110	应付利润	
							314111	转作资本的利润	
							314115	未分配利润	
			116	4201	库存股				
		四、成本类			五、成本类			四、成本类	
50	4001	生产成本	117	5001	生产成本	47	4101	生产成本	
							410101	基本生产成本	
							410102	辅助生产成本	
51	4101	制造费用	118	5101	制造费用	48	4105	制造费用	
			119	5201	劳务成本				
52	4301	研发支出	120	5301	研发支出				
53	4401	工程施工	121	5401	工程施工				建造承包商专用
			122	5402	工程结算				建造承包商专用

续表

小企业会计准则			企业会计准则			小企业会计制度			说明
序号	编号	会计科目名称	序号	编号	会计科目名称	序号	编号	会计科目名称	
54	4403	机械作业	123	5403	机械作业				建造承包商专用
		五、损益类			六、损益类			五、损益类	
55	5001	主营业务收入	124	6001	主营业务收入	49	5101	主营业务收入	
			125	6011	利息收入				金融共用
			126	6021	手续费及佣金收入				金融共用
			127	6031	保费收入				保险专用
			128	6041	租赁收入				租赁专用
56	5051	其他业务收入	129	6051	其他业务收入	50	5102	其他业务收入	
			130	6061	汇兑损益				金融共用
			131	6101	公允价值变动损益				
57	5111	投资收益	132	6111	投资收益	51	5201	投资收益	
			133	6201	摊回保险责任准备金				保险专用
			134	6202	摊回赔付支出				保险专用
			135	6203	摊回分保费用				保险专用
58	5301	营业外收入	136	6301	营业外收入	52	5301	营业外收入	
59	5401	主营业务成本	137	6401	主营业务成本	53	5401	主营业务成本	
60	5402	其他业务成本	138	6402	其他业务支出	55	5405	其他业务支出	
61	5403	营业税金及附加	139	6403	营业税金及附加	54	5402	主营业务税金及附加	
			140	6411	利息支出				金融共用
			141	6421	手续费及佣金支出				金融共用
			142	6501	提取未到期责任准备金				保险专用
			143	6502	提取保险责任准备金				保险专用
			144	6511	赔付支出				保险专用
			145	6521	保单红利支出				保险专用
			146	6531	退保金				保险专用
			147	6541	分出保费				保险专用
			148	6542	分保费用				保险专用
62	5601	销售费用	149	6601	销售费用	56	5501	营业费用	
63	5602	管理费用	150	6602	管理费用	57	5502	管理费用	

续表

小企业会计准则			企业会计准则			小企业会计制度			说明
序号	编号	会计科目名称	序号	编号	会计科目名称	序号	编号	会计科目名称	
64	5603	财务费用	151	6603	财务费用	58	5503	财务费用	
			152	6604	勘探费用				石油天然气开采专用
			153	6701	资产减值损失				
65	5711	营业外支出	154	6711	营业外支出	59	5601	营业外支出	
66	5801	所得税费用	155	6801	所得税费用	60	5701	所得税	
			156	6901	以前年度损益调整				

（二）与企业会计准则的比较

1. 准则框架体系的比较

小企业会计准则	企业会计准则
小企业会计准则由小企业会计准则（包括：总则、资产、负债、所有者权益、收入、费用、利润及利润分配、外币业务、财务报表、附则，共十章）和附录：小企业会计准则——会计科目、主要账务处理和财务报表组成。	企业会计准则由1项基本准则、38项具体准则和应用指南构成。其中，应用指南包括32项具体准则应用指南和附录：会计科目和主要账务处理。

2. 财务报表组成的比较

小企业会计准则	企业会计准则
小企业的财务报表包括：	财务报表至少应当包括下列组成部分：
（1）资产负债表； （2）利润表； （3）现金流量表； （4）附注。	（1）资产负债表； （2）利润表； （3）现金流量表； （4）所有者权益（股东权益）变动表； （5）附注。

3. 主要会计处理对比

（1）存货。

①存货跌价准备的处理不同。

企业会计准则下，资产负债表日，企业根据存货准则确定存货发生减值的，按存货可变现净值低于成本的差额，借记"资产减值损失"科目，贷记

"存货跌价准备"科目；小企业会计准则下，不计提存货跌价准备。

②投资者投入存货成本的初始计量不同。

企业会计准则下，投资者投入存货的成本，应当按照投资合同或协议约定的价值确定，但合同或协议约定价值不公允的除外；小企业会计准则下，应当按照评估价值确定。

③盘盈存货的处理不同。

企业会计准则下，盘盈存货实现的收益应当冲减管理费用；小企业会计准则下，盘盈存货实现的收益应当计入营业外收入。

（2）金融资产投资。

①分类不同。

企业会计准则下，将金融资产划分为交易性金融资产、可供出售金融资产、持有至到期投资、贷款和应收款项、长期股权投资；小企业会计准则下，将金融资产划分为短期投资、长期债券投资和长期股权投资。

②计量属性选择不同。

企业会计准则下，交易性金融资产、可供出售金融资产采用公允价值进行后续计量；持有至到期投资、贷款和应收款项采用历史成本（摊余成本）与未来现金流量现值孰低计量；长期股权投资需要区分权益法和成本法，采用账面价值与可收回金额孰低计量。小企业会计准则下，均采用历史成本计量。

③减值处理不同。

企业会计准则下，均需要计提减值，减值除长期股权投资外均可转回；小企业会计准则下，发生损失时直接冲减资产，不计提减值准备。

④利息收入及投资收益确认不同。

企业会计准则下，利息收入为"摊余成本×实际利率"；持有期间投资收益则需要根据具体准则确定。小企业会计准则下，利息收入为"面值×票面利率"；持有期间投资收益为应收股利、应收利息等。

（3）固定资产。

①投资者投入固定资产成本的初始计量不同。

企业会计准则下，投资者投入固定资产的成本，应当按照投资合同或协议约定的价值确定，但合同或协议约定价值不公允的除外；小企业会计准则下，应当按照评估价值和相关税费确定。

②减值处理不同。

企业会计准则下，均需要计提减值，减值不得转回；小企业会计准则下，发生损失时直接冲减资产，不计提减值准备。

③折旧期间不同。

企业会计准则下，根据资产可使用寿命确定；小企业会计准则下，应当根据固定资产的性质和使用情况，并考虑税法是否有最低限额规定等，尽可能减少与税法的差异和纳税调整。

（4）生物资产。

①分类不同。

企业会计准则下，分为消耗性生物资产、生产性生物资产和公益性生物资产；小企业会计准则下，分为消耗性生物资产、生产性生物资产。

②减值的处理不同。

企业会计准则下，消耗性生物资产计提减值，可变现净值的确定遵循《企业会计准则第 1 号——存货》；生产性生物资产计提减值，可收回金额的确定遵循《企业会计准则第 8 号——资产减值》。小企业会计准则下，消耗性生物资产、生产性生物资产均不计提减值。

③生产性生物资产折旧期间不同。

企业会计准则下，根据资产可使用寿命确定，小企业会计准则下，除了应当根据资产的性质和使用情况，并考虑税法是否有最低限额规定等，尽可能减少与税法的差异和纳税调整。

（5）无形资产。

①减值处理不同。

企业会计准则下，均需要计提减值，减值不得转回；小企业会计准则下，发生损失时直接冲减资产，不计提减值准备。

②摊销方法不同。

企业会计准则下，摊销方法应根据资产经济利益的预期实现方式确定，使用寿命不确定的无形资产不进行摊销；小企业会计准则下，全部采用年限平均法进行摊销。

③摊销期间不同

企业会计准则下，摊销期间应根据资产可使用寿命确定；小企业会计准则下，对不能可靠估计无形资产使用寿命的，规定摊销期不得低于 10 年，有最低限额规定的应与税法规定一致。

（6）借款费用。

利息计算不同。企业会计准则下，借款存在折价或者溢价的，应当按照实际利率法确定每一会计期间应摊销的折价或者溢价金额，调整每期利息金额；小企业会计准则下，长期借款应当按照借款本金和借款合同利率在应付利息日计提利息费用。

（7）收入。

收入的确认条件不同。《企业会计准则》下，更关注风险报酬是否转移；小企业会计准则下，更加关注是否收到货款或取得收款权利。

（8）所得税费用。

企业会计准则下，采用资产负债表债务法，需要确认递延所得税费用；小企业会计准则下，采用应付税款法，不需要确认递延所得税费用。

（三）与小企业会计制度的比较

1. 准则框架体系的比较

《小企业会计制度》包括总说明；会计科目名称和编号；会计科目使用说明；会计报表格式；会计报表编制说明及附录：主要会计事项分录举例。《小企业会计准则》包括小企业会计准则及附录：小企业会计准则——会计科目、主要账务处理和财务报表。

2. 会计要素与财务报表的比较

资产方面，小企业会计准则不要求计提资产减值准备，取消了《小企业会计制度》中短期投资跌价准备、存货跌价准备的规定，资产实际损失的确定参照了企业所得税法中有关认定标准，取消发出存货后进先出法，长期股权投资统一采用成本法核算，规定了与所得税法相一致的固定资产计提折旧最低年限以及后续支出的会计处理方法。小企业会计准则在所有者权益方面，规定资本公积的核算内容基本仅为资本溢价部分；收入方面，规定采用发出货物且收到货款或取得收款权利作为确认收入的标准，减少关于风险报酬转移的职业判断，同时就几种常见的销售方式明确规定了收入确认的时点。

小企业会计准则在财务报表方面规定，现金流量表由小企业会计制度规定的"推荐编制"改为"应当编制"，并考虑到小企业会计信息使用者的需求，对现金流量表进行了适当简化，在附注中增加了纳税调整的说明。

3. 账务处理的对比

会计科目	小企业会计准则	小企业会计制度
库存现金（现金）	现金短缺或溢余通过"待处理财产损溢——待处理流动资产损溢"科目核算	如为现金短缺，借记"管理费用"科目；如为现金溢余，贷记"营业外收入"科目
银行存款	未明确规范结算方式及汇兑损益的处理	明确规范结算方式及汇兑损益的处理
短期投资	持有期间所收到的股利、利息等，确认投资收益	持有期间所收到的股利、利息等，不确认投资收益，作为冲减投资成本处理
	不计提短期投资减值准备	计提短期投资减值准备

续表

会计科目	小企业会计准则	小企业会计制度
应收票据	未规范票据利息的处理	规范票据利息的处理
	因付款人无力支付票据，或到期不能收回应收票据的转入"应收账款"	应收票据不得计提坏账准备，待到期不能收回转入"应收账款"后，再按规定计提坏账准备
应收账款	未规范应收债权融资或出售应收债权的会计处理	规范应收债权融资或出售应收债权的会计处理
	不计提坏账，发生损失时直接转销计入营业外收入	计提坏账准备，坏账准备计入管理费用
原材料（材料）	未规范商品流通的小企业购入商品抵达仓库前发生的包装费、运杂费、保险费、装卸费、运输途中的合理损耗和入库前的挑选整理费用等采购费用	商品流通的小企业购入商品抵达仓库前发生的包装费、运杂费、保险费、装卸费、运输途中的合理损耗和入库前的挑选整理费用等采购费用，直接计入当期营业费用
	盘盈、盘亏或毁损的各种原材料通过"待处理财产损溢——待处理流动资产损溢"科目核算，待按照管理权限批准后计入营业外收入或营业外支出	盘盈的各种材料冲减管理费用；盘亏、毁损的各种材料计入营业外支出或管理费用
长期股权投资	采用成本法核算	分别采用成本法或权益法核算
固定资产	自行建造的固定资产的入账价值由建造该固定资产决算前发生的支出（含相关借款费用）构成	自行建造的固定资产的入账价值为达到预定可使用状态前所发生的必要支出
无形资产	摊销期自其可供使用时开始至停止使用或出售时止。有关法律规定或合同约定了使用年限的，可以按照规定或约定的使用年限分期摊销。小企业不能可靠估计无形资产使用寿命的，摊销期不短于10年	摊销年限应按合同受益年限、法律规定年限孰低确定；如果合同没有规定受益年限，法律也没有规定有效年限的，摊销年限不应超过10年
长期待摊费用	不含开办费	包括开办费
应付职工薪酬	为获得职工提供服务而应付给职工的各种形式的报酬以及其他相关支出，并进行详细规范	通过应付工资、应付福利费等核算，未规范非货币性薪酬及其他职工薪酬的核算
长期借款	小企业为购建固定资产，在竣工决算前发生的借款费用，应当计入固定资产的成本	为购建固定资产而发生的专门借款，在满足借款费用开始资本化的条件时至购建的固定资产达到预定可使用状态前发生的借款费用，应计入固定资产成本

续表

会计科目	小企业会计准则	小企业会计制度
资本公积	仅核算资本（股本）溢价	包括 4 个明细科目：资本溢价、接受捐赠非现金资产准备、外币资本折算差额、其他资本公积
盈余公积	法定公积金和任意公积金	法定盈余公积、任意盈余公积、法定公益金

注：债务重组、非货币性资产交换等特殊业务的核算，《小企业会计制度》进行了规范，《小企业会计准则》未规范。但《小企业会计准则》规定，小企业发生的交易或者事项《小企业会计准则》未作规范的，可以参照《企业会计准则》进行处理。

第二节　建筑施工企业概述

建筑施工企业（也称"建筑业企业"、"施工企业"）是指那些主要从事建筑、设备安装和其他专门工程的生产企业，包括各种土木建筑公司、设备安装公司、基础工程公司、冶金工程公司、电力建设公司、市政工程公司、装修和装饰工程公司等等。建筑施工企业是我国建筑业的重要组成部分，对改善和提高人们物质文化生活水平，促进国民经济发展，具有非常重要的作用。

一、建筑施工企业的分类

建筑施工企业属于基本建设的基层生产单位，它既担负着各物质生产部门所需房屋和构筑物的建造、改造和各种设备的安装工作，也承担着非物质生产部门所需房屋、公共设施和民用住宅等的施工任务。按照生产经营范围不同，建筑施工企业可以分为工程总承包企业、建筑施工承包企业、专项分包企业三类。

工程总承包企业是指为建设单位提供工程勘察设计、工程施工管理、工程材料和设备采购、工程技术开发与应用、工程建设咨询和监理等全过程服务的建筑施工企业。工程总承包企业可以对工程建设项目进行从设计到施工的一体化总承包或施工总承包，也可以将承包的部分工程分包给其他具备相应资质条件的企业。工程总承包企业一般是人员总量较少的智力密集型企业，不直接拥有施工队伍和大型施工装备等，但集中了大量工程建设全过程的专家。这类企业是现代社会化大生产和技术进步的产物，其经营范围广、营业额大、数量不多但能量较大，是建筑业中的"龙头"企业。

建筑施工承包企业是指从事工程建设项目施工承包与施工管理的企业。施工承包企业可以通过投标直接从建设单位取得工程建设项目，也可以从工程总承包企业通过工程分包取得工程项目。建筑施工承包企业可以对所承包的工程项目自行组织施工生产，也可以将所承包施工项目中部分工程分包给其他具备相应资质条件的企业。这类企业数量大、门类多，一般属于劳动密集型企业，是建筑业中的主体骨干企业。

专项分包企业是指从事工程施工专项分包活动的劳务型企业。专项分包企业只能为工程总承包企业或施工承包企业提供相关专业工种施工的劳务，一般不能单独承包工程。这类企业规模小、数量多，属于劳动密集型企业。

此外，按照经营组织形式不同划分，建筑施工企业可以分为有限责任公司、股份有限公司、合伙企业、个人独资企业等；按照组织规模不同划分，建筑施工企业可以分为大型建筑施工企业、中型建筑施工企业和小型建筑施工企业；按照企业资质等级不同划分，建筑施工企业可以分为一级资质企业、二级资质企业、三级资质企业、四级资质企业和非等级资质企业。

随着我国市场经济的不断发展，很多建筑施工企业已由过去那种所有制形式单一、单纯从事建筑安装工程施工的企业，发展成为以建筑安装和其他专门工程作业为主，实行多种经营的经济组织。

二、建筑施工企业的经营方式

建筑施工企业的经营方式，是指建筑施工企业向建设工程的投资者或施工服务的对象（即建设单位）提供建筑产品或服务的方式，也是建筑施工企业获得工程任务并组织其建设所采取的经营管理方式。根据《中华人民共和国招标投标法》（以下简称《招标投标法》的规定，在我国境内建设的大型基础设施、公用事业等关系社会公共利益、公众安全的项目，全部或者部分使用国有资金投资或者国家融资的项目，使用国际组织或者外国政府贷款、援助资金的项目，都必须进行招标。招投标方式是一种竞争性的经营方式，它符合市场经济的要求，是建筑施工企业承揽工程任务的一种主要方式。在这种方式下，建筑施工企业的具体经营方式又多种多样，可以从不同的角度进行分类。

（一）按照合同取费方式的不同分类

按照合同取费方式的不同，建筑施工企业的具体经营方式可以分为总价承包、单价承包和成本加成承包三类。

总价承包是指建筑施工企业按照与建设单位商定的总造价承包工程。它是以设计图纸和工程说明书为依据，根据工程数量计算出工程总造价后进行承包。即把全部工程费用计入合同总价，一次包死，多不退、少不补。在承包合同执行过程中，不论工程量、设备及材料价格、工资等是否发生较大变动，除非建设单位要求变更原定的承包内容，否则承包企业一般不得对合同价格进行调整和改变。采用这种方式，对建设单位来说，有利于控制和节约投资，且比较简便。对建筑施工企业来说，如果设计图纸和工程说明书相当详细，对施工现场情况的了解十分详尽，能据以精确地估算工程造价，签订合同时考虑得比较周全，一般不会有太大的风险，也是一种比较简便的承包方式；如果设计图纸和工程说明书不够详细，由于存在不可预见的工程和费用，物价、工资升降等宏观经济政策的调整，以及不可抗拒的自然灾害等因素，建筑施工企业就需要承担较大的风险。这种经营方式一般适用于结构不太复杂、技术要求和质量标准明确、工程变更较少、工程规模适中、有较大把握承建的一般中、小型工程。

单价承包是指建筑施工企业与建设单位按照工程的一定计量单位议定固定单价，然后再根据实际完成的工程量汇总计算工程总造价，并据以结算工程价款。这种方式一般适用于工程总量事前难以准确计算或变动较大的工程，如土石方工程、管道工程等。这种方式对建设单位来说，可以简化招标工作，但不易控制投资总额；对建筑施工企业来说，不须承担重大风险，只要能提高生产效率、降低单位成本，就能增加盈利。

成本加成承包是指建筑施工企业按照工程实际成本加上一定数额的酬金作为工程总造价，与建设单位签订工程承包合同，并据以结算工程价款。其中的酬金一般由管理费、利润和奖金组成，它既可以按照工程实际成本的一定百分比计算，也可以按照商定的一笔固定数额计算。这种方式一般适用于施工条件不正常的情况，如扩建工程、修复工程、灾后清理及恢复工程或发生市场因素难以预测的情况等。这种方式对建设单位来说，不易控制投资总额；对建筑施工企业来说，可以确保其利润。

（二）按照承包者所处地位的不同分类

按照承包者所处的地位不同，建筑施工企业的具体经营方式可以分为独立承包、总分包和联合承包三种方式。

独立承包是指某家建筑施工企业完全利用自有的能力承包一项工程的全部施工生产任务。独立承包一般要求承包工程的建筑施工企业规模较大，或者工程的规模较小、技术要求比较简单的工程和修缮工程等。

总分包方式是指通过总承包和分包方式完成工程施工任务。总承包是指建设单位将全部建筑安装工程的施工生产任务委托给一家建筑施工企业总承包，以明确责任和便于施工现场的统一领导。负责工程总承包的建筑施工企业对承包的全部工程必须按照总承包合同的约定直接向建设单位负法律责任和经济责任，统一向建设单位办理工程价款结算。分包是指总承包单位根据施工需要，在征得建设单位同意的情况下，将一部分工程分给具有相应资质条件的建筑施工企业承担。分包出去的工程，通常是某些分部、分项工程和专业工程，如土石方工程、打桩工程、基础工程、结构件吊装工程、设备安装工程、装饰工程等，但建筑工程主体结构的施工必须由总承包单位自行完成。分包单位按照分包合同的约定对总承包单位负责，一般不与建设单位发生直接的经济关系。根据《中华人民共和国建筑法》（以下简称《建筑法》）的规定，在工程的总包与分包过程中，禁止承包单位将其承包的全部建筑工程转包给他人；禁止承包单位将其承包的全部建筑工程肢解以后以分包的名义分别转包给他人；禁止总承包单位将工程分包给不具备相应资质条件的单位；禁止分包单位将其承包的工程再分包。

联合承包是指由两个或两个以上的建筑施工企业联合起来承包一项工程，共同对建设单位负责。在这种方式下，参加联合的各建筑施工企业仍是各自独立经营、独立核算的企业，只是在共同承包的工程项目上，根据预先达成的协议，承担各自的义务和分享各自的收益，包括投入资金的数额、工人和管理人员的派遣、机械设备和临时设施的费用分摊、利润的分享以及风险的分担等等。在一般情况下，联合承包各方应签订联合承包合同，明确各方在承包过程中的权利、义务以及相互协作、违约责任的承担等条款，并推选出承包代表人同建设单位签订工程承包合同。对工程承包合同的履行，各承包方共同对建设单位承担连带责任。根据《建筑法》的规定，大型建筑工程或者结构复杂的建筑工程，可以由两个以上的承包单位联合共同承包，一般的中、小型建筑工程或结构不复杂的工程无需采用联合承包的方式，这样可有效避免由于联合承包方式过多而造成管理上的混乱。

（三）按照材料供应方式的不同分类

按照建筑材料提供方式的不同，建筑施工企业的具体经营方式可以分为包工包料、包工不包料和包工部分包料三种方式。

包工包料是指承包单位既负责承包工程的施工又负责供应承包工程所需的全部建筑材料。包工包料实际上是全面地承包施工的全过程，这是企业普遍采用的施工承包方式。

包工不包料是指承包工程所需的建筑材料全部由发包单位（建设单位）负责供应，承包单位只负责工程的施工。包工不包料实际上是劳务承包，承包单位投入的主要是劳务以及必要的施工机械设备，只对劳务负责，风险较小，这种方式一般适用于综合管理力量相对较弱的建筑施工企业。

包工部分包料是指承包单位只负责承包工程的施工和供应承包工程所需的一部分建筑材料，其余的建筑材料则由建设单位或总包单位负责供应。

此外，在施工承包中，还包括专业承包和专项承包。专业承包是指专业技术要求较高或有特殊技术要求工程的承包，如设备安装工程等；专项承包是指如土石方、打桩、基础等工程的承包。这些工程由于专业性较强，一般由有关的专业承包单位承包。

三、建筑产品与施工生产的特点

建筑施工企业是为工农业生产和人民生活提供各种生产性和非生产性建筑产品的物质生产部门，房屋、建筑物的建设和设备的安装是建筑施工企业的主要生产活动，其产品一般为不动产。建筑施工企业是国民经济中的特殊行业，产品不同于其他行业企业的产品，其产品的特点也决定了施工生产的特殊性。

（一）建筑产品的特点

1. 建筑产品的固定性

所有的建筑产品，不论其规模大小、坐落何方，它的基础部分都是与大地相连的，始终是与大地不分的，位置一经确定，就只能始终在那里发挥作用，不能移动。如工厂建造在固定的厂址，铁道修筑在固定的路基，高楼大厦奠基于平地。有些建筑产品，如人防工程、涵洞、隧道、石油井、煤井、地下铁道、水库、窑洞住宅等，本身就是土地不可分割的一部分。这种固定性，正是建筑产品与其他生产部门的物质产品相区别的一个重要特点。

2. 建筑产品的多样性

建筑产品的功能是由社会生产发展和人们生活水平决定的，它不仅要满足社会生产和使用功能的要求，还要满足人们对建筑产品美观上的要求，同时还要受建筑性质、地理条件、民族特征、风俗习惯、社会条件等影响。每项建筑产品事先都有明确的特定用途，按建设单位对建筑物和构筑物以及工艺流程的特定要求来兴建。建筑产品的功能不同，其建设规模、结构、内容、标准、式样等方面也各不相同。即使建筑产品的使用功能和建筑类型相同，但在不同的地点建造，也会因建造地点的自然条件、资源条件和社会条件的不同而表现出差异。

3. 建筑产品的形体庞大

一个工程项目，往往是按照一个总体设计建造出来的，它是由许多单项工程组成的工程配套、项目衔接的固定资产体系。即使是单一项目的建设工程，由于功能复杂，建设起来也是工程量浩大，必须占用广阔的空间，消耗大量的物质资源和人力资源。建筑产品形体庞大的特点，是一般工业产品所无法比拟的。

4. 建筑产品的使用寿命长

建筑产品一经建成，竣工投产或交付使用后，可以在很长的时间内发挥固定资产的作用。一个建筑物或构筑物，无论是钢结构、钢筋混凝土结构，还是砖木结构，可以使用少则十几年，多则几十年甚至上百年才丧失其使用价值。

(二) 施工生产的特点

建筑产品的特点，直接影响到施工生产的组织、工艺和经济等各个方面，决定着施工生产的特点。一般来讲，施工生产主要具有下列特点。

1. 施工生产的流动性

由于建筑产品的固定性，在施工生产过程中，劳动者和施工机具经常处于流动状态。这种流动性主要表现在三个方面：其一，不同工种的工人要在同一建筑物的不同部位上进行流动施工，从一个施工生产阶段转移到另一个施工生产阶段，即施工人员和机具要随着施工部位的不同而沿着施工对象上、下、左、右、前、后流动，不断地变换操作场所；其二，生产工人要在同一工地的不同单位工程之间进行流动施工；其三，企业的施工队伍要在不同工地、不同地区承包工程，进行区域性流动施工，即工程完工后，生产者和施工机具要随施工对象坐落位置的变化而迁徙流动，从一个工地转移到另一个工地或从一个地区转移到另一个地区。另外，施工生产一般是顺序施工，基础、结构、屋面、装修等各阶段虽然也可以交叉作业，但制约性很大。随着构配件预制工厂化和现场施工装配化的发展，许多操作可以在空间上同时进行，平行作业或立体交叉作业，大大减轻了施工生产的流动程度，但是，这并不能从根本上消除施工生产的流动性。

2. 施工生产的单件性

建筑产品的固定性和多样性，导致了施工生产的单件性。特别是建筑施工企业是根据用户（建设单位）的需要，按订单组织生产的，建筑产品的功能和形式随建设单位的实际需要不同而各不相同。每项建筑产品都是在特定的地理环境中建造的，几乎每一项建筑产品都有其特定的建设目的和用途，都有其独特的形式和结构，因而就需要有一套单独的设计图纸，在建造时需要根据不同的设计，采用不同的施工方法和施工组织。即使是同一类型的工程或采用标准设计，也会由于建筑产品所在地点的地形、地质、水文、气候等自然条件的差异，能源、交通运输、材料和设备供应等资源条件以及人文、民族、风俗习惯等社会条件的不同，而需要在建造时对设计图纸以及施工方法和施工组织等作适当的改变。此外，建筑等级、建筑标准和施工技术水平的不同，也会导致工程建设的差异。因此，施工生产具有单件性，很少能全部按照同一模式进行完全重复性质的生产。

3. 施工生产的长期性

建筑产品的施工生产过程是一个规模大、消耗多、周期长的生产性消费过程。由于建筑产品构造复杂、形体庞大，在施工生产过程中要占用大量的人力、财力、物力。一个大中型建设项目往往要花费几千万、上亿甚至百亿元以上的投资。因此，客观上决定了施工生产的周期相对较长，一般都要跨年度施工，一个大中型建设项目往往需要几年、十几年甚至更长的时间才能建成。另外，由于工程固定在一定的地点，使施工生产只能相对局限于一定的工作场所，按照一定的施工顺序、施工过程和施工工序组织立体交叉作业和平行流水作业，这就必然影响到施工生产周期。与工业产品大多体积较小、生产周期较短、一般是边投入边产出的情况不同，建筑产品必须等到整个施工生产周期终结，才能生产出独立的最终建筑产品。

4. 施工生产受自然气候条件影响大

建筑产品由于位置固定，形体庞大，其生产一般是在露天进行，并且高空、地下、水下作业多，直接承受着自然气候条件变化的制约。如冬季、雨季、台风、高温等气候，会给组织施工带来许多问题，常常影响施工生产的顺利进行，使施工生产缺乏连续性、节奏性、均衡性，较难实现均衡生产。另外，每个建筑物和构筑物所在地点的工程地质和水文地质条件，也对施工生产起着很大的制约作用。因此，建筑施工企业必须正确制定施工方案，合理安排施工进度，搞好安全生产，努力创造条件组织均衡施工，力争把自然气候条件对施工生产的影响或造成的损失降到最低限度。

四、施工生产的组织管理与会计核算

由于建筑产品的类型繁多，建筑施工企业要根据建设单位的特定要求，按照专门用途的工程组织施工生产经营。同时，建筑产品地点的固定性和施工生产的流动性造成建筑施工企业管理环境的变化大，可变因素和不可预见因素多。特别是建筑施工企业承担国外施工任务的，则环境更为复杂、更加特殊，管理工作的难度更大。管理环境的多变，导致施工生产经营的预见性、可控性比较差。施工生产没有固定不变的施工方案，需因工程而异、因地而异、因时而异地编制施工组织设计来指导施工，并根据施工计划单个地供应材料。因此，施工生产需要个别地组织、单个地进行。在此背景下，项目法施工成为建筑施工企业组织生产管理的一种主要方式。

所谓项目法施工，是指建筑施工企业按工程项目设置施工组织机构，组建施工队伍，项目完成后，其组织机构随之撤销的施工管理方式。项目法施工要建立以项目经理部为主要组织管理形式的施工生产管理系统，实行项目经理负责制；项目法施工实行企业内部承包制，用以确立项目承包者与企业、职工之间的责、权、利关系。在合同管理方面，企业总经理一般要授予项目经理较大的权力，以便处理与合同各方的关系。

由此可见，项目法施工是以工程项目为对象，以项目经理负责制为中心，以经营承包责任制为基础，以经济合同为手段，按照工程项目的内在规律和施工需要合理配置生产要素，对工程项目的安全、质量、工期、成本等实行全过程的控制和管理，达到全面实现项目目标、提高工程投资效益和企业经济效益的一种科学管理模式。在项目法施工下，建筑施工企业面对规模大小、复杂程度、工期长短各不相同的工程项目，只能根据项目的需要配置资源，并在施工过程中根据情况的变化予以调整，对施工过程中的生产要素投入在时间上进行动态管理。在这个管理过程中，工程项目成本作为建筑施工企业成本费用的主要部分，一般要占企业成本的90%以上。

施工生产经营管理的方式，决定了建筑施工企业会计具有不同于其他行业企业会计的特点。为了适应施工生产分散、流动性大的特点，建筑施工企业一般会根据项目管理的需要，形成以施工项目为独立核算单位的财务管理体系，使会计核算与施工生产有机地结合起来，以调动所属各级施工单位的积极性和主动性，并及时满足施工生产管理的需要。

第三节　建筑施工企业会计概述

一、建筑施工企业会计核算的特点

建筑施工企业是主要从事建筑工程、设备安装工程和其他专门工程的生产企业。它既担负着国民经济各产业部门所需的房屋和构筑物的建造、改造和各种设备的安装工作，也承担着非物质生产领域所需的房屋、公共设施和民用住宅等施工任务。它通过施工生产活动，把各种建筑材料变成各类房屋和构筑物，把各种机器设备组装起来形成各种生产能力，为国民经济创造新的财富。同时，建筑施工企业是国民经济中一个特殊的行业，其建筑产品本身、施工生产过程及其经营管理都具有不同于其他行业企业的特点。比如由于建筑产品的固定性带来施工生产的流动性；由于建筑产品的多样性带来施工生产的单件性；由于建筑施工周期长带来施工生产的长期性；由于建筑产品的露天性导致施工生产受自然气候条件影响大；建筑产品的复杂性要求施工生产各部门必须综合协作。建筑施工企业生产任务获得方式也具有独特性，它不同于一般工业性企业，必须先获得订单、得到工程预付货款，才能组织施工。建筑施工企业的生产经营特点决定了其会计核算具有与其他行业企业不同的特点。建筑施工企业会计核算的特点主要表现在以下方面。

（一）由于施工生产的流动性大，需要分级核算，以便加强管理

为了适应施工生产分散、流动性大的特点，建筑施工企业会计应该采取分级管理、分级核算的办法，使会计核算与施工生产有机地结合起来，以调动所属各级施工单位的积极性和主动性，并及时满足施工生产管理的需要。此外，施工生产流动性大的特点，还决定了企业的施工队伍每转移到一个新的施工现场都需要根据施工的需要搭建各种临时设施。建筑施工企业会计必须对各工点的临时设施建立完善的核算体系，对有关临时设施的搭建、摊销、维修、报废、拆除等方面的情况进行详细的核算，防止财产流失。

（二）由于施工生产的单件性，应采用订单法核算每项工程的成本

建筑施工企业由于施工生产的单件性，不能根据一定时期内所发生的全部施工生产费用和完成的工程数量来计算各项工程的单位成本，而必须按照订单分别归集施工生产费用，单独计算每项工程的成本。同时，由于不同建筑产品之间的差异大、可比性差，不同建筑产品之间的实际成本不便进行比较，建筑施工企业工程成本的分析、控制和考核不是以可比产品成本为依据，而是以工程预算成本为依据。即建筑施工企业只能将工程的实际成本和预算成本进行比较，以考核工程成本的升降情况。

（三）由于施工生产的周期长，需要加强工程价款结算、收入与费用的核算

由于建筑产品的施工生产周期一般都比较长，要占用大量的资金。因此，建筑施工企业有必要将已完成预算定额所规定的全部工序或工程内容的分部工程或分项工程作为"已完工程"，及时与建设单位办理工程价款的中间结算，待工程全部竣工后再进行清算。这就要求建筑施工企业会计必须加强工程价款结算的会计核算工作，正确计算已完工程的预算价值，及时收回工程价款。同时，还应加强对预收备料款、预收工程款的核算和管理，严格遵守国家关于预收备料款和预收工程款的有关规定，并按期与建设单位（或发包单位）进行清算。另外，由于施工生产周期长，对于跨年度施工的工程，建筑施工企业还需要根据工程的完工进度，采用完工百分比法分别计量和确认各年度的建筑劳务收入和费用，以确定各年度的经营成果。

（四）由于施工生产的露天性，需要合理确定固定资产折旧等的核算方法

由于建筑安装工程体积庞大，受气候条件影响，建筑施工企业会计要考虑合理的固定资产折旧方法和周转材料、低值易耗品、临时设施的摊销方法。建筑施工企业的固定资产、临时设施等一般都露天存放，受自然力侵蚀特别大，尤其在施工条件非常恶劣的情况下，资产耗损更为明显。因此，对这些资产计提或计算折旧、摊销额时，要选择符合其实际磨损程度的方法。

二、小型建筑施工企业的会计要素

小型建筑施工企业的会计要素也是由资产、负债、所有者权益以及收入、费用、利润组成的。

(一) 资产

资产，是指小企业过去的交易或者事项形成的、由小企业拥有或者控制的、预期会给小企业带来经济利益的资源。小企业的资产按照流动性，可分为流动资产和非流动资产。

小企业的流动资产，是指预计在1年内（含1年，下同）或超过1年的一个正常营业周期内变现、出售或耗用的资产。小企业的流动资产包括：货币资金、短期投资、应收及预付款项、存货等。

小企业的非流动资产，是指流动资产以外的资产。小企业的非流动资产包括：长期债券投资、长期股权投资、固定资产、生产性生物资产、无形资产、长期待摊费用等。

(二) 负债

负债，是指小企业过去的交易或者事项形成的，预期会导致经济利益流出小企业的现时义务。小企业的负债按照其流动性，可分为流动负债和非流动负债。

小企业的流动负债，是指预计在1年内或者超过1年的一个正常营业周期内清偿的债务。小企业的流动负债包括：短期借款、应付及预收款项、应付职工薪酬、应交税费、应付利息等。

小企业的非流动负债，是指流动负债以外的负债。小企业的非流动负债包括：长期借款、长期应付款等。

(三) 所有者权益

所有者权益，是指小企业资产扣除负债后由所有者享有的剩余权益。小企业的所有者权益包括：实收资本（或股本）、资本公积、盈余公积和未分配利润。

(四) 收入

收入，是指小企业在日常生产经营活动中形成的、会导致所有者权益增加、与所有者投入资本无关的经济利益的总流入。小企业的收入包括：销售商品收入和提供劳务收入。

（五）费用

费用，是指小企业在日常生产经营活动中发生的、会导致所有者权益减少、与向所有者分配利润无关的经济利益的总流出。

小企业的费用包括：营业成本、营业税金及附加、销售费用、管理费用、财务费用等。

（六）利润

利润，是指小企业在一定会计期间的经营成果。小企业利润包括：营业利润、利润总额和净利润。

小企业的营业利润，是指营业收入减去营业成本、营业税金及附加、销售费用、管理费用、财务费用，加上投资收益（或减去投资损失）后的金额。营业收入是指小企业销售商品和提供劳务实现的收入总额。投资收益，由小企业股权投资取得的现金股利（或利润），债券投资取得的利息收入，处置股权投资和债券投资取得的处置价款扣除成本或账面余额、相关税费后的净额三部分构成。

小企业的利润总额，是指营业利润加上营业外收入，减去营业外支出后的金额。

小企业的净利润，是指利润总额减去所得税费用后的净额。

四、小型建筑施工企业常用会计科目

《小企业会计准则》给出了一般小企业会计确认、计量中涉及的会计科目，涵盖了各类企业的交易或者事项。按照规定，企业在不违反会计准则中确认、计量和报告规定的前提下，可以根据本单位的实际情况自行增设、分拆、合并会计科目。企业不存在的交易或者事项，可不设置相关会计科目。对于明细科目，建筑施工企业可以比照《小企业会计准则》附录中的规定自行设置。

结合企业会计的特点，实行《小企业会计准则》后，小型建筑施工企业常用的会计科目见下表。

施工企业会计科目表

顺序号	科目编号	一级科目	顺序号	科目编号	一级科目
		（一）资产类科目	31	2202	应付账款
1	1001	库存现金	32	2203	预收账款
2	1002	银行存款	33	2211	应付职工薪酬
3	1012	其他货币资金	34	2221	应交税费
4	1101	短期投资	35	2231	应付利息

续表

顺序号	科目编号	一级科目	顺序号	科目编号	一级科目
5	1121	应收票据	36	2232	应付利润
6	1122	应收账款	37	2241	其他应付款
7	1123	预付账款	38	2401	递延收益
8	1131	应收股利	39	2501	长期借款
9	1132	应收利息	40	2701	长期应付款
10	1221	其他应收款			（三）所有者权益类科目
11	1401	材料采购	41	3001	实收资本
12	1402	在途物资	42	3002	资本公积
13	1403	原材料	43	3101	盈余公积
14	1404	材料成本差异	44	3103	本年利润
15	1405	库存商品	45	3104	利润分配
16	1408	委托加工物资			（四）成本费用类科目
17	1411	周转材料	46	4401	工程施工
18	1501	长期债券投资	47	4403	机械作业
19	1511	长期股权投资			（五）损益类科目
20	1601	固定资产	48	5001	主营业务收入
21	1602	累计折旧	49	5051	其他业务收入
22	1604	在建工程	50	5111	投资收益
23	1605	工程物资	51	5301	营业外收入
24	1606	固定资产清理	52	5401	主营业务成本
25	1701	无形资产	53	5402	其他业务成本
26	1702	累计摊销	54	5403	营业税金及附加
27	1801	长期待摊费用	55	5601	销售费用
28	1901	待处理财产损溢	56	5602	管理费用
		（二）负债类科目	57	5603	财务费用
29	2001	短期借款	58	5711	营业外支出
30	2201	应付票据	59	5801	所得税费用

除上述科目外，建筑施工企业也可以根据自身情况，设置"内部往来"、"备用金"、"辅助生产"等科目。

"内部往来"科目核算小企业与所属内部独立核算单位（比如施工项目部）之间，或各内部独立核算单位之间，由于工程价款结算、材料销售、提供劳务等业务所发生的各种应收、应付、暂收、暂付往来款项。

"备用金"科目核算小企业拨付给非独立核算的内部单位（如职能部门、施工项目部、个人等）备作差旅费、零星采购或零星开支等使用的款项。小企业也可以不设置该科目，而将相应内容放在"其他应收款"科目核算。

"辅助生产"科目用来核算小企业及其内部独立核算的单位（如施工项目部）所属非独立核算的辅助生产部门为工程施工、产品生产、机械作业、专项工程等生产材料和提供劳务（如设备维修，构件现场制作，铁木件加工，固定资产清理，供应水、电、风、气，施工机械的安装、拆卸和辅助设施的搭建工程等）所发生的各项费用。

CHAPTER

2

第二章
货币资金

货币资金是小企业资产的重要组成部分，是小企业资产中流动性较强的一种资产。货币资金从本质上属于金融资产的范畴，货币资金按其存放地点和用途不同，分为库存现金、银行存款和其他货币资金。

第一节　库存现金

一、库存现金的管理

(一) 现金的含义

现金是流动性最强的一种货币性资产，可以随时用其购买所需的物资，支付有关费用，偿还债务，也可随时存入银行。我国会计上所界定的现金概念是指企业的库存现金，是存放在企业财会部门由出纳员保管作为零星之用的货币资产，包括库存的人民币现金和外币现金。

(二) 现金的使用范围

根据国家现金管理制度和结算制度的规定，企业收支的各种款项必须按照国务院颁发的《现金管理暂行条例》的规定办理，在规定范围内使用现金。

允许企业使用现金结算的范围有：

(1) 职工工资、津贴；

(2) 个人劳务报酬；

(3) 根据国家规定颁发给个人的科学技术、文化艺术、体育等各种奖金；

(4) 各种劳保、福利费用以及国家规定的对个人的其他支出；

(5) 向个人收购农副产品和其他物资的价款；

(6) 出差人员必须随身携带的差旅费；

（7）零星支出；

（8）中国人民银行确定需要支付现金的其他支出。

属于上述现金结算范围的支出，小企业可根据需要向银行提取现金支付；不属于上述现金结算范围的款项支付，一律通过银行进行转账结算。

（三）现金收支的规定

小企业在经营活动中发生的现金收入，应及时送存银行，不得直接用于支付自己的支出。小企业如因特殊情况需要坐支现金的，应事先报经开户银行审查批准，由开户银行核定坐支范围和限额。小企业不得用不符合财务制度的凭证顶替库存现金，即不得"白条顶库"；不准谎报用途套取现金；不准将银行账户代其他单位和个人存入或支取现金；不准将单位收入的现金以个人名义存入储蓄，不准保留账外公款，即不得"公款私存"，不得设置"小金库"等。

二、库存现金的核算

（一）库存现金的一般核算

库存现金的核算，一般包括现金的总分类核算和序时核算。

1. 现金的总分类核算

现金的总分类核算是通过设置"库存现金"账户进行的。该科目属于资产类账户，借方登记现金的收入数额，贷方登记现金的支出数额，期末借方余额反映小企业实际持有的库存现金。有外币现金的小企业应分别设置"人民币"、"外币"明细科目核算。

2. 现金的序时核算

现金的序时核算是通过设置现金日记账进行的。现金日记账是记载现金收支业务的订本式序时账，有三栏式（收、付、存）和多栏式两种。现金日记账由出纳人员根据审核后的现金收、付款凭证、银行存款付款凭证，按照现金业务发生顺序，逐日逐笔序时登记。每日终了，应计算当日的现金收入、支出合计数及结余数，并将结余数同现金实际库存数核对，做到日清月结，保证账实相符。如果发现账实不符，应及时查明原因，进行处理。月份终了，现金日记账的余额应与"库存现金"总账的余额核对相符。有外币现金收支业务的小企业，应当按照人民币现金、外币现金的币种设置现金日记账账户进行明细核算。

【例 2-1】

永宏建筑公司到开户银行提取现金 1 500 元。作如下账务处理：

借：库存现金　　　　　　　　　　　　　　　　　　　　1 500

贷：银行存款	1 500

❖✦❖

【例 2-2】

公司办公室王晓出差预借 500 元，凭有效的借款单支付现金。作如下账务处理：

借：其他应收款——王晓	500
贷：库存现金	500

❖✦❖

【例 2-3】

公司出售废旧材料，收回现金 400 元。凭本公司开出的收款收据收取现金，作会计分录：

借：库存现金	400
贷：其他业务收入——材料销售收入	400

❖✦❖

【例 2-4】

公司以现金支付职工工资 35 000 元。作如下账务处理：

借：应付职工薪酬——工资	35 000
贷：库存现金	35 000

❖✦❖

（二）库存现金清查的核算

现金清查的基本方法是实地盘点法。现金清查既包括出纳人员每日营业终了进行的清点核对，也包括清查小组进行定期和不定期的盘点和核对。在清查中如果发现账实不符，除应及时查明原因外，还要进行相应的账务处理。

每日终了结算现金收支、财产清查等发现的有待查明原因的现金短缺或溢余，应通过"待处理财产损溢——待处理流动资产损溢"科目核算。属于金额短缺，应按实际短缺的金额，借记"待处理财产损溢——待处理流动资产损溢"科目，贷记"库存现金"科目；属于现金溢余，按实际溢余的金额，借记"库存现金"科目，贷记"待处理财产损溢——待处理流动资产损溢"科目。待查明原因后作如下处理：

（1）如为现金短缺，属于应由责任人赔偿的部分，借记"其他应收款——应收现金短缺款（××人）"或"库存现金"等科目，贷记"待处理财产损溢——待处理流动资产损溢"科目；属于应由保险公司赔偿的部分，借记"其他应收款——应收保险赔款"科目，贷记"待处理财产损溢——待处理流动资产损溢"科目；属于无法查明的其他原因，根据管理权限，经批准后，借记"营业外支出"科目，贷记"待处理财产损溢——待处理流动资产损溢"科目。

(2) 如为现金溢余，属于应支付给有关人员或单位的，应借记"待处理财产损溢——待处理流动资产损溢"科目，贷记"其他应付款——应付现金溢余（××人）"科目；属于无法查明原因的现金溢余，经批准后，借记"待处理财产损溢——待处理流动资产损溢"科目，贷记"营业外收入——现金溢余"科目。

【例 2-5】

永宏建筑公司 5 月份在现金清查中，发现现金短缺 700 元，原因待查。账务处理如下：

    借：待处理财产损溢——待处理流动资产损溢　　　　　　700
        贷：库存现金　　　　　　　　　　　　　　　　　　　　700

经查，其中 400 元是由于出纳员张三工作失职造成的，应由其赔偿；其余 300 元不能查清原因，经批准处理。账务处理如下：

    借：其他应收款——应收现金短缺款（张三）　　　　　　400
        营业外支出　　　　　　　　　　　　　　　　　　　300
        贷：待处理财产损溢——待处理流动资产损溢　　　　　700

【例 2-6】

公司 8 月份在现金清查中，发现现金溢余 500 元，原因待查。账务处理如下：

    借：库存现金　　　　　　　　　　　　　　　　　　　　500
        贷：待处理财产损溢——待处理流动资产损溢　　　　　500

经查，属于少付职工王晓的款项。账务处理如下：

    借：待处理财产损溢——待处理流动资产损溢　　　　　　500
        贷：其他应付款——应付现金溢余（王晓）　　　　　　500

如果现金溢余原因无法查清，经批准处理。账务处理如下：

    借：待处理财产损溢——待处理流动资产损溢　　　　　　500
        贷：营业外收入——现金溢余　　　　　　　　　　　　500

第二节　银行存款

一、银行存款的管理

（一）银行存款的含义

银行存款是小企业存放在银行或其他金融机构的货币资金。按照国家有关货币资金管理的规定，凡是独立核算的单位都必须在当地银行开设账户。建筑施工企业在银行开设账户以后，除按核定的限额保留库存现金外，超过限额的现金必须存入银行；除了在规定的范围内可以用现金直接支付的款项外，在经营过程中所发生的一切货币收支业务，都必须通过银行存款账户办理转账结算。

（二）银行存款账户种类

小企业在银行开立账户可分为基本存款账户、一般存款账户、临时存款账户和专用存款账户四种。

基本存款账户是指存款人办理日常转账结算和现金收付的账户。存款人工资、奖金等现金的支取，只能通过本账户办理。一般存款账户是指存款人在基本存款账户以外的银行借款转存、与基本存款账户的存款人不在同一地点的附属非独立核算单位开立的账户。存款人可以通过本账户办理转账结算和现金缴存，但不能办理现金支取。临时存款账户是指存款人因临时经营活动需要开立的账户。存款人可以通过该账户办理转账结算和根据国家现金管理规定办理现金收付。专用存款账户是指存款人因特定用途需要开立的账户，如基本建设资金、更新改造资金等。

（三）银行存款的管理规定

（1）合法使用银行账户，不得转借其他单位或个人使用；不得用银行账户进行非法活动。

（2）不得签发没有资金保证的票据和远期支票，套取银行信用。

（3）不得签发、取得和转让没有真实交易和债权债务的票据，套取银行和他人资金。

（4）不准无理拒绝付款，任意占用他人资金。

（5）不准违反规定开立和使用账户。

二、银行支付结算方式

支付结算是指单位、个人在社会经济活动中使用票据、信用卡和汇兑、委托收款、托收承付等结算方式进行货币给付及其资金清算的行为。

（一）商业汇票

商业汇票是出票人签发的，委托付款人在指定日期无条件支付确定的金额给收款人或持票人的票据。法人与其他组织之间须具有真实的交易关系或债权债务关系，才能使用商业汇票。商业汇票的付款期限由交易双方商定，但最长不得超过 6 个月。

商业汇票可以背书转让。符合条件的商业承兑汇票的持票人可持未到期的商业承兑汇票连同贴现凭证，向银行申请贴现。

商业汇票按承兑人不同分为商业承兑汇票和银行承兑汇票两种。

1. 商业承兑汇票

商业承兑汇票由银行以外的付款人承兑。商业承兑汇票按交易双方约定，由销货企业或购货企业签发，但由购货企业承兑。承兑时，购货企业应在汇票下面记载"承兑"字样、承兑日期并签章。承兑不得附有条件，否则视为拒绝承兑。到期时，购货企业的开户银行凭票将票款划给销货企业或贴现银行。销货企业应在提示付款期限内通过开户银行委托收款或直接向付款人提示付款。

对异地委托收款的，销货企业可匡算邮程，提前通过开户银行委托收款。

汇票到期时，如购货企业的存款不足支付票款，开户银行应将汇票退还销货企业，银行不负责付款，由购销双方自行处理。

2. 银行承兑汇票

银行承兑汇票由银行承兑，由在承兑银行开户的存款人签发，承兑银行按票面金额向出票人收取万分之五的手续费。

购货企业应于汇票到期前将票款足额交其开户银行，以备由承兑银行在汇票到期日或到期日后的见票当日支付票款。销货企业应在汇票到期时将汇票连同进账单送交开户银行以便转账收款。承兑银行凭汇票将承兑款项无条件转给销货企业，如购货企业于汇票到期日未能足额交存票款，承兑银行除凭票向持票人无条件付款外，对出票人尚未支付的汇票金额按每天万分之五计收罚息。

采用商业承兑汇票方式的，收款单位将到期的商业承兑汇票连同填制的邮划或电划委托收款凭证，一并送交银行办理转账，根据银行的收账通知编制收款凭证；付款单位在收到银行的付款通知时，编制付款凭证。

采用银行承兑汇票方式的，收款单位与付款单位的账务处理同商业承兑汇票方式。

收款单位将未到期的商业汇票向银行申请贴现时，应按规定填制贴现凭证，连同汇票一并送交银行，根据银行的收账通知编制收款凭证。

（二）支票

支票是单位或个人签发的，委托办理支票存款业务的银行在见票时无条件支付确定的金额给收款人或持票人的票据。

收款单位应在收到支票的当日填制进账单连同支票送交银行，根据银行盖章退回的进账单第一联和有关的原始凭证编制收款凭证，或根据银行转来由签发人将支票送交银行，经银行审查盖章的进账单第一联和有关的原始凭证编制收款凭证，借记"银行存款"科目，贷记有关科目；付款单位对于付出的支票，应根据支票存根和有关原始凭证及时编制付款凭证，借记有关科目，贷记"银行存款"科目。

（三）汇兑

汇兑是汇款人委托银行将其款项支付给收款人的结算方式。单位和个人各种款项的结算，均可使用汇兑结算方式。

收款单位对于汇入的款项，应在收到银行的收账通知时，据以编制收款凭证，借记"银行存款"科目，贷记有关科目；付款单位对于汇出的款项，应在向银行办理汇款后，根据汇款回单编制付款凭证，借记有关科目，贷记"银行存款"科目。

（四）委托收款

委托收款是收款人委托银行向付款人收取款项的结算方式。

收款单位对于托收款项，根据银行的收账通知编制收款凭证，借记"银行存款"科目，贷记"应收账款"等科目；付款单位在收到银行转来的委托收款凭证后，根据委托收款凭证的付款通知和有关的原始凭证，编制付款凭证，借记"应付账款"等科目，贷记"银行存款"科目。如在付款期满前提前付款，应于通知银行付款之日，编制付款凭证。拒绝付款的，不作账务处理。

（五）托收承付

托收承付是根据购销合同由收款人发货后委托银行向异地付款人收取款项，由付款人向银行承认付款的结算方式。办理托收承付结算的款项，必须是商品交易以及因商品交易而产生的劳务供应的款项。代销、寄销、赊销商品的款项，不得办理托收承付结算。

收款单位对于托收款项，根据银行收账通知和有关的原始凭证，编制收款凭证，借记"银行存款"科目，贷记"应收账款"等科目；付款单位对于承付的款项，应于承付时根据托收承付结算凭证的承付通知和有关发票账单等原始凭证，编制付款凭证，借记"材料采购"等科目，贷记"银行存款"。如拒绝付款，属于全部拒付的，不作账务处理；属于部分拒付的，付款部分按上述规定处理，拒付部分不作账务处理。

银行汇票、银行本票、信用卡等结算方式及其账务处理将在本章第三节中说明。

三、银行存款的核算

（一）银行存款核算的账户设置及登记

建筑施工企业银行存款的总分类核算是通过设置"银行存款"账户进行的。该科目属于资产类账户，借方登记银行存款的增加数，贷方登记银行存款的减少数，期末借方余额反映企业实际存在银行或其他金融机构的款项。

银行存款的明细分类核算是通过设置银行存款日记账进行的。银行存款日记账是记载银行存款收支的订本式序时账，分三栏式（收、付、存）和多栏式两种。银行存款日记账由出纳人员根据银行存款收、付款凭证，现金付款凭证按照银行存款业务发生的先后顺序逐笔登记，每日营业终了应结出余额。银行存款日记账应定期与银行对账单核对，每月至少核对一次。月末，银行存款日记账的余额必须与银行存款总账的余额核对相符。小企业银行存款账面余额与银行对账单余额之间如有差额，应编制"银行存款余额调节表"调节相符。小企业银行存款应按银行和其他金融机构的名称和存款种类、银行账号进行明细核算。有外币存款业务的单位，还应分别按人民币和外币进行明细核算。

对于异地托收承付结算的款项，用信用证、汇票、汇兑、支票等各种方式结算的款项在发生收付时，需根据有关原始凭证编制记账凭证予以入账。以现金存入银行时，应根据银行盖章的回单编制现金付款凭证，据以登记现金日记账和银行存款日记账，不必再编制银行存款收款凭证。提取现金时，根据签发的支票存根编制银行存款付款凭证，据以登记银行存款日记账和现金日记账，不必再编制现金收款凭证。

（二）银行存款收付的账务处理

小企业将款项存入银行或其他金融机构时，借记"银行存款"科目，贷记"库存现金"等科目；提取或支出存款时，借记"库存现金"等有关科目，贷记"银行存款"科目。

【例2-7】

永宏建筑公司采用汇兑结算方式，委托银行将款项60 000元划转给A公司，以偿还前欠 A 公司购货款。根据汇款回单，账务处理如下：

借：应付账款——应付购货款（A 公司）　　　　　　　　　 60 000

　　贷：银行存款　　　　　　　　　　　　　　　　　　　　　　 60 000

【例 2-8】

永宏建筑公司收到 B 公司已结算的工程价款 1 900 000 元，存入银行。根据银行进账单第一联和有关原始凭证，账务处理如下：

借：银行存款　　　　　　　　　　　　　　　　　　　　 1 900 000

　　贷：应收账款——应收工程款（B 公司）　　　　　　　　 1 900 000

四、银行存款的核对

为了准确掌握银行存款实际金额，防止银行存款账目发生差错，应按期对账。银行存款日记账的核对主要包括三个环节：一是银行存款日记账与银行存款收、付款凭证要互相核对，做到账证相符；二是银行存款日记账与银行存款总账要互相核对，做到账账相符；三是银行存款日记账与银行开出的银行存款对账单要互相核对，以便准确地掌握小企业可运用的银行存款实有数。

为了及时了解银行存款的收支情况，避免银行存款账目发生差错，小企业要经常与开户银行核对银行存款账，即将银行存款日记账的记录同银行的对账单进行逐笔核对。核对时如发现双方余额不一致，要及时查找原因，属于记账差错的，立即更正。除记账错误外，还可能存在未达账项。所谓未达账项，是指企业与银行之间，由于凭证传递上的时间差，一方已登记入账，而另一方尚未入账的账项。这是由于收付凭证的传递需要一定的时间，因而同一笔业务，企业和银行各自入账的时间不一定相同。

未达账项存在以下四种情况：

（1）银行已记作企业存款增加，而企业尚未接到收款通知，因而尚未记账的款项，如托收货款和银行支付给企业的存款利息等；

（2）银行已记作企业存款减少，而企业尚未收到付款通知，因而尚未记账的款项，如银行代企业支付公用事业费用和向企业收取的借款利息等；

（3）企业已记作银行存款增加，而银行尚未办妥入账手续，如企业存入其他单位的转账支票；

（4）企业已记银行存款减少，而银行尚未支付入账的款项，如企业已开出的转账支票，对方尚未到银行办理转账手续的款项等。

以上（1）和（4）两种未达账项，会使企业银行存款日记账所记余额小于银行对账单所列余额；（2）和（3）两种未达账项，则会使企业银行存款日记账余额大于银行对账单所列余额。

对于未达账项，通常通过编制银行存款余额调节表来进行调整，不需调整账面记录。

银行存款余额调节表的计算公式一般为：

$$\begin{matrix}\text{企业银行存款}\\\text{日记账账面余额}\end{matrix}+\begin{matrix}\text{银行已收}\\\text{企业未收额}\end{matrix}-\begin{matrix}\text{银行已付}\\\text{企业未付额}\end{matrix}=\begin{matrix}\text{银行对账}\\\text{单余额}\end{matrix}+\begin{matrix}\text{企业已收}\\\text{银行未收额}\end{matrix}-\begin{matrix}\text{企业已付}\\\text{银行未付额}\end{matrix}$$

【例2-9】

永宏建筑公司3月末收到其开户银行转来的对账单一张，对账单上的余额为43 000元，永宏建筑公司的银行存款账面余额为42 000元。经核对后，发现下列未达账项：

永宏建筑公司已经入账而银行尚未入账的款项：

（1）企业已付银行未付的款项：永宏建筑公司已开出但银行尚未兑付的支票一张，金额4 000元。

（2）企业已收银行未收的款项：在途存款一笔，金额2 000元。

银行已经入账而永宏建筑公司尚未入账的款项：

（1）银行已收企业未收的款项：银行收到托收款项一笔，金额1 000元。

（2）银行已付企业未付的款项：银行划付电话费500元、手续费1 000元，利息500元。

根据上述资料，编制银行存款余额调节表如表2-1所示。

表2-1　　　　　　　　　　　　银行存款余额调节表　　　　　　　　　　单位：元

企业银行存款日记账	金额	银行对账单	金额
账面余额	42 000	对账单余额	
加：收到托收的款项	1 000	加：在途存款	43 000
减：划付电话费	500	减：未兑付支票	2 000
支付手续费	1 000		4 000
划付利息	500		
调节后余额	41 000	调节后余额	41 000

调节后如果双方账面余额相等，一般说明双方记账没有错误。如果不相等，应进一步查明原因，进行更正。需要说明的是，银行存款余额调节表主要

是用来核对企业与银行双方记账有无差错，不能作为记账的依据。对于因未达账项而使双方账面余额出现的差异，无须作账面调整，待结算凭证到达后再进行账务处理，登记入账。

小企业还应加强对银行存款的管理，并定期对银行存款进行检查，如果有确凿证据表明存在银行或其他金融机构的款项已经部分或全部不能收回的，例如，吸收存款的单位已宣布破产，其破产财产不足以清偿的部分，或者全部不能清偿的，应当确认为当期损失，冲减银行存款，借记"营业外支出"科目，贷记"银行存款"科目。

第三节　其他货币资金

其他货币资金是除库存现金、银行存款以外的其他各种货币资金。由于存放地点和用途与小企业的库存现金和银行存款不同，因此需单独核算。

其他货币资金的总分类核算是通过设置"其他货币资金"账户进行的。该账户是资产类账户，借方登记增加数，贷方登记减少数，期末借方余额反映小企业实际持有的其他货币资金。该科目下设"外埠存款"、"银行汇票"、"银行本票"、"信用卡"、"信用证保证金"、"存出投资款"、"在途资金"等明细科目，并按外埠存款的开户银行或者银行汇票或本票、信用证的收款单位等设置明细账。有信用卡业务的小企业应在"信用卡"明细科目中按开出信用卡的银行和信用卡种类设置明细账。

一、外埠存款

外埠存款是指小企业到外地进行临时或零星采购时，汇往采购地银行开立采购专户的款项。

小企业汇出款项时，应填写汇款委托书，加盖"采购资金"字样。汇入银行对汇入的采购款项，以汇款单位名义开立采购专户。采购资金存款不计利息，除采购员差旅费可以支取少量现金外，其他一律转账。采购专户只付不收，付完结束账户。

小企业将款项委托当地银行汇往采购地开立专户时，根据汇出款项凭证，编制付款凭证，进行账务处理，借记"其他货币资金——外埠存款"科目，贷记"银行存款"科目。外出采购人员报销用外埠存款支付的采购货款等款项时，根据供应单位发票账单等报销凭证，编制付款凭证，借记"材料采购"或"原材料"等科目，贷记"其他货币资金——外埠存款"科目。采购员完成采购任务，将多余的外埠存款转回当地银行时，根据银行的收账通知，编制收款凭证，借记"银行存款"科目，贷记"其他货币资金——外埠存款"科目。

【例2-10】

永宏建筑公司于3月5日委托当地开户银行汇出款项160 000元给采购地银行并开立专户。3月10日，采购员交来供应单位发票账单等报销凭证，金额125 000元。报销后剩余款项转回当地银行。账务处理如下：

（1）委托当地银行汇款时，根据汇出款项凭证编制分录。

  借：其他货币资金——外埠存款   160 000

    贷：银行存款   160 000

（2）采购员报销时，根据供应单位发票账单等报销凭证编制分录。

  借：材料采购   125 000

    贷：其他货币资金——外埠存款   125 000

（3）将余款转回时，根据银行的收账通知编制分录。

  借：银行存款   35 000

    贷：其他货币资金——外埠存款   35 000

二、银行汇票存款

银行汇票存款，是指小企业为取得银行汇票按规定存入银行的款项。银行汇票是由小企业单位或个人将款项交存开户银行，由银行签发给其持往异地采购商品时办理结算或支取现金的票据。

小企业向银行提交银行汇票委托书并将款项交存开户银行，取得汇票后，根据银行盖章的委托书存根联，编制付款凭证，借记"其他货币资金——银行汇票"科目，贷记"银行存款"科目。小企业使用银行汇票支付款项后，根据发票账单及开户银行转来的银行汇票副联等凭证，借记"材料采购"或"原材料"等科目，贷记"其他货币资金——银行汇票"科目。银行汇票使用完毕，应转销"其他货币资金——银行汇票"账户。如实际采购支付后银行汇票有多余款或因汇票超过付款期等原因而退回款项时，根据开户银行转来的银行汇票第四联（多余款收账通知），借记"银行存款"科目，贷记"其他货币资金——银行汇票"科目。

【例2-11】

永宏建筑公司6月2日向银行提交银行汇票申请书并将款项260 000元交给银行，已取得银行汇票。6月20日，公司持银行汇票异地采购材料，取得供应单位发票账单等报销凭证金额 185 500 元。采购支付后银行汇票多余款退回开户银行。账务处理如下：

(1) 根据银行盖章的委托书存根联，取得汇票时。

借：其他货币资金——银行汇票   260 000
　贷：银行存款   260 000

(2) 根据发票账单等有关凭证报销时。

借：材料采购   185 500
　贷：其他货币资金——银行汇票   185 500

(3) 余额转回，根据开户银行转来的银行汇票第四联（多余款收账通知）编制分录。

借：银行存款   74 500
　贷：其他货币资金——银行汇票   74 500

三、银行本票存款

银行本票存款，是指小企业为取得银行本票按规定存入银行的款项。银行本票是银行签发的、承诺自己在见票时无条件支付确定的金额给收款人或持票人的票据。

小企业向银行提交银行本票申请书并将款项交存银行，取得银行本票后，根据银行盖章退回的申请书存根联，编制付款凭证，借记"其他货币资金——银行本票"科目，贷记"银行存款"科目。小企业使用银行本票支付款项后，根据发票账单等有关凭证，借记"材料采购（在途物资）"、"原材料"等科目，贷记"其他货币资金——银行本票"科目。如因本票超过付款期限等原因未曾使用而要求银行退款时，应填制进账单一式二联，连同本票一并送交银行，根据银行收回本票时盖章退回的一联进账单，借记"银行存款"科目，贷记"其他货币资金——银行本票"科目。

【例 2-12】

永宏建筑公司 6 月 10 日向银行提交银行本票申请书并将款项 234 000 元交给银行，已取得银行本票。6 月 11 日，持银行本票采购货物，取得供应单位发票账单等报销凭证金额 234 000 元。账务处理如下：

(1) 根据银行盖章退回的申请书存根联，取得本票时。

借：其他货币资金——银行本票   234 000
　贷：银行存款   234 000

（2）根据发票账单等有关凭证报销时。

借：材料采购　　　　　　　　　　　　　　　　　　234 000
　　贷：其他货币资金——银行汇票　　　　　　　　　　　234 000

四、信用卡存款

信用卡存款是指小企业为取得信用卡按照规定存入银行的款项。信用卡属于银行卡的一种。

小企业申领信用卡，按照有关规定填制申请表，并按银行要求交存备用金。银行为小企业开立信用卡存款账户，发给信用卡。小企业根据银行盖章退回的交存备用金的进账单，借记"其他货币资金——信用卡"科目，贷记"银行存款"科目。小企业用信用卡购物或支付有关费用，收到开户银行转来的信用卡存款的付款凭证及所附发票账单，借记"管理费用"等科目，贷记"其他货币资金——信用卡"科目。小企业信用卡在使用过程中，需要向其账户续存资金的，按实际续存的金额，借记"其他货币资金——信用卡"科目，贷记"银行存款"科目。

【例 2-13】

永宏建筑公司申请信用卡，填制"信用卡申请书"连同支票 30 000 元一并送交发卡银行。办妥信用卡后，用信用卡支付购买大宗办公用品支出 25 000元。后又续存资金 20 000 元。账务处理如下：

（1）根据银行盖章退回的进账单，办妥信用卡。

借：其他货币资金——信用卡　　　　　　　　　　　30 000
　　贷：银行存款　　　　　　　　　　　　　　　　　　30 000

（2）根据开户银行转来的信用卡存款的付款凭证及所附发票账单作分录。

借：管理费用　　　　　　　　　　　　　　　　　　25 000
　　贷：其他货币资金——信用卡　　　　　　　　　　　25 000

（3）续存资金。

借：其他货币资金——信用卡　　　　　　　　　　　20 000
　　贷：银行存款　　　　　　　　　　　　　　　　　　20 000

五、信用证保证金存款

信用证保证金存款，是指采用信用证结算方式的小企业为开具信用证而存入银行信用证保证金专户的款项。信用证结算方式是国际结算的一种主要方式。信用证是指开证行依照申请人的申请开出的、凭符合信用证条款的单据支付的付款承诺，并明确规定该信用证为不可撤销、不可转让的跟单信用证。

小企业向银行申请开出信用证用于支付供货单位购货款项时，根据开户银行盖章退回的信用证委托书回单，借记"其他货币资金——信用证保证金"科目，贷记"银行存款"科目。根据开证行交来的信用证来单通知及有关单据列明的金额，借记"材料采购"或"原材料"等科目，贷记"其他货币资金——信用证保证金"科目和"银行存款"科目。小企业收到未用完的信用证保证金存款余额，借记"银行存款"科目，贷记"其他货币资金——信用证保证金"科目。

【例2-14】

永宏建筑公司3月2日要求银行对境外供货单位开出信用证40 000元，按规定向银行提交开证委托书及保证金40 000元。半月后收到境外供货单位发来的材料及银行转来的信用证结算凭证及所附发票账单金额35 100元。余额退回开户银行。账务处理如下：

（1）根据开户银行盖章退回的进账单第一联，开出信用证。

借：其他货币资金——信用证保证金	40 000
贷：银行存款	40 000

（2）根据发票账单报销时。

借：材料采购	35 100
贷：其他货币资金——信用证保证金	35 100

（3）余额转回。

借：银行存款	4 900
贷：其他货币资金——信用证保证金	4 900

六、存出投资款

存出投资款，是指小企业已存入证券公司但尚未进行短期投资的现金。

小企业向证券公司划出的资金，应按照实际划出的金额，借记"其他货币资金——存出投资款"科目，贷记"银行存款"科目。购买股票、债券等时，按实际发生的金额，借记"短期投资"科目，贷记"其他货币资金——存出投资款"科目。

【例2-15】

永宏建筑公司5月28日存入证券公司银行存款120 000元，6月2日买入有价证券支出89 000元。账务处理如下：

(1) 存入证券公司款项时。

借：其他货币资金——存出投资款　　　　　　　　　　　120 000
　　贷：银行存款　　　　　　　　　　　　　　　　　　　120 000

(2) 购买有价证券时。

借：短期投资　　　　　　　　　　　　　　　　　　　　89 000
　　贷：其他货币资金——存出投资款　　　　　　　　　　89 000

CHAPTER

3

第三章
应收及预付款项

应收及预付款项，是指小企业在日常生产经营活动中发生的各项债权。包括：应收票据、应收账款、应收股利、应收利息、其他应收款等应收款项和预付账款。应收及预付款项应当按照发生额入账。

第一节　应收票据

一、应收票据概述

应收票据是指小企业因结算工程价款，对外销售产品、提供劳务等而收到的商业汇票。商业汇票是由出票人签发的委托付款人在指定日期无条件支付确定金额给收款人或持票人的票据。我国现行的法律规定，商业汇票的付款期限最长不超过 6 个月。商业汇票按承兑人不同，分为商业承兑汇票和银行承兑汇票。应收票据是企业未来收取货款的权利，这种权利和将来应收取的货款金额以书面文件形式约定下来，因此它受到法律的保护，具有法律上的约束力。

二、应收票据的确认与计量

（一）应收票据的确认

1. 应收票据入账价值的确定

一般情况下，小企业应在收到开出、承兑的商业汇票时，按应收票据的票面价值入账。到期不能收回的应收票据，应按其账面余额转入应收账款，并不再计提利息。

2. 应收票据期限的确定

票据期限一般有按月计算和按日计算两种。

　　票据期限按月计算时，以到期月份中与出票月份相同的那一天为到期日。如 4 月 16 日签发，承兑期限为 3 个月的商业汇票，到期日为 7 月 16 日。如果签发日为月末的最后一天，不论月份大小，统一以到期月份的最末一天为到期日。如 1 月 31 日签发，一个月到期的商业汇票，到期日为 2 月 28 日（闰年为 29 日）。

　　票据期限按日计算时，从出票日起，按票据的实际天数计算。在票据签发日和票据到期日这两天中，只算其中的一天，即"算头不算尾"或"算尾不算头"。如 7 月 18 日签发的 60 天到期票据，到期日为 9 月 16 日。

（二）应收票据的核算

　　应收票据的总分类核算是通过设置"应收票据"账户进行的。该账户属于资产类账户，借方登记因销售商品、产品、提供劳务等收到开出、承兑的商业汇票的票面金额；贷方登记到期收回、背书转让、到期承兑人拒付以及未到期向银行贴现的票面金额和应计提利息。该账户期末余额在借方，反映小企业持有的商业汇票的票面价值。

　　在"应收票据"账户下，应按不同的单位分别设置明细账，进行明细核算。同时，小企业应设置"应收票据备查簿"，逐笔登记每一笔应收票据的种类，号数和出票日期，票面金额，票面利率，交易合同号和付款人，承兑人、背书人的姓名或单位名称，到期日，背书转让日，贴现日期，贴现率和贴现净额，以及收款日期和收回金额，退票情况等资料。应收票据到期结清票款或退票等，都应在备查簿内逐笔注销。

　　小企业收到以应收票据抵偿应收账款时，按应收票据面值，借记"应收票据"科目，贷记"应收账款"科目。

　　应收票据到期收回时，按收回票面金额，借记"银行存款"账户，按应收票据的账面余额，贷记"应收票据"账户。

【例 3-1】

　　永宏建筑公司 3 月 1 日收到丁企业出具的 6 个月期限商业承兑汇票一张，面值 300 000 元，用以抵顶前欠工程款。账务处理如下：

　　（1）取得商业承兑汇票时。

　　　借：应收票据——丁企业　　　　　　　　　　　　　　　　300 000
　　　　　贷：应收账款　　　　　　　　　　　　　　　　　　　　　300 000

　　（2）票据到期，收回款项时。

　　　借：银行存款　　　　　　　　　　　　　　　　　　　　　300 000
　　　　　贷：应收票据——丁企业　　　　　　　　　　　　　　　300 000

三、应收票据的转让与贴现

(一) 应收票据的转让

小企业可以将自己持有的商业汇票背书转让。背书是指在票据背面或粘贴单上记载有关事项并签章的票据行为。票据被拒绝承兑、拒绝付款或者超过付款提示期限的，不得背书转让。背书转让的，背书人应当承担票据责任。

小企业将持有的应收票据背书转让，以取得所需物资时，按应计入取得物资成本的价值，借记"材料采购"或"原材料"等账户，按应收票据的账面余额，贷记"应收票据"账户，如有差额，借记或贷记"银行存款"等账户。

(二) 应收票据的贴现

票据贴现是指持票人为了解决临时的资金需要，将尚未到期的票据在背书后送交银行，银行受理后从票据到期值中扣除按银行贴现率计算确定的贴现利息，然后将余额付给持票人，作为银行对小企业提供短期贷款的行为。可见，票据贴现是以票据向银行借入短期资金，其实质是小企业融通资金的一种形式。

在票据贴现中，不带息票据的到期值就是其票面价值；带息票据的到期值是其票面价值加上到期利息。票据贴现日至票据到期日的间隔期称为贴现天数，但通常是在贴现日与到期日两天中，只计算其中的一天。贴现中所使用的利率称为贴现率。贴现银行按贴现率计算扣除的利息称为贴现息。贴现银行将票据到期值扣除贴现息后支付给小企业的资金额，即小企业以票据贴现而实际收到的贴现所得，称为贴现净额或票据贴现值。

有关计算公式如下：

$$票据贴现净值 = 票据到期值 - 贴现息$$
$$贴现息 = 票据到期值 \times 贴现率 \times 贴现期$$

【例3-2】

永宏建筑公司出售残余材料物资一批，收到戊公司3月11日签发的60天到期的商业承兑汇票一张，面值15 000元，该票据为带息票据，年利率为6%。账务处理如下：

(1) 收到商业承兑汇票时：

借：应收票据——商业承兑汇票（戊公司）　　　　　　　　　15 000
　　贷：其他业务收入　　　　　　　　　　　　　　　　　　　　　　15 000

(2) 4月11日，永宏建筑公司因资金紧张，将戊公司签发的商业承兑汇票送银行贴现，银行按年利率8%扣除贴现息后，其款项已转入永宏建筑公司存款户。永宏建筑公司计算的贴现净额及账务处理如下。

$$贴现日数＝（31－11）＋10＝30（天）$$
$$到期值＝15\,000\times（1＋6\%\div360\times60）＝15\,150（元）$$
$$贴现息＝15\,150\times8\%\div360\times30＝101（元）$$
$$贴现净额＝15\,150－101＝15\,049（元）$$

借：银行存款　　　　　　　　　　　　　　　　　　15 049
　　贷：应收票据——商业承兑汇票（戊公司）　　　　15 000
　　　　财务费用　　　　　　　　　　　　　　　　　　49

（3）5月10日，戊公司签发的商业承兑汇票到期，因对方无款支付，银行将已贴现的票据退给永宏建筑公司，并从永宏建筑公司存款账户中扣回贴现款项。

借：应收账款——应收销货款（戊公司）　　　　　　15 150
　　贷：银行存款　　　　　　　　　　　　　　　　　15 150

小企业持未到期的应收票据向银行贴现，应根据银行盖章退回的贴现凭证，按实际收到的金额（即减去贴现息后的净额），借记"银行存款"科目，按贴现息部分，借记"财务费用"科目，按应收票据的票面余额，贷记"应收票据"科目。如为带息应收票据，按实际收到的金额，借记"银行存款"科目，按应收票据的账面余额，贷记"应收票据"科目，按其差额，借记或贷记"财务费用"科目。

贴现的商业承兑汇票到期，因承兑人的银行账户不足支付，申请贴现的小企业收到银行退回的应收票据、支款通知和拒绝付款理由书或付款人未付票款通知书时，按所付本息，借记"应收账款"科目，贷记"银行存款"科目；如果申请贴现小企业的银行存款账户余额不足，银行作逾期贷款处理时，应按转作贷款的本息，借记"应收账款"科目，贷记"短期借款"科目。

小企业将持有的应收票据背书转让，以取得所需物资时，按应计入取得物资成本的价值，借记"材料采购"或"原材料"等科目，按应收票据的账面余额，贷记"应收票据"科目，如有差额，借记或贷记"银行存款"等科目。如为带息应收票据，小企业将持有的应收票据背书转让，以取得所需物资时，按应计入取得物资成本的价值，借记"材料采购"或"原材料"等科目，按应收票据的账面余额，贷记"应收票据"科目，按尚未计提的利息，贷记"财务费用"科目，按应收或应付的金额，借记或贷记"银行存款"等科目。

【例3-3】

　　永宏建筑公司将持有的一张面值20 000元、6月1日开出的、期限5个月的票据，于7月22日背书转让采购一批材料，取得供应单位发票账单等报销凭证计21 060元。差额以银行存款补付。假设每半年末计息。账务处理如下：

```
借：原材料                              21 060
    贷：应收票据                          20 000
        银行存款                           1 060
```

第二节　应收账款

一、应收账款的性质与范围

　　应收账款是指小企业承建工程应向发包单位收取的工程进度款和列入营业收入的其他款项，以及销售材料物资、提供劳务等应向购货单位或接受劳务单位收取的款项。施工项目的应收账款一般可分为应收工程款和应收销货款。

　　应收工程款是指建筑施工企业与发包单位办理工程价款结算时，按照工程合同规定应收取的工程款及质量保证金。也有的企业将质量保证金作为其他应收款来核算。建筑施工企业应根据实际完成的工程量、预算单价及各项收费标准计算工程价款，向发包单位办理结算。

　　应收销货款是指建筑施工企业因销售材料物资、提供劳务等，应向购货单位或接受劳务单位收取的款项，应收账款按实际发生额计价入账。在有商业折扣和现金折扣的情况下，还要考虑折扣因素。

二、应收账款的核算

　　建筑施工企业应收账款的总分类核算是通过设置"应收账款"账户进行的。该账户属于资产类账户，其借方登记小企业应收的款项，未能按期收回的商业承兑汇票结算款、转回的已注销坏账等，贷方登记已收回的款项、改用商业汇票结算的应收账款、已转为坏账损失的应收款项等。期末余额在借方，反映尚未收回的各种应收账款。该科目应设置"应收工程款"和"应收销货款"两个明细科目，并可在"应收工程款"明细科目下设置"应收工程款"、"应收工程质量保证金"两个明细科目，在此基础上分别按不同的发包单位和购货单位或接受劳务单位设置明细账，进行明细核算。

一般经营中应收账款形成和收回的账务处理：

小企业按照完工进度计算确认主营业务收入时，按确定的应收账款金额，借记"应收账款——应收工程款（应收工程款、应收工程质量保证金）"科目，贷记"主营业务收入"科目。收回应收账款时，借记"银行存款"科目，贷记"应收账款——应收工程款"科目。

【例3-4】

永宏建筑公司7月31日按照完工进度确认本月建造合同收入为400 000元。业主甲企业要求按本月验工计价金额的5%预扣工程质量保证金。账务处理如下：

借：应收账款——应收工程款——应收工程款（甲企业）　　　380 000

　　　　　　　　　　　　　——应收工程质量保证金（甲企业）

　　　　　　　　　　　　　　　　　　　　　　　　　　20 000

　　贷：主营业务收入　　　　　　　　　　　　　　　　　　400 000

7月10日接到银行收款通知，该笔款项已收回入账。作如下分录：

借：银行存款　　　　　　　　　　　　　　　　　　　　　380 000

　　贷：应收账款——应收工程款——应收工程质量保证金（甲企业）

　　　　　　　　　　　　　　　　　　　　　　　　　　380 000

【例3-5】

永宏建筑公司第一工区将多余原材料向乙企业销售，价款80 000元，增值税为2 400元，材料已发出，已办妥托收手续。账务处理为：

借：应收账款——应收销货款（乙企业）　　　　　　　　　82 400

　　贷：其他业务收入　　　　　　　　　　　　　　　　　　80 000

　　　　应交税费——应交增值税　　　　　　　　　　　　　　2 400

按照小企业会计准则规定，确认应收账款实际发生的坏账损失，应当按照可收回的金额，借记"银行存款"等科目，按照其账面余额，贷记"应收账款"科目，按照其差额，借记"营业外支出"科目。

小企业应收及预付款项符合下列条件之一的，减除可收回的金额后确认的无法收回的应收及预付款项，作为坏账损失：

（1）债务人依法宣告破产、关闭、解散、被撤销，或者被依法注销、吊销营业执照，其清算财产不足清偿的。

（2）债务人死亡，或者依法被宣告失踪、死亡，其财产或者遗产不足清偿的。

（3）债务人逾期 3 年以上未清偿，且有确凿证据证明已无力清偿债务的。

（4）与债务人达成债务重组协议或法院批准破产重整计划后，无法追偿的。

（5）因自然灾害、战争等不可抗力导致无法收回的。

（6）国务院财政、税务主管部门规定的其他条件。

应收及预付款项的坏账损失应当于实际发生时计入营业外支出，同时冲减应收及预付款项。

第三节　预付账款和其他应收款

一、预付账款的核算

预付账款是指小企业按照工程合同规定预付给分包单位的款项，包括预付工程款和备料款，以及按照购货合同规定预付给供应单位的购货款。

预付账款的总分类核算是通过设置"预付账款"账户进行的。该科目属于资产类账户，借方登记小企业预付分包单位工程款和备料款金额、拨付分包单位抵作备料款的材料、预付购货单位购货款及补付的款项和材料，贷方登记小企业与分包单位结算已完工程款金额、收到所购物资的金额、退回多付款项和材料、预计无法收回所购货物的款项。期末余额在借方，反映小企业实际预付的款项；期末如为贷方余额，反映小企业尚未补付的款项。小企业应按供应单位设置明细账，进行明细核算。该科目应设置"预付工程款"、"预付备料款"和"预付购货款"三个明细科目，并分别按分包单位和供应单位名称设置明细账，进行明细核算。

小企业预付分包单位工程款和备料款时，借记"预付账款"科目，贷记"银行存款"科目；拨付分包单位抵作备料款的材料时，借记"预付账款"科目，贷记"原材料"等科目。补付的款项和材料，借记"预付账款"科目，贷记"银行存款"、"原材料"等科目；退回多付的款项和材料，借记"银行存款"、"原材料"等科目，贷记"预付账款"科目。小企业与分包单位结算已完工程款时，借记"应付账款"科目，贷记"预付账款"科目。

小企业因购货而按照购货合同规定预付给供货单位款项时，借记"预付账款"科目，贷记"银行存款"科目。收到所购货物时，根据发票账单等列明应计购入物资成本的金额，借记"材料采购"或"原材料"等科目，按应付金额，贷记"预付账款"科目。补付的款项，借记"预付账款"科目，贷记"银行存款"

科目；退回多付的款项，借记"银行存款"科目，贷记"预付账款"科目。

【例3-6】

4月6日，永宏建筑公司按购货合同规定开出转账支票，预付给甲公司购买圆钢款50 000元。永宏建筑公司应作账务处理如下：

借：预付账款——甲公司　　　　　　　　　　　　　　50 000
　　贷：银行存款　　　　　　　　　　　　　　　　　　　　50 000

4月15日，收到订购的圆钢，价款80 000元，增值税13 600元，材料验收入库。永宏建筑公司作如下账务处理：

借：原材料——圆钢　　　　　　　　　　　　　　　　93 600
　　贷：预付账款——甲公司　　　　　　　　　　　　　　93 600

4月20日，以银行存款补付货款43 600元。永宏建筑公司作如下账务处理：

借：预付账款——甲公司　　　　　　　　　　　　　　43 600
　　贷：银行存款　　　　　　　　　　　　　　　　　　　43 600

按照小企业会计准则规定，确认预付账款实际发生的坏账损失，应当按照可收回的金额，借记"银行存款"等科目，按照其账面余额，贷记"预付账款"科目，按照其差额，借记"营业外支出"科目。确认坏账损失的条件参照上节规定。

预付账款不多的小企业也可以不设"预付账款"账户，将预付账款直接记入"应付账款"账户的借方。

二、其他应收款的核算

其他应收款指小企业除应收票据、应收账款、预付账款、应收股利、应收利息、长期应收款等以外的其他各种应收、暂付款项，应收的各种赔款、罚款等，以及已不符合预付账款性质而按规定转入的预付账款等。

小企业其他应收款的总分类核算是通过设置"其他应收款"账户进行的。该账户属于资产类账户，借方登记发生的其他各种应收款项；贷方登记收回的各种款项；期末借方余额，反映小企业尚未收回的其他应收款。该科目应按其他应收款的项目分类，并按不同的债务人设置明细账，进行明细核算。但是，小企业拨出用于投资、购买物资的各种款项，不得在"其他应收款"科目核算。

小企业发生其他应收款时，借记"其他应收款"科目，贷记"库存现金"、"银行存款"、"营业外收入"等科目；收回其他应收款时，借记"库存现金"、"银行存款"等科目，贷记"其他应收款"科目。

【例3-7】

因职工李明违反公司规定，公司对他处以200元罚款，但款项尚未收到。作如下账务处理：

借：其他应收款——李明　　　　　　　　　　　　　200

贷：营业外收入——罚款收入　　　　　　　　　　　　200

【例3-8】

7月5日，永宏建筑公司某项目部购买一批水泥，开出转账支票1 000元支付水泥袋押金。作如下账务处理：

借：其他应收款——存出保证金　　　　　　　　　1 000

贷：银行存款　　　　　　　　　　　　　　　　　1 000

7月23日，永宏建筑公司将回收水泥袋退回水泥厂，并收回水泥袋押金1 000元。作如下账务处理：

借：银行存款　　　　　　　　　　　　　　　　　1 000

贷：其他应收款——存出保证金　　　　　　　　　1 000

按照小企业会计准则规定，其他应收款实际发生的坏账损失，应当按照可收回的金额，借记"银行存款"等科目，按照其账面余额，贷记该科目，按照其差额，借记"营业外支出"科目。确认坏账损失的条件参照上节规定。

三、备用金的核算

（一）备用金的定义

备用金是指小企业为了便于内部周转使用的，拨付给非独立核算的内部单位（如职能部门、施工单位和车间等，下同）备作差旅费、零星采购或零星开支等使用的款项。

备用金应指定专人负责管理，按照规定用途使用，不得转借给他人或挪作他用。支用的备用金，应在规定期限内办理报销手续，交回余额。前账未清，不得继续支付。

（二）备用金的账务处理

小企业因支付内部职工出差等原因所需的现金，按支出凭证所记载的金额，借记"备用金"科目，贷记"库存现金"或"银行存款"科目；收到出差人员交回的差旅费剩余款并结算时，按实际收回的现金，借记"库存现金"或"银行存款"科目，按应报销的金额，借记"管理费用"等科目，按实际借出的现金，贷记"备用金"科目。

【例3-9】

　　永宏建筑公司财务部张伟出差，预借差旅费3 000元，以现金支付。

　　　借：备用金——张伟　　　　　　　　　　　　　　　　　　3 000

　　　　贷：库存现金　　　　　　　　　　　　　　　　　　　　　　3 000

　　张伟出差归来，报销差旅费2 600元，并将其余现金400元交还。

　　　借：库存现金　　　　　　　　　　　　　　　　　　　　　400

　　　　管理费用　　　　　　　　　　　　　　　　　　　　　2 600

　　　　贷：备用金——张伟　　　　　　　　　　　　　　　　　　3 000

❖━❖

　　实行定额备用金制度的单位，备用金领用部门支用备用金后，应根据各种费用凭证编制费用明细表，定期向财务部门报销，领回所支用的备用金。财务部门根据费用明细表，将支用数直接记入有关成本、费用科目，并给备用金领用部门补足备用金。

　　财务部门根据报销数用现金补足备用金定额时，借记"管理费用"等科目，贷记"库存现金"或"银行存款"科目。除了增加或减少拨入的备用金外，使用或报销有关备用金支出时不再通过"备用金"科目核算。

【例3-10】

　　永宏建筑公司××工程项目部核定的备用金定额为5 000元，以现金拨付。账务处理如下：

　　　借：备用金——××项目部　　　　　　　　　　　　　　　5 000

　　　　贷：库存现金　　　　　　　　　　　　　　　　　　　　　5 000

　　上述某工程项目部报销日常管理支出3 000元。账务处理如下：

　　　借：工程施工——间接费用　　　　　　　　　　　　　　　3 000

　　　　贷：库存现金　　　　　　　　　　　　　　　　　　　　　3 000

　　假设该工程项目部不再使用定额备用金，交回预借定额备用金5 000元。账务处理如下：

　　　借：库存现金　　　　　　　　　　　　　　　　　　　　5 000

　　　　贷：备用金——××项目部　　　　　　　　　　　　　　　5 000

❖━❖

　　小企业也可以将备用金业务放在"其他应收款"中核算。

CHAPTER

4

第四章
存　货

第一节　存货的确认与初始计量

一、存货的定义与分类

（一）存货的定义

存货，是指小企业在日常生产经营过程中持有以备出售的产成品或商品、处在生产过程中的在产品、将在生产过程或提供劳务过程中耗用的材料和物料等，以及小企业（农、林、牧、渔业）为出售而持有的、或在将来收获为农产品的消耗性生物资产。存货区别于固定资产等非流动资产的最基本的特征是，企业持有存货的最终目的是为了出售，既包括可供直接出售，如企业的产成品、商品等；也包括需经过进一步加工后才能出售，如原材料等。小企业存货包括：原材料、在产品、半成品、产成品、商品、周转材料、委托加工物资、消耗性生物资产等。

凡在盘存日期法定所有权属于企业所有的一切货品，不论其存放地点如何，都属于企业存货。存货的持有目的应当为正常生产经营而储存，不包括特种储备和为建固定资产而储存物资。

（二）存货的分类

存货的分类主要有以下几种：

1. 原材料

原材料，是指小企业在生产过程种经加工改变其形态或性质并构成产品主要实体的各种原料及主要材料、辅助材料、外购半成品（外购件）、修理用备件（备品备件）、包装材料、燃料等。在建筑施工企业，原材料构成工程实体或产品实体。

2. 在产品

在产品,是指小企业正在制造尚未完工的产品。包括:正在各个生产工序加工的产品,以及已加工完毕但尚未检验或已检验但尚未办理入库手续的产品。建筑施工企业存货中的在产品主要是指在建施工产品。在建施工产品是指已经进行施工生产,但月末尚未完成预算定额规定的全部工序和工作内容的工程。

3. 半成品

半成品,是指小企业经过一定生产过程并已检验合格交付半成品仓库保管,但尚未制造完工成为产成品,仍需进一步加工的中间产品。

4. 产成品

产成品,是指小企业已经完成全部生产过程并已验收入库,符合标准规格和技术条件,可以按照合同规定的条件送交订货单位,或者可以作为商品对外销售的产品。建筑施工企业的产成品主要是指施工产品。施工产品是指小企业已经完成预算定额规定的全部工序并验收合格,可以按照合同规定的条件移交建设单位或发包单位的工程。

5. 商品

商品,是指小企业(批发业、零售业)外购或委托加工完成并已验收入库用于销售的各种商品。

6. 周转材料

周转材料,是指小企业能够多次使用、逐渐转移其价值但仍保持原有形态且不确认为固定资产的材料。包括:包装物、低值易耗品、建筑施工企业的钢模板、木模板、脚手架等。

7. 委托加工物资

委托加工物资,是指小企业委托外单位加工的各种材料、商品等物资。

8. 消耗性生物资产

消耗性生物资产,是指小企业(农、林、牧、渔业)生长中的大田作物、蔬菜、用材林以及存栏待售的牲畜等。有些园林施工企业涉及这部分存货的核算。

二、存货的确认与初始计量

(一)存货的确认条件

存货必须在符合定义的前提下,同时满足下列两个条件,才能予以确认。

1. 与该存货有关的经济利益很可能流入企业

资产最重要的特征是预期会给小企业带来经济利益。如果某一项目预期不能给小企业带来经济利益，就不能确认为小企业的资产。存货是小企业一项重要的流动资产，因此，对存货的确认，关键是判断其是否很可能给小企业带来经济利益，或其所包含的经济利益是否很可能流入小企业。通常，拥有存货的所有权是与该存货有关的经济利益很可能流入本企业的一个重要标志。一般情况下，根据销售合同已经售出（取得现金或收取现金的权利），所有权已经转移的存货，因其所含经济利益已不能流入本企业，因而不能再作为企业的存货进行核算，即使该存货尚未运离企业。小企业在判断与该存货有关的经济利益能否流入企业时，通常应结合考虑该存货所有权的归属，而不应当仅仅看其存放的地点等。

2. 该存货的成本能够可靠地计量

成本或者价值能够可靠地计量是资产确认的一项基本条件。存货作为小企业资产的组成部分，要予以确认也必须能够对其成本进行可靠计量。存货的成本能够可靠计量必须以取得的确凿证据为依据，并且具有可验证性。如果成本不能可靠计量，则不能确认为一项存货。如小企业承诺的订货合同，由于并未实际发生，不能可靠确定其成本，因此就不能确认为购买企业的存货。

（二）存货的初始计量

小企业取得存货应当按照成本进行计量。存货成本包括采购成本、加工成本和其他成本三部分。小企业存货的取得主要是通过外购和自制两种途径。

1. 外购存货的成本

小企业外购存货的成本包括：购买价款、相关税费、运输费、装卸费、保险费以及在外购存货过程中发生的其他直接费用，但不含按照税法规定可以抵扣的增值税进项税额。

【例4-1】

5月18日，永宏建筑公司从乙企业购入原材料一批，取得的增值税专用发票上注明的原材料价款为200 000元，增值税额为34 000元（假定永宏建筑公司为小规模纳税人，增值税进项税额不能抵扣）。发票等结算凭证已经收到，货款已通过银行转账支付，材料已运到并已验收入库。据此，永宏建筑公司的账务处理如下：

借：原材料　　　　　　　　　　　　　　　　　　　　234 000
　　贷：银行存款　　　　　　　　　　　　　　　　　　234 000

2. 自行加工取得存货的成本

小企业通过进一步加工取得的存货，主要包括产成品、在产品、半成品、委托加工物资等，其成本由采购成本、加工成本构成。某些存货还包括使存货达到目前场所和状态所发生的其他成本，如可直接认定的产品设计费用等。通过进一步加工取得存货的成本包括：直接材料、直接人工以及按照一定方法分配的制造费用。经过1年期以上的制造才能达到预定可销售状态的存货发生的借款费用，也计入存货的成本。其中，借款费用是指小企业因借款而发生的利息及其他相关成本，包括借款利息、辅助费用以及因外币借款而发生的汇兑差额等。

【例 4-2】

永宏建筑公司某附属车间分别以甲、乙两种材料生产两种产品 A 和 B。6 月份投入甲材料 80 000 元生产 A 产品，投入乙材料 50 000 元生产 B 产品。当月生产 A 产品发生直接人工费用 20 000 元，生产 B 产品发生直接人工费用 10 000 元，生产车间归集的制造费用总额为 30 000 元。假定，当月投入生产的 A、B 两种产品均于当月完工，生产车间的制造费用按生产工人工资比例进行分配，则：

A 产品应分摊的制造费用＝30 000×[20 000÷(20 000＋10 000)]＝20 000 （元）
B 产品应分摊的制造费用＝30 000×[10 000÷(20 000＋10 000)]＝10 000 （元）
A 产品完工成本（即 A 存货的成本）＝80 000＋20 000＋20 000＝120 000 （元）
B 产品完工成本（即 B 存货的成本）＝50 000＋10 000＋10 000＝70 000 （元）

3. 委托加工取得存货的成本

委托外单位加工完成的存货，以实际耗用的原材料或者半成品、加工费、运输费、装卸费等费用以及按规定应计入成本的税金，作为实际成本。其在会计处理上主要包括拨付加工物资、支付加工费用和税金、收回加工物资和剩余物资等环节。

【例 4-3】

永宏建筑公司委托乙企业加工材料一批。原材料成本为 20 000 元，支付的加工费为 7 000 元（不含增值税），材料加工完成并已验收入库，加工费用等已经支付。对方适用的增值税税率为 17%。永宏建筑公司按实际成本核算原材料，有关账务处理如下：

（1）发出委托加工材料。

借：委托加工物资   20 000

  贷：原材料   20 000

 （2）支付加工费用和税金。

$$应交增值税税额＝7\,000\times17\%＝1\,190（元）$$

  借：委托加工物资   8 190

   贷：银行存款   8 190

 （3）加工完成，收回委托加工材料。

  借：原材料   28 190

   贷：委托加工物资   28 190

4. 其他方式取得存货的成本

 小企业取得存货的其他方式主要包括投资者投入、提供劳务的成本、盘盈等。

 （1）投资者投入存货的成本。投资者投入存货的成本，应当按照投资合同或协议约定的价值确定，但合同或协议约定价值不公允的除外。在投资合同或协议约定价值不公允的情况下，将该项存货的公允价值作为其入账价值。

【例4-4】

 A公司将存货投入永宏建筑公司（假设合同或协议未约定存货价值），双方确定的价值为500万元，取得永宏建筑公司10%的股权，永宏建筑公司的所有者权益总额为5 000万元。A公司产品运抵永宏建筑公司并开具增值税专用发票，税款85万元（假定永宏建筑公司为小规模纳税人，增值税进项税额不能抵扣），已办理材料入库。永宏建筑公司账务处理：

  借：原材料   5 850 000

   贷：实收资本   5 000 000

    资本公积——资本溢价   850 000

 （2）提供劳务的成本。包括与劳务提供直接相关的人工费、材料费和应分摊的间接费用。

 （3）盘盈存货的成本。应当按照同类或类似存货的市场价格或评估价值确定，并通过"待处理财产损溢"科目进行会计处理，按管理权限报经批准后，计入营业外收入。

 在确定存货成本的过程中，应当注意，下列费用不应当计入存货成本，而应当在其发生时计入当期损益：1）非正常消耗的直接材料、直接人工及间接费用，应计入当期损益，不得计入存货成本。例如，企业超定额的废品损失以及由自然灾害而发生的直接材料、直接人工及间接费用，由于这些费用的发生无助于使该存货达到目前场所和状态，不应计入存货成本，而应计入当期损益。2）仓储费用，指企业在采购入库后发生的储存费用，应计入当期损益。但是，在生产过程中为达到下一个生产阶段所必需的仓储费用则应计入存货成本。例如，某种酒类产品生产企业为使生产的酒达到规定的产品质量标准，而必须发生的仓储费用，就应计入酒的成本，而不是计入当期损益。3）不能归属于使存货达到目前场所和状态的其他支出，不符合存货的定义和确认条件，应在发生时计入当期损益，不得计入存货成本。

第二节 原材料

一、原材料收发的程序

（一）外购材料的程序

从外部采购材料，是建筑施工企业取得材料的主要来源。为了既保证施工生产任务的顺利完成，又能节约使用资金，建筑施工企业需要正确、及时地编制材料采购供应计划，加强材料采购的计划管理工作。材料采购供应计划，一般是由建筑施工企业材料供应部门根据施工生产计划、材料的消耗定额和储备定额，结合库存情况予以制定的，是建筑施工企业采购材料的依据。在材料采购供应计划中，一般应列有采购材料的名称、数量、单价、金额等内容。为了保证材料的及时供应，明确购销双方的经济责任，建筑施工企业还应与供应单位签订材料采购供应合同。在合同中应详细记载材料的名称、品种、规格、质量、数量、单价、总价、结算方式、交货方式、交货期限，以及违反合同应承担的经济责任等项内容。财会部门应监督材料采购供应计划和供应合同的执行情况。

建筑施工企业购入材料，必须严格按规定办理材料采购和收入的凭证手续，这是组织材料采购核算的重要前提。材料采购的过程实际上就是货款结算和材料收进的过程，因此，购入材料一般要取得货款结算和材料验收入库两方面的凭证，即要取得外来的银行结算凭证、供应单位的发票账单、运输单位的运单或供应单位的提货单，以及小企业内部自制的收料单、材料短缺毁损赔偿请求单等。

　　小企业购入材料可以采取不同的结算方式。在不同的结算方式下，其结算手续、所用的凭证以及传递程序也各有不同。但不论采取哪种结算方式，财会部门收到银行结算凭证和供应单位的发票账单后，都应及时送交材料供应部门。材料供应部门应认真审核发票账单，并与供应合同进行核对，检查材料的名称、品种、规格、质量和数量等是否与供应合同相符，然后确定是全部付款、部分付款还是拒绝付款。材料到达后，材料供应部门应组织仓库保管人员认真办理验收入库手续，并填制收料单一式三联，在材料验收完毕并经签证后分送有关部门。其中一联由材料供应部门存查；一联送财会部门，据以进行材料收入的核算；一联留存仓库，据以登记库存材料明细账（卡）。为了便于分类和汇总，收料单一般采取一料一单的形式，其一般格式如表 4-1 所示。

表 4-1　　　　　　　　　　　　　　收料单

交物单位或个人：　　　　　　　　　　　　　　　　　　　　　　年　月　日

材料名称	来源说明	仓号	数量	计量单位	单价	金额						
						万	千	百	十	元	角	分
合计（大写）金额					（小写）¥							

　　仓库保管人员在验收材料时，如果发现数量不足、质量不符合规定标准或毁损的材料，应填制数量质量不符通知单，通知材料供应部门查明原因、分清责任进行处理。对于应由供应单位或运输单位负责赔偿的，企业的材料供应部门应填制赔偿请求单，提出索赔要求，并通知财会部门向对方办理索赔手续。

（二）发出材料的程序

　　施工现场或内部其他单位领用材料时，必须严格办理领料手续，按规定填制领料凭证。建筑施工企业使用的领料凭证，一般有以下几种。

1. 领料单

　　领料单是一种一次性使用有效的领料凭证。它一般采用一料一单的形式，填制手续一次完成，每领一次材料，就需要填制一张凭证。领料单由小企业内部各领料单位根据用料计划填制，经领料单位负责人签章后，据以向仓库领料。领料单中应填明领取材料的类别、品种、名称、规格、数量和用途，由领料单位负责人或用料管理人员审核。审核时，应查明请领的材料品种、规格和数量是否符合计划，是否为施工生产经营所需。经过审核签证的领料单才能作为向仓库领取材料的依据。仓库发料时，保管员应审核领料单的签证手续是否完备，对于所发材料要认真计量，将实发数量填入单内，并由领发料双方签章，以便明确材料领发的经济责任。领料单一般适用于没有消耗定额的材料和临时需用或不经常领用的材料。领料单的一般格式如表 4-2 所示。

表 4-2　　　　　　　　　　　　　　　领料单

材料类别　　　　　　　　　　　　　　　　　　　　　　　　领料单位：

材料科目　　　　　　　　　　　　　　　　　　　　　　　年　　月　　日

材料编号	材料名称	规格	施工通知单号	用途	数量		计量单位	单价	金额
					请领	实领			

主管：　　　记账：　　　发料：　　　领料部门：　　　领料人：

　　领料单一般应填制一式三联，其中一联由领料单位留存备查；一联由发料仓库留存，作为登记材料明细账（卡）的依据；一联送交财会部门，作为登记材料总账和月末编制发料凭证汇总表的依据。

　　为了反映材料的实际消耗，正确计算工程成本，对于已领出库但尚未耗用或用后多余的材料，下月不再继续使用的，应填制"退料单"或用红字填制领料单，办理退料手续，将材料退回仓库；如下月仍需继续使用的，应分别核算对象进行盘点，材料不退回仓库，但应办理退料手续，同时填制本月的退料单和下月初的领料单，这种做法称为"假退库"。退料单由退料单位填制，一般应一式三联，其中一联由仓库收料后退回退料单位；一联留存仓库据以登记材料明细账；一联送交财会部门作为核算工程或产品成本的依据。

　　2．定额领料单

　　定额领料单又称限额领料单，它是一种多次使用有效的累计领料凭证。它一般采取一单一料的形式，填制手续是多次完成的，在有效期内和定额范围内，可以连续向仓库领料。只要领料数量不超过规定的限额，在月份内可以连续使用，其有效期一般为一个月。它一般是在每月初签发施工任务单的同时，由施工生产部门根据施工任务单所列的计划工程量，按照材料消耗定额核定各种材料的定额耗用总量后签发。在定额领料单中，应填明领料单位、材料用途、领料单编号、发料仓库、材料名称和规格，以及根据本月计划工程量（或产品计划产量）和消耗定额计算确定的全月领料限额等内容。定额领料单经生产计划和供应部门负责人签章后，才能据以办理领发料手续。定额领料单一般适用于有消耗定额的材料和经常领用的材料。定额领料单的一般格式如表 4-3 所示。

表 4-3   **定额领料单**

任务单号   领料单位：

工程量   年 月 日   发料仓库：

材料编号	材料名称	规格	计量单位	单位消耗定额	定额用量	追加数量	领料记录			退料数量	实际用量
							日期	数量	领发料人签章		

主管：   记账：   发料：   领料部门：   领料人：

定额领料单一般应填制一式两联，其中一联由领料单位（即施工队或班组）作为领料的依据；一联交仓库作为发料的凭证。每次领料时，由仓库保管员在定额领料单上登记，并由领发料双方共同签章。月末或工程竣工时，仓库保管员将施工队或班组保存的定额领料单收回，并在两联定额领料单上计算累计领料数量和金额。其中一联留仓库据以登记材料明细账，原由施工队或班组保存的一联则送交财会部门作为核算发出材料的依据。

采用定额领料单，应严格按规定的定额领发材料。对于不按批准数量超额领料，或请领的材料品种、规格与单内所列项目不符的，仓库有权拒绝发料。如果由于施工或生产计划调整而增加工程量或产品产量，以及因工程返工等原因需要追加领料定额时，应经过施工或生产计划部门和供应部门审核批准，办理追加定额的手续。

采用定额领料单，减少了凭证数量，简化了领料手续，可以随时反映和监督发料过程中材料消耗定额的执行情况，有利于小企业加强定额管理，按照定额对材料的领发进行日常控制，便于施工队或班组了解和控制工程或产品的用料情况，分析材料耗用的节约或超支情况，从而促使各领料单位按照消耗定额节约、合理地使用材料，降低材料消耗，以达到降低工程或产品成本中的材料费用的目的。

3. 大堆材料耗用计算单

大堆材料耗用计算单是一种特殊形式的耗料凭证，如表 4-4 所示。

表 4-4 　　　　　　　　　　　　大堆材料耗用计算单　　　　　　　　　　　年　月

材料名称规格	黄沙	碎石	白灰	砖
单价				
期初余额				
加：本期收入				
减：本期结存				
本期耗用				

　　它主要适用于用料时既不易点清数量又难以分清受益对象的大堆材料，如施工现场露天堆放的砖、瓦、灰、砂、石等。由于露天堆放的大堆材料耗用量大、领用频繁，在领用时又难以点清数量和过磅。同时在同一工地，几个单位工程共同耗用的材料，且难以严格划分，可采用大堆材料耗用计算单，以"算两头、轧中间"的办法定期计算施工过程中各成本核算对象所耗用的大堆材料数量。即对于大堆材料，建筑施工企业一般采用实地盘存法，于月末盘点结存数，以月初结存数加本月进料数减月末结存数，倒轧出本月耗用数，并根据各项工程的材料定额用量占完成工程量的比例分配实际用量，填制大堆材料耗用计算单，办理领料手续。大堆材料进场时，可先由材料员或施工班组验收保管，日常领用时不必逐笔办理领料手续，月末实地盘点实存数，计算出本月实际耗用量，并按各成本核算对象的定额用量计算其实际耗用数。其计算公式如下：

　　　　本月实际耗用量＝月初结存数量＋本月进料数量－月末结存数量

　　大堆材料耗用计算单一般应填制一式两联，一联交仓库据以办理材料出库手续；一联交财会部门作为核算工程成本的依据。

　　4. 集中配料耗用计算单

　　集中配料耗用计算单是一种一单多料、一次使用的领发料凭证，如表4-5所示。

表 4-5 　　　　　　　　　　　　集中配料耗用计算单　　　　　　　　　　　年　月

成本核算对象	片石			碎石			白灰		
	定额用量	实耗数量	金额	定额用量	实耗数量	金额	定额用量	实耗数量	金额
甲工程									
乙工程									
合　计									

　　它主要适用于虽能点清数量但系集中配料或统一下料的材料，如玻璃、油漆、木材等。凡是集中配料的用料，一般应在领料单上加盖"工程集中配料"戳记，领发材料时，应根据工程量和所用各种材料的配方比例，计算各种材料

的配方用量，月末由材料管理人员或领料班组根据用料情况，按照配制后综合材料的耗用数或消耗定额，编制集中配料耗用计算单，交财会部门据以分配计入各成本核算对象。集中配料的计算方法与大堆材料基本相同，集中配料耗用计算单的一般格式与大堆材料耗用计算单的格式也基本相同。

5. 领料登记簿

领料登记簿是一种一单一料、多次使用有效的累计领发料凭证。它主要适用于领发次数很多、数量零星、价值较低的消耗性材料，如铁钉、螺丝、螺帽、垫圈等。对于这类材料，为了简化领发料手续，可以在仓库设置领料登记簿，据以办理领发料手续。即平时领用材料的，可以不填制领料单，而由领料人员在领料登记簿内登记领用数量、用途并签章证明，仓库据以办理发料手续。月终，由仓库保管员根据领料登记簿按领料单位和用途汇总填制领料单一式三联，其中一联交领料单位；一联留存仓库作为登记材料明细账的依据；一联交财会部门作为成本核算的依据。领料登记簿的一般格式如表 4-6 所示。

表 4-6 　　　　　　　　　　　领料登记簿

领料单位：　　　　　　　　　　　　　　　　　　　　发料仓库：
材料类别　　　　　　　　　　　　　　　　　　　　　计量单位：
材料名称　　　　　　　　　　　年　月

日期	领用数量	用途	领料人签章	备注

二、购入原材料的核算

(一) 取得原材料按实际成本核算

小企业材料日常收发按实际成本计价时，在总分类核算上可以不必设置"材料采购"和"材料成本差异"科目，取得材料的实际成本直接在"原材料"进行核算。对于材料已经支付或承付，但材料尚未运到的在途材料应通过"在途物资"核算。

材料日常收发按实际成本计价时，材料的明细分类核算要按材料品种、规格同时设置材料卡片和材料明细分类账。材料卡片由仓库登记，只进行数量核算。材料明细分类账由会计部门登记，同时进行数量和金额的核算。为避免重复记账，可以采用"账卡合一"的做法，即取消材料卡片，只设置一本既有数量又有金额的材料明细分类账放在仓库，由仓库人员登记，会计人员定期稽核；或由仓库人员登记数量，会计人员登记金额。

外购材料时，由于结算方式和采购地点的不同，材料入库和货款的支付在时间上不一定完全同步，其账务处理也有所不同。

1. 发票账单与材料同时到达

小企业在支付货款或开出、承兑商业汇票，材料验收入库后，根据发票账单等结算凭证确定的材料成本，借记"原材料"科目，贷记"银行存款"等科目。

【例 4-5】

永宏建筑公司 2 月购入施工用原材料（钢材）一批，货款 30 000 元，增值税 5 100 元，发票账单已收到，材料已验收入库，全部款项以银行存款支付。账务处理如下：

借：原材料	35 100
贷：银行存款	35 100

2. 已开出、承兑商业汇票，但材料尚未到达或尚未验收入库

支付、办理结算时，根据账单等结算凭证，借记"在途物资"科目，贷记"银行存款"等科目；待材料到达、验收入库后，再根据收料单，借记"原材料"科目，贷记"在途物资"科目。

【例 4-6】

永宏建筑公司 3 月采用汇兑结算方式购入施工用原材料（钢材）一批，货款 200 000 元，增值税 34 000 元，发票账单已收到，材料尚未入库。账务处理如下：

借：在途物资	234 000
贷：银行存款	234 000

上述材料到达、验收入库时，再根据收料单，作账务处理：

借：原材料	234 000
贷：在途物资	234 000

3. 材料已到达并已验收入库，但发票账单等结算凭证未到，货款尚未支付

当月月末，按材料的暂估价值，借记"原材料"科目，贷记"应付账款——暂估"科目；下月初用红字编制同样的记账凭证予以冲回，以便下月付

款或开出、承兑商业汇票后，按正常程序，借记"原材料"，贷记"银行存款"、"应付票据"等科目。

【例4-7】

永宏建筑公司采用托收承付结算方式购入施工用原材料（钢材）一批，材料已验收入库，发票账单未到，月末按暂估价600 000元估计入账。当月月末，账务处理如下：

借：原材料   600 000
  贷：应付账款——暂估   600 000

下月初用红字编制同样的记账凭证予以冲回，账务处理如下：

借：原材料   -600 000
  贷：应付账款——暂估   -600 000

收到有关结算凭证（含税价585 000元），并支付货款，账务处理如下：

借：原材料   585 000
  贷：银行存款   585 000

4. 采用预付货款的方式

小企业在预付材料价款时，按实际预付金额，借记"预付账款"科目，贷记"银行存款"科目；已经预付货款的材料验收入库，根据账单等所列的价款、税额等，借记"原材料"科目，贷记"预付账款"科目；预付账款不足，补付货款的，按补付金额，借记"预付账款"科目，贷记"银行存款"科目；退回多付的款项时，借记"银行存款"科目，贷记"预付账款"科目。

【例4-8】

永宏建筑公司向Y供货商采购钢材2 000吨，单价3 000元，需支付款项共计6 000 000元。按照合同规定向Y供货商预付其中的20%，验收货物后补付其余款项。

（1）预付20%的货款时，账务处理如下：

借：预付账款   1 200 000
  贷：银行存款   1 200 000

（2）收到Y供货商发来的钢材2 000吨，经验收无误，有关发票记载的货款为6 000 000元。账务处理如下：

借：原材料   6 000 000
  贷：预付账款   6 000 000

(3) 以银行存款补付不足款项 4 800 000 元。账务处理如下：

　　借：预付账款　　　　　　　　　　　　　　　　　　　4 800 000
　　　　贷：银行存款　　　　　　　　　　　　　　　　　　　4 800 000

（二）取得材料按计划成本核算

采用计划成本进行日常核算的小企业，首先要制定各种存货的计划成本目录，规定存货的分类、各种存货的名称、规格、型号、计量单位和计划单位成本；平时收到存货时，按计划单位成本计算出收入存货的计划成本，填入收料单内，并将实际成本与计划成本的差额，作为材料成本差异分类登记；平时领用、发出的存货，都按计划成本计算；月份终了，再将本月发出存货应负担的成本差异进行分摊，随同本月发出存货的计划成本记入有关账户，将发出存货的计划成本调整为实际成本。

小企业所有材料的收入、发出数量的核算工作，一般由物资管理部门负责。物资管理部门对于材料收入、发出和结存数量的核算，是在"材料卡片"中进行的。除物资管理部门在"材料卡片"进行材料收发数量核算外，会计部门还要按照材料计划价格进行金额核算。材料的明细分类核算应提供两方面的核算资料：一是按材料品种、规格反映的每种材料的收发结存数量和金额资料，二是按材料类别反映的材料资金增减变化和占用情况的资料。

在计划成本法下，取得的原材料先通过"材料采购"科目进行核算，材料的实际成本与计划成本的差异，通过"材料成本差异"科目进行核算。

【例 4-9】

永宏建筑公司 7 月份采购水泥 1 000 吨，均已验收入库，结算凭证记载款项共计 300 000 元，全部采用银行存款支付。

（1）购入时，账务处理如下：

　　借：材料采购　　　　　　　　　　　　　　　　　　　300 000
　　　　贷：银行存款　　　　　　　　　　　　　　　　　　　300 000

（2）月末，本月已经付款的入库材料（水泥）的计划成本 290 000 元。账务处理如下：

　　借：原材料　　　　　　　　　　　　　　　　　　　　290 000
　　　　贷：材料采购　　　　　　　　　　　　　　　　　　　290 000

月末结转本月已经付款的入库材料（水泥）的材料成本差异，其实际成本 300 000 元，材料成本差异额 10 000 元（300 000－290 000）（超支额）。账务处理如下：

借：材料成本差异　　　　　　　　　　　　　　　 10 000
　　贷：材料采购　　　　　　　　　　　　　　　　　　 10 000

在计划成本法下，周转材料、委托加工物资等存货产生的材料成本差异，也通过"材料成本差异"科目核算。

三、发出材料的核算

（一）发出存货成本的计价方法

小企业应当采用先进先出法、加权平均法或者个别计价法确定发出存货的实际成本。其中，加权平均法分为移动加权平均法和月末一次加权平均法。计价方法一经选用，不得随意变更。

（1）先进先出法是以先购入的存货应先发出（销售或耗用）这样一种实物流转假设为前提，对发出存货进行计价的方法。采用这种方法，先购入的存货成本在后购入的存货成本之前转出，据此确定发出存货和期末存货的成本。

（2）移动加权平均法是指每次收货后，立即根据库存存货数量和成本，计算出新的移动平均单价的一种方法。移动加权平均单价计算公式如下：

$$移动加权平均单价 = \frac{以前结存存货实际成本 + 本次收入存货实际成本}{以前结存存货数量 + 本次收入存货数量}$$

（3）月末一次加权平均法是根据期初结存存货和本期收入存货的数量和实际成本，期末一次计算存货的本月加权平均单价，作为计算本期发出成本和期末结存存货成本的单价，以求得本期发出存货成本和期末结存成本的一种方法。加权平均单价计算公式如下：

$$加权平均单价 = \frac{期初结存存货实际成本 + 本期收入存货实际成本}{期初结存存货数量 + 本期收入存货数量}$$

考虑到计算出的加权平均单价不一定是整数，往往要经四舍五入才能保持账面数字之间的平衡关系，实际工作中也可以用倒挤成本法计算发出存货的成本。即：

$$本期发出存货成本 = 期初结存存货成本 + 本期收入存货成本 - 期末结存存货成本$$

（4）个别计价法是以每次收入存货的实际成本作为计算各该次发出存货成本的依据。对于不能替代使用的存货、为特定项目专门购入或制造的存货以及提供的劳务，采用个别计价法确定发出存货的成本。相关计算公式如下：

$$每次存货发出成本＝该次存货发出数量×该次存货单位成本$$

小企业应当根据各类存货的实物流转方式、企业管理的要求、存货的性质等实际情况，合理地选择发出存货成本的计算方法，以合理确定当期发出存货的实际成本。

对于性质和用途相似的存货，应当采用相同的成本计算方法确定发出存货的成本。

（二）发出材料按实际成本法核算

由于小企业材料的日常领发业务频繁，为了简化日常核算工作，平时一般只登记材料明细分类账，反映各种材料的收发和结存金额；月末根据按实际成本计价的发料凭证，按领用部门和用途，汇总编制发料凭证汇总表，据以登记总分类账，进行材料发出的总分类核算。

根据发料凭证汇总表，借记"工程施工"、"辅助生产"、"管理费用"、"在建工程"等科目，贷记"原材料"科目。

【例 4-10】

永宏建筑公司某项目部在 11 月末根据领料单汇总编制的发出材料汇总表如表 4-7 所示。

表 4-7　　　　　　　　　　　发出材料汇总表
20××年 11 月 30 日　　　　　　　　　　　单位：元

受益对象	发出材料				合　计
	主要材料	结构件	机械配件	其他材料	
工程施工	430 000	565 000		3 860	998 860
现场管理部门	1 560			430	1 990
辅助生产	230 000		12 600	1 650	244 250
合　计	661 560	565 000	12 600	5 940	1 245 100

账务处理如下：

（1）本月发出主要材料。

借：工程施工——合同成本　　　　　　　　　　　　　430 000

工程施工——间接费用　　　　　　　　　　　　　1 560

辅助生产　　　　　　　　　　　　　　　　　　　230 000

　贷：原材料——主要材料　　　　　　　　　　　　　661 560

（2）本月发出结构件。

借：工程施工——合同成本　　　　　　　　　　　　　565 000

　　　　贷：原材料——结构件　　　　　　　　　　　　　　　565 000
　（3）本月发出机械配件。
　　　　借：辅助生产　　　　　　　　　　　　　　　　　　　12 600
　　　　贷：原材料——机械配件　　　　　　　　　　　　　　12 600
　（4）本月发出其他材料。
　　　　借：工程施工——合同成本　　　　　　　　　　　　　3 860
　　　　　　工程施工——间接费用　　　　　　　　　　　　　　430
　　　　　　辅助生产　　　　　　　　　　　　　　　　　　　1 650
　　　　贷：原材料——其他材料　　　　　　　　　　　　　　5 940

（三）发出材料按计划成本法核算

在计划成本法下，领用材料采用计划成本进行日常核算，同时将实际成本与计划成本的差额另行设置"材料成本差异"科目核算，月末再计算领用材料应分摊的成本差异，将领用材料由计划成本调整为实际成本。其计算公式如下：

$$材料成本差异率=\frac{月初结存材料成本差异额+本月收入材料成本差异额}{月初结存材料计划成本+本月收入材料计划成本}\times100\%$$

发出材料应负担的成本差异＝发出材料的计划成本×材料成本差异率
发出材料的实际成本＝发出材料的计划成本＋发出材料应负担的成本差异
结存材料的实际成本＝结存材料的计划成本＋结存材料的成本差异

【例4-11】

永宏建筑公司5月初结存原材料的计划成本100 000元，本月收入原材料的计划成本200 000元，本月发出原材料的计划成本160 000元，原材料成本差异的月初数为2 000元（超支），本月收入原材料成本差异为5 000元（节约）。

材料成本差异率＝(2 000－5 000)÷(100 000＋200 000)×100%＝－1%
发出材料应负担的成本差异＝160 000×(－1%)＝－1 600(元)
发出材料的实际成本＝160 000－1 600＝158 400(元)
结存材料的实际成本＝(100 000＋200 000－160 000)＋(2 000－5 000＋1 600)
　　　　　　　　　　＝138 600(元)

【例4-12】

永宏建筑公司6月末根据领料单汇总编制的发出材料汇总表，其材料发出的成本结转和成本差异结转如表 4-8 所示。

表 4-8　　　　　　　　**发出材料成本差异分配表**

20××年 6 月 30 日　　　　　　　　　　　　　　　单位：元

受益对象	主要材料（−2%）		结构件（2%）		其他材料（−1%）		合　计	
	计划成本	成本差异	计划成本	成本差异	计划成本	成本差异	计划成本	成本差异
施工生产	377 000	−7 540	530 000	10 600			907 000	3 060
项目管理部门					130	−1.30	130	−1.30
公司管理部门	322.50	−6.45					322.50	−6.45
合　计	377 322.50	−7 546.45	530 000	10 600	130	−1.30	90 745.25	3 052.25

账务处理如下：

（1）结转本月发出材料的计划成本。

1）本月发出主要材料。

　　借：工程施工——合同成本　　　　　　　　　　　　　　377 000

　　　　管理费用　　　　　　　　　　　　　　　　　　　　　322.50

　　　　贷：原材料——主要材料　　　　　　　　　　　　　377 322.50

2）本月发出结构件。

　　借：工程施工——合同成本　　　　　　　　　　　　　　530 000

　　　　贷：原材料——结构件　　　　　　　　　　　　　　530 000

3）本月发出其他材料。

　　借：工程施工——间接费用　　　　　　　　　　　　　　130

　　　　贷：原材料——其他材料　　　　　　　　　　　　　130

（2）结转本月发出材料的成本差异。

1）结转本月发出材料的节约差。

　　借：工程施工——合同成本　　　　　　　　　　　　　　−7 540

　　　　　　　　——间接费用　　　　　　　　　　　　　　−1.3

　　　　管理费用　　　　　　　　　　　　　　　　　　　　−6.45

　　　　贷：材料成本差异——主要材料　　　　　　　　　　−7 546.45

　　　　　　　　　　　　——其他材料　　　　　　　　　　−1.3

2）结转本月发出材料的超支差。

　　借：工程施工——合同成本　　　　　　　　　　　　　　10 600

　　　　贷：材料成本差异——结构件　　　　　　　　　　　10 600

第三节　委托加工物资

一、委托加工物资成本的组成

小企业购入的材料物资，有时需要经过加工后才能使用。小企业委托其他单位进行加工的物资，称委托加工物资。委托加工物资经过加工，其实物形态、性能发生变化，使用价值也随之发生变化，且在其加工过程中要消耗原材料，还要发生各种费用支出等，从而使价值相应增加。委托加工物资的所有权仍在委托企业，因而应作为委托企业的存货进行核算。

小企业委托外单位加工的物资，其实际成本包括：加工中实际耗用的原材料成本；支付的加工费用及应负担的运杂费等；支付的税金，包括委托加工物资所应负担的增值税和消费税（指属于消费税应税范围的加工物资）。

二、委托加工物资的核算

对于委托外单位加工的材料物资，虽仍属小企业所有，但不存于本企业仓库，所以不能在各材料科目进行核算。为了反映和监督委托加工物资增减变动及其结存情况，小企业应设置"委托加工物资"科目。借方登记委托加工物资的实际成本，贷方登记加工完成验收入库的物资的实际成本和剩余物资的实际成本，期末余额在借方，反映小企业尚未完工的委托加工物资的实际成本和发出加工物资的运杂费等。委托加工物资按加工合同设置明细账，以便核算各批加工材料的实际成本，并及时进行清理结算。

委托加工业务在会计处理上主要包括拨付加工物资、支付加工费用和税金、收回加工物资和剩余物资等环节。

（1）小企业在将材料物资发给外单位加工时，根据加工合同填制委托加工发料单通知仓库发料。发给外单位加工的物资，应将物资的实际成本由"原材料"、"库存商品"等科目转入"委托加工物资"科目，借记"委托加工物资"科目，贷记"原材料"、"库存商品"等科目。

（2）支付的加工费、应负担的运杂费、增值税等，借记"委托加工物资"科目，贷记"银行存款"等科目。

（3）加工完成验收入库的物资和剩余物资，按加工收回物资的实际成本和剩余物资的实际成本，借记"原材料"、"库存商品"科目，贷记"委托加工物资"科目。

【例4-13】

　　永宏建筑公司委托 A 公司加工材料（不属于应税消费品）。原材料计划成本 100 000 元，支付的加工费 80 000 元（不含增值税），材料加工完成验收入库，加工费用等已支付。A 公司适用的增值税税率为 17%。发出材料的成本差异率为－1%。永宏建筑公司账务处理如下：

　　（1）发出委托加工材料。

　　　借：委托加工物资　　　　　　　　　　　　　　　　100 000
　　　　　贷：原材料　　　　　　　　　　　　　　　　　　　　100 000

　　（2）分配材料成本差异。

　　　借：委托加工物资　　　　　　　　　　　　　　　　－1 000
　　　　　贷：材料成本差异　　　　　　　　　　　　　　　　　－1 000

　　（3）支付加工费用。

　　　　　　支付加工费用＝80 000（元）
　　　　　　应纳增值税＝80 000×17%＝13 600（元）

　　　借：委托加工物资　　　　　　　　　　　　　　　　93 600
　　　　　贷：银行存款　　　　　　　　　　　　　　　　　　　93 600

　　（3）加工完成收回委托加工材料。

　　　借：原材料　　　　　　　　　　　　　　　　　　192 600
　　　　　贷：委托加工物资　　　　　　　　　　　　　　　　192 600

第四节　周转材料

一、周转材料的分类与计价

（一）周转材料的分类

　　周转材料是指小企业能够多次使用、逐渐转移其价值仍可保持原有形态、不确认为固定资产的材料除了低值易耗品、包装物，建筑施工企业的周转材料主要包括钢模板、木模板、脚手架和其他周转材料等。这些材料一般可分为以下 4 类：

　　（1）模板，指浇制混凝土用的钢、木或钢木组合的模型板，以及配合模板使用的支撑材料和滑模材料。

(2) 挡板，指土方工程用的挡土板及支撑材料。

(3) 架料，指脚手架用的竹、木杆和跳板以及钢管脚手。

(4) 其他，如塔吊使用的轻轨、枕木等。

（二）周转材料的计价

购入、自制、委托外单位加工完成并已验收入库的周转材料，比照"原材料"科目的相关规定进行处理。由于周转材料与一次性消耗材料不同，建筑施工企业应专门设置"周转材料"科目对其进行核算。

二、周转材料的摊销方法

周转材料的摊销方法应视周转材料价值的多少、耐磨程度、使用期限长短等因素，按照使用次数分次计入成本费用。金额较小的，可在领用时一次计入成本费用，以简化核算，但为加强实物管理，应当在备查簿中进行登记。按照《小企业会计准则》的规定，小企业应采用一次摊销法、分次摊销法对周转材料进行摊销，摊销方法一旦确定不得随意变更。

（一）一次摊销法

一次摊销法是指在领用周转材料时，将其全部价值一次计入工程成本或有关费用。这种方法一般适用于易腐、易糟或价值较低、使用期限较短的周转材料，如安全网等。

（二）分次摊销法

分次摊销法是指根据周转材料的预计使用次数，计算每次的摊销额并计入工程成本或有关费用的方法。这种方法一般适用于使用次数较少或不经常使用的周转材料，如预制钢筋混凝土构件所使用的定型模板和土方工程中使用的挡板等。其计算公式如下：

$$\text{周转材料每次使用的摊销额} = \frac{\text{周转材料成本} \times (1 - \text{残值占计划成本百分比})}{\text{预计使用次数}}$$

本期周转材料的摊销额＝本期使用次数×周转材料每次使用的摊销额

在实际工程中，周转材料采用分次摊销法时，平时计算的摊销额，一般不可能与实物价值损耗完全一致。为了正确计算周转材料摊销额，使周转材料的价值转移符合周转材料实物的磨损情况，正确计算工程成本，需在年度终了或工程竣工时，对周转材料进行盘点，根据实际损耗调整已提摊销额，以保证工程成本和有关费用的正确性。

对已提摊销额的调整，主要有以下三种情况：

（1）小企业清查盘点中发现短缺、报废周转材料，应及时办理报废手续，并办理补提摊销。计算公式如下：

报废、短缺周转材料应补提摊销额＝应提摊销额－已提摊销额

应提摊销额＝报废、短缺周转材料成本－残料价值

已提摊销额＝报废、短缺周转材料成本×$\dfrac{该类在用周转材料已提摊销额}{该类在用周转材料账面成本}$

（2）因工程竣工或不需用而退库的周转材料，应及时办理退库手续，并确定成色（即新旧程度），补提摊销额或冲回多提的摊销额。计算公式如下：

退库周转材料应补提摊销额＝应提摊销额－已提摊销额

应提摊销额＝退库周转材料成本×（1－新旧程度百分比）

已提摊销额＝退回周转材料成本×$\dfrac{该类在用周转材料已提摊销额}{该类在用周转材料成本}$

（3）对于转移到其他工程的周转材料，也应及时办理转移手续，并比照退库周转材料的方法，确定转移时的成色，补提或冲回摊销额，补提的摊销额应计入转移前受益工程的成本。

三、周转材料领用及摊销的核算

（一）周转材料领用、摊销和退回的处理

领用、摊销和退回周转材料时，应分别以下情况进行账务处理：

（1）采用一次摊销法的，领用时，将其全部价值计入有关的成本、费用，借记"工程施工——合同成本"等科目，贷记"周转材料"科目。

（2）采用分次摊销法的，应设置"在库"、"在用"和"摊销"三个明细科目，并按周转材料的种类设置明细账，进行明细核算。领用时，按其全部价值，借记"周转材料（在用）"科目，贷记"周转材料（在库）"科目；摊销时，按摊销额，借记"工程施工——合同成本"等科目，贷记"周转材料（摊销）"科目；退库时，按其全部价值，借记"周转材料（在库）"科目，贷记"周转材料（在用）"科目。

（二）周转材料报废的处理

周转材料报废时，应分别以下情况进行账务处理：

（1）采用一次摊销法的，将报废周转材料的残料价值作为当月周转材料转销额的减少，冲减有关成本、费用，借记"原材料"等科目，贷记"工程施工——合同成本"等科目。

（2）采用分次摊销法等方法的，将补提摊销额，借记"工程施工——合同成本"等科目，贷记"周转材料（摊销）"科目；将报废周转材料的残料价值

作为当月周转材料摊销额的减少，冲减有关成本、费用，借记"原材料"等科目，贷记"工程施工——合同成本"等有关科目，同时，将已提摊销额，借记"周转材料（摊销）"科目，贷记"周转材料（在用）"科目。

采用计划成本核算的建筑施工企业，月度终了，应结转当月领用周转材料应分摊的成本差异，通过"材料成本差异"科目，计入有关成本、费用科目。

【例 4-14】

永宏建筑公司某项目部 9 月 8 日领用一次摊销的安全网一批，计划成本 2 800 元，材料成本差异率为 -2%。领用时一次性将周转材料价值转销。账务处理如下：

借：工程施工——合同成本　　　　　　　　　　　　　　2 744

　　贷：周转材料——在库　　　　　　　　　　　　　　2 800

　　　　材料成本差异——周转材料　　　　　　　　　　 -56

【例 4-15】

永宏建筑公司沈阳项目部本月领用全新定型模板一批，其计划成本为 50 000 元，采用分次摊销法摊销。预计残值占计划成本的 10%，预计使用次数为 10 次，本月实际使用 2 次。材料成本差异率为 2%。则账务处理如下：

领用时，根据周转材料领用单。

借：周转材料——在用　　　　　　　　　　　　　　　50 000

　　贷：周转材料——在库　　　　　　　　　　　　　　50 000

领用当月应计提摊销额 9 000 元。

借：工程施工——合同成本　　　　　　　　　　　　　 9 000

　　贷：周转材料——摊销　　　　　　　　　　　　　　 9 000

分摊周转材料成本差异时。

借：工程施工——合同成本　　　　　　　　　　　　　　 180

　　贷：材料成本差异　　　　　　　　　　　　　　　　　180

第五节　存货的清查盘点

一、存货清查盘点的方法

存货计价是否正确，取决于存货数量的确定是否准确和存货计价方法的选择是否得当。而小企业存货的数量要靠盘存来确定，常用的盘存方法主要有定期盘存法和永续盘存法。

（一）定期盘存法

定期盘存法（或称定期盘存制）也称为实地盘存法（或实地盘存制），指会计期末通过对全部存货进行实地盘点确定期末存货的数量，再乘以各项存货的单价，计算出期末存货的成本，并据以计算出已销存货成本的一种存货盘存方法。

采用这一盘存方法时，平时只记录存货购进的数量和金额，不记发出的数量，利用盘点确定存货的实际结存数量，并据以计算出期末存货的成本和当期耗用或已销存货的成本。这一方法通常也称为"以存计耗"或"以存计销"。定期盘存法所依据的基本等式为：

本期耗用（销售）成本＝期初存货成本＋本期购货成本－期末存货成本

上式中，期初存货成本和本期购货成本可从账簿记录中取得，通过实地盘存确定期末存货成本，由此便可计算出本期耗用（销售）成本。

（二）永续盘存法

永续盘存法（或永续盘存制）也称为账面盘存法（或账面盘存制），是指通过设置详细的存货明细账，逐笔或逐日地记录存货收入、发出的数量和金额，以随时结出结余存货的数量和金额的一种存货盘存方法。

采用这一盘存方法时，要求对小企业的存货分别品名、规格等设置明细账，逐日逐笔地登记收入、发出存货的数量和金额，并结出期末存货的数量和金额。为了核对存货账面记录，加强对存货的管理，小企业应视具体情况对其存货进行不定期的盘存，但每年至少应对存货进行一次全面盘点。

小企业可根据存货类别和具体的管理要求，对不同存货采取不同的盘存方法，不论采用何种方法，应注意保持前后期一致。

二、存货清查盘点的核算

存货清查通常采用实地盘点的方法，即通过盘点确定各种存货的实际库存数，并与账面结存数相核对。盘点结果如出现账实不符，应于期末前查明原因，并根据企业的管理权限，经批准后，在期末结账前处理完毕。

（一）存货盘盈

发生盘盈的存货，经查明是由于收发计量或核算上的误差等原因造成的，应及时办理存货入账的手续，调整存货账的实存数，按盘盈存货的计划成本或估计成本记入"待处理财产损溢——待处理流动资产损溢"科目。

【例4-16】

　　永宏建筑公司某项目部在期末进行存货清查，发现原材料盘盈1400元。经查，盘盈材料是由于收发时的计量误差所致，经有关部门批准后计入营业外收入。

　　（1）批准前，账务处理如下：

　　　　借：原材料　　　　　　　　　　　　　　　　　　　　　1400

　　　　　　贷：待处理财产损溢——待处理流动资产损溢　　　　　　　1400

　　（2）批准后，账务处理如下：

　　　　借：待处理财产损溢——待处理流动资产损溢　　　　　　1400

　　　　　　贷：营业外收入　　　　　　　　　　　　　　　　　　　　1400

◆◇

（二）存货盘亏和毁损

　　发生盘亏和毁损的存货，按照管理权限经批准后处理时，按照残料价值，借记"原材料"等科目，按照可收回的保险赔偿或过失人赔偿，借记"其他应收款"科目，按照本科目余额，贷记"待处理财产损溢——待处理流动资产损溢"科目，按照其借方差额，借记"营业外支出"科目。

【例4-17】

　　永宏建筑公司郑西项目部对发生的有关存货盘亏和毁损的经济业务，账务处理如下：

　　（1）盘亏A材料，实际成本为400元，原因待查。

　　　　借：待处理财产损溢——待处理流动资产损溢　　　　　　400

　　　　　　贷：原材料　　　　　　　　　　　　　　　　　　　　　　400

　　（2）查明原因，盘亏A材料是定额内合理损耗，批准作为营业外支出列支。

　　　　借：营业外支出　　　　　　　　　　　　　　　　　　　400

　　　　　　贷：待处理财产损溢——待处理流动资产损溢　　　　　　　400

　　（3）因发生水灾，对财产进行清查盘点。其中，材料毁损额按实际成本计算为5000元。

　　　　借：待处理财产损溢——待处理流动资产损溢　　　　　　5000

　　　　　　贷：原材料　　　　　　　　　　　　　　　　　　　　　　5000

　　（4）水灾造成的损失已经作出处理决定，由保险公司赔偿4300元，其余由企业负担。

　　　　借：其他应收款　　　　　　　　　　　　　　　　　　　4300

　　　　营业外支出　　　　　　　　　　　　　　　　　　　　700
　　　　　贷：待处理财产损溢——待处理流动资产损溢　　　　5 000

◆-◆

　　采用计划成本核算的建筑施工企业，应结转盘亏材料应分摊的成本差异，记入"待处理财产损溢"科目。

　　盘盈或盘亏的存货，如在期末结账前尚未处理的，应在对外提供财务会计报告时先按上述规定进行处理，并在会计报表附注中作出说明；如果其后批准处理的金额与已处理的金额不一致，应按其差额调整会计报表相关项目的年初数。

CHAPTER

5

第五章
对外投资

第一节　对外投资概述

一、对外投资的概念

对外投资是指为谋求生产经营以外的经济利益，将资产使用权让渡给其他单位，而获得的另一项权益性资产。对外投资是以让渡其他资产而换取的另一项资产，如"短期投资"、"长期股权投资"等；与其他资产相比，对外投资为小企业带来的经济利益在方式上有所不同。

二、对外投资的分类

按照投资的内容性质分类，可分为权益性投资、债权性投资、混合性投资等。权益性投资是指企业通过投资取得接受投资企业的股权，主要包括购入普通股股票以及采用合同、协议方式形成的投资；债权性投资是指企业通过投资取得接受投资单位的债权，主要包括购入各种债券形成的投资；混合性投资是指企业通过投资既可能取得接受投资企业的债权，又可能取得接受投资企业的股权，主要包括购入优先股、可转换企业债券等形成的投资。

按照投资目的和期限分类，可分为短期投资和长期投资两类。小企业通常按这种分类进行会计核算。其中，长期投资又可分为长期债券投资和长期股权投资。

第二节　短期投资

一、短期投资概述

短期投资，是指小企业购入的能够随时变现并且持有时间不准备超过 1 年（含 1 年）的投资。如小企业以赚取差价为目的从二级市场购入的股票、债券、基金等。

短期投资的持有时间通常不超过 1 年。如果某项短期投资实际持有时间已经超过 1 年，但企业并不打算长期持有的，仍应作为短期投资，除非企业改变投资目的，将短期持有改为长期持有。

短期投资的主要目的在于利用企业暂时闲置的资金获取一定的近期效益，而非出自主要经营业务的需要。资金的投放应以不影响或妨碍企业的正常经营为前提，因而，其投放时间较短，并且应保证能随时变现。所以短期投资一般应符合以下条件：

（1）能够在公开市场交易并且有明确市价。例如，各种上市的股票和债券，通常均有明确市价。

（2）持有投资作为剩余资金的存放形式，并保持其流动性和获利性。

二、短期投资的核算

小企业购入各种股票、债券、基金等作为短期投资的，应当按照实际支付的购买价款和相关税费，借记"短期投资"科目，贷记"银行存款"科目。

小企业购入股票，如果实际支付的购买价款中包含已宣告但尚未发放的现金股利，应当按照实际支付的购买价款和相关税费扣除已宣告但尚未发放的现金股利后的金额，借记"短期投资"科目，按照应收的现金股利，借记"应收股利"科目，按照实际支付的购买价款和相关税费，贷记"银行存款"科目。

小企业购入债券，如果实际支付的购买价款中包含已到付息期但尚未领取的债券利息，应当按照实际支付的购买价款和相关税费扣除已到付息期但尚未领取的债券利息后的金额，借记"短期投资"科目，按照应收的债券利息，借记"应收利息"科目，按照实际支付的购买价款和相关税费，贷记"银行存款"科目。

【例5-1】

3月20日，永宏建筑公司购买A公司发行的债券，并将其划分为短期投资。在购买时，支付债券买价1000万元，支付相关交易费用2.5万元。永宏建筑公司账务处理如下：

借：短期投资   10 025 000
 贷：银行存款   10 025 000

在短期投资持有期间，被投资单位宣告分派的现金股利，借记"应收股利"科目，贷记"投资收益"科目。在债务人应付利息日，按照分期付息、一次还本债券投资的票面利率计算的利息收入，借记"应收利息"科目，贷记"投资收益"科目。

【例5-2】

1月8日，永宏建筑公司用银行存款购入丙公司发行、面值为250万元、票面利率为4%、按年分期付息的公司债券。永宏建筑公司将其划分为短期投资，支付价款260万元（其中包含已到付息期的债券利息5万元），另支付交易费用3万元。2月5日，永宏建筑公司收到该批债券利息5万元，年末确认本年的利息。

对以上业务，永宏建筑公司应作如下账务处理：

（1）1月8日，购入丙公司债券时。

借：短期投资   2 580 000
  应收利息   50 000
 贷：银行存款   2 630 000

（2）2月5日，收到该笔债券利息时。

借：银行存款   50 000
 贷：应收利息   50 000

（3）12月31日，确认当年债券利息时。

$$当年债券利息 = 2\,500\,000 \times 4\% = 100\,000（元）$$

借：应收利息   100 000
 贷：投资收益   100 000

出售短期投资，应当按照实际收到的出售价款，借记"银行存款"或"库存现金"科目，按照该项短期投资的账面余额，贷记"短期投资"科目，按照尚未收到的现金股利或债券利息，贷记"应收股利"或"应收利息"科目，按照其差额，贷记或借记"投资收益"科目。

【例5-3】

永宏建筑公司出售了所持丙公司债券，售价为2 580 000元。"短期投资"明细账户借方余额2 500 000元。永宏建筑公司应作如下账务处理：

借：银行存款　　　　　　　　　　　　　　　　　2 580 000
　　贷：短期投资　　　　　　　　　　　　　　　　2 500 000
　　　　投资收益　　　　　　　　　　　　　　　　　 80 000

第三节　长期债券投资

一、长期债券投资概述

长期债券投资，是指小企业准备长期（在1年以上）持有的债券投资。企业应设置"长期债券投资"科目，并在该科目下设按照债券种类和被投资单位，分别"面值"、"溢折价"、"应计利息"进行明细核算。

二、长期债券投资的核算

小企业购入债券作为长期投资，应当按照债券票面价值，借记"长期债券投资"科目（面值），按照实际支付的购买价款和相关税费，贷记"银行存款"科目，按照其差额，借记或贷记"长期债券投资"科目（溢折价）。

如果实际支付的购买价款中包含已到付息期但尚未领取的债券利息，应当按照债券票面价值，借记"长期债券投资"科目（面值），按照应收的债券利息，借记"应收利息"科目，按照实际支付的购买价款和相关税费，贷记"银行存款"科目，按照其差额，借记或贷记"长期债券投资"科目（溢折价）。

长期债券投资在持有期间发生的应收利息应当确认为投资收益。分期付息、一次还本的长期债券投资，在债务人应付利息日按照票面利率计算的应收未收利息收入应当确认为应收利息，不增加长期债券投资的账面余额。一次还本付息的长期债券投资，在债务人应付利息日按照票面利率计算的应收未收利息收入应当增加长期债券投资的账面余额。在长期债券投资持有期间，在债务人应付利息日，按照分期付息、一次还本的长期债券投资票面利率计算的利息收入，借记"应收利息"科目，贷记"投资收益"科目；按照一次还本付息的长期债券投资票面利率计算的利息收入，借记"长期债券投资"科目（应计利息），贷记"投资收益"科目。

债券的折价或者溢价，在债券存续期间内于确认相关债券利息收入时采用直线法进行摊销。在债务人应付利息日，按照应分摊的债券溢折价金额，借记或贷记"投资收益"科目，贷记或借记"长期债券投资"科目（溢折价）。

长期债券投资到期，收回长期债券投资，应当按照收回的债券本金或本息，借记"银行存款"等科目，按照其账面余额，贷记"长期债券投资"科目（成本、溢折价、应计利息），按照应收未收的利息收入，贷记"应收利息"科目。

【例5-4】

永宏建筑公司20×7年1月3日购入某公司于20×7年1月1日发行的3年期债券，作为长期债券投资。该债券票面金额为100万元，票面利率为10%，永宏建筑公司实际支付106万元。该债券每年付息一次，最后一年还本金并付最后一次利息，假设永宏建筑公司按年计算利息。相关账务处理如下（金额单位：万元）。

(1) 20×7年1月初购入时：

借：长期债券投资——面值		1 000 000
——溢折价		60 000
贷：银行存款		1 060 000

(2) 20×7年12月31日，计算应收利息和确认利息收入：

该债券票面利率为10%，年应收利息为10万元（100×10%），该债券溢价摊销额为2万元（6÷3）。

20×7年12月31日，确认利息收入和溢价摊销：

借：应收利息	100 000
贷：投资收益	80 000
长期债券投资——溢折价	20 000

(3) 20×8年12月31日，计算应收利息和确认利息收入：

借：应收利息	100 000
贷：投资收益	80 000
长期债券投资——溢折价	20 000

(4) 20×9年12月31日，计算应收利息和确认利息收入，收到归还

本金：

借：应收利息		100 000
贷：投资收益		80 000
长期债券投资——溢折价		20 000
借：银行存款		1 100 000
贷：长期债券投资——面值		1 000 000
应收利息		100 000

处置长期债券投资，应当按照处置收入，借记"银行存款"等科目，按照其账面余额，贷记"长期债券投资"科目（成本、溢折价），按照应收未收的利息收入，贷记"应收利息"科目，按照其差额，贷记或借记"投资收益"科目。

按照小企业会计准则规定，确认实际发生的长期债券投资损失，应当按照可收回的金额，借记"银行存款"等科目，按照其账面余额，贷记"长期债券投资"科目（成本、溢折价），按照其差额，借记"营业外支出"科目。

小企业长期债券投资符合下列条件之一的，减除可收回的金额后确认的无法收回的长期债券投资，作为长期债券投资损失。

（1）债务人依法宣告破产、关闭、解散、被撤销，或者被依法注销、吊销营业执照，其清算财产不足清偿的。

（2）债务人死亡，或者依法被宣告失踪、死亡，其财产或者遗产不足清偿的。

（3）债务人逾期 3 年以上未清偿，且有确凿证据证明已无力清偿债务的。

（4）与债务人达成债务重组协议或法院批准破产重整计划后，无法追偿的。

（5）因自然灾害、战争等不可抗力导致无法收回的。

（6）国务院财政、税务主管部门规定的其他条件。

长期债券投资损失应当于实际发生时计入营业外支出，同时冲减长期债券投资账面余额。

第四节　长期股权投资

一、长期股权投资概述

长期股权投资，是指小企业准备长期持有的权益性投资。小企业进行长期股权投资，通常是为了获利或为了与被投资单位建立密切关系。长期股权投资具有投资大、期限长、风险大以及能为小企业带来长期利益等特征。

二、长期股权投资的计量

长期股权投资应当按照成本进行计量。以支付现金取得的长期股权投资，应当按照购买价款和相关税费作为成本进行计量。实际支付价款中包含的已宣告但尚未发放的现金股利，应当单独确认为应收股利，不计入长期股权投资的成本。通过非货币性资产交换取得的长期股权投资，应当按照换出非货币性资产的评估价值和相关税费作为成本进行计量。

（一）支付现金取得的长期股权投资

以支付现金取得的长期股权投资，应当按照实际支付的购买价款和相关税费作为长期股权投资的投资成本，包括取得长期股权投资过程中支付的手续费等必要支出，但不包括应向被投资单位收取的已宣告但尚未发放的现金股利或利润。小企业以支付现金取得的长期股权投资，如果实际支付的购买价款中包含已宣告但尚未发放的现金股利，应当按照实际支付的购买价款和相关税费扣除已宣告但尚未发放的现金股利后的金额，借记"长期股权投资"科目，按照应收的现金股利，借记"应收股利"科目，按照实际支付的购买价款和相关税费，贷记"银行存款"科目。

【例5-5】

永宏建筑公司于20×2年2月10日，自公开市场中买入乙公司20％的股份，实际支付价款800万元。在购买过程中，另外支付手续费等相关费用20万元。永宏建筑公司应当按照实际支付的购买价款作为取得长期股权投资的成本。其账务处理为：

借：长期股权投资　　　　　　　　　　　　　　　　　　8 200 000
　　贷：银行存款　　　　　　　　　　　　　　　　　　8 200 000

如果实际支付的价款中另外含有10万元已宣告但尚未发放的现金股利，则账务处理应是：

借：长期股权投资　　　　　　　　　　　　　　　　　　8 200 000
　　应收股利　　　　　　　　　　　　　　　　　　　　　100 000
　　贷：银行存款　　　　　　　　　　　　　　　　　　8 300 000

（二）非货币性资产交换取得的长期股权投资

以非货币性资产交换方式取得的长期股权投资，应当按照非货币性资产的评估价值与相关税费之和，借记"长期股权投资"科目，按照换出非货币性资产的账面价值，贷记"固定资产清理"、"无形资产"等科目，按照支付的相关税费，贷记"应交税费"等科目，按照其差额，贷记"营业外收入"或借记"营业外支出"等科目。

【例5-6】

永宏建筑公司20×2年1月1日以一项账面价值400万元、评估值为500万元的库存钢材（假设不考虑增值税）取得江汉公司的股份，发生相关费用2万元。永宏建筑公司的账务处理如下：

　　借：长期股权投资——江汉公司　　　　　　　　　5 020 000
　　　　贷：原材料　　　　　　　　　　　　　　　　4 000 000
　　　　　　营业外收入　　　　　　　　　　　　　　1 000 000
　　　　　　银行存款　　　　　　　　　　　　　　　　 20 000

【例5-7】

永宏建筑公司以原材料对丁公司投资，投出原材料的账面价值为530 000元，该原材料的评估值为500 000元，小规模纳税人增值税征收率为3%（假设不考虑其他相关税费）。其账务处理为：

长期股权投资成本的入账价值＝500 000＋500 000×3%＝515 000（元）

　　借：长期股权投资——丁公司　　　　　　　　　　 515 000
　　　　营业外支出　　　　　　　　　　　　　　　　　 30 000
　　　　贷：原材料　　　　　　　　　　　　　　　　 530 000
　　　　　　应交税费——应交增值税　　　　　　　　　 15 000

三、长期股权投资的成本法核算

按照《小企业会计准则》的规定，小企业的长期股权投资应当采用成本法进行会计处理。在长期股权投资持有期间，被投资单位宣告分派的现金股利或利润，按照应分得的金额确认为投资收益。

在成本法下，长期股权投资以取得时的投资成本计价；其后，除了追加投资、收回投资等情形外，长期股权投资的账面价值一般应保持不变。采用成本法核算的长期股权投资，除取得投资时实际支付的价款或对价中包含的已宣告但尚未发放的现金股利或利润外，投资企业应当按照享有被投资单位宣告发放的现金股利或利润确认投资收益。被投资单位宣告分派的现金股利或利润，按照应分得的金额，借记"应收股利"科目，贷记"投资收益"科目。

【例5-8】

永宏建筑公司20×2年3月1日购入B公司的股份，实际支付110万元。20×2年5月3日B公司宣布分派股利，永宏建筑公司获得应收股利共计5万元。永宏建筑公司相关具体账务处理如下：

(1) 20×2年3月1日，确认投资成本。

> 借：长期股权投资——B公司　　　　　　　　　　　　1 100 000
> 　　贷：银行存款　　　　　　　　　　　　　　　　　　1 100 000

(2) 20×2年5月3日，宣布分派股利时。

> 借：应收股利——B公司　　　　　　　　　　　　　　 50 000
> 　　贷：投资收益　　　　　　　　　　　　　　　　　　 50 000

四、长期股权投资的处置

处置长期股权投资时，处置价款扣除其成本、相关税费后的净额，应当计入投资收益。具体进行账务处理时，应当按照处置价款，借记"银行存款"等科目，按照其成本，贷记"长期股权投资"科目，按照应收未收的现金股利或利润，贷记"应收股利"科目，按照其差额，贷记或借记"投资收益"科目。

【例5-9】

永宏建筑公司持有A公司普通股1万股，1月1日"长期股权投资"科目余额为400万元。1月16日，永宏建筑公司以450万元的价格将其售出。账务处理如下：

> 借：银行存款　　　　　　　　　　　　　　　　　　 4 500 000
> 　　贷：长期股权投资——A公司　　　　　　　　　　　4 000 000
> 　　　　投资收益　　　　　　　　　　　　　　　　　　 500 000

五、长期股权投资损失

小企业长期股权投资符合下列条件之一的，减除可收回的金额后确认的无法收回的长期股权投资，作为长期股权投资损失。

(1) 被投资单位依法宣告破产、关闭、解散、被撤销，或者被依法注销、吊销营业执照的。

（2）被投资单位财务状况严重恶化，累计发生巨额亏损，已连续停止经营3年以上，且无重新恢复经营改组计划的。

（3）对被投资单位不具有控制权，投资期限届满或者投资期限已超过10年，且被投资单位因连续3年经营亏损导致资不抵债的。

（4）被投资单位财务状况严重恶化，累计发生巨额亏损，已完成清算或清算期超过3年以上的。

（5）国务院财政、税务主管部门规定的其他条件。

根据小企业会计准则规定，确认实际发生的长期股权投资损失，应当按照可收回的金额，借记"银行存款"等科目，按照其账面余额，贷记"长期股权投资"科目，按照其差额，借记"营业外支出"科目。

CHAPTER

6

第六章
固定资产

第一节　固定资产概述

一、固定资产的确认

（一）固定资产的概念

固定资产，是指小企业为生产产品、提供劳务、出租或经营管理而持有的，使用寿命超过1年的有形资产。小企业的固定资产包括：房屋、建筑物、机器、机械、运输工具、设备、器具、工具等。从固定资产的定义看，固定资产具有以下三项特征。

1. 为生产商品、提供劳务、出租或经营管理而持有

小企业持有固定资产的目的是为了生产商品、提供劳务、出租或经营管理，即小企业持有的固定资产是小企业的劳动工具或手段而不是用于出售。

2. 使用寿命超过一个会计年度

固定资产的使用寿命，是指小企业使用固定资产的预计期间，或者该固定资产所能生产产品或提供劳务的数量。通常情况下。固定资产的使用寿命是指使用固定资产的预计期间，比如自用房屋建筑物的使用寿命表现为小企业对该建筑物的预计使用年限。对于某些机器设备或运输设备等固定资产，其使用寿命表现为以该固定资产所能生产产品或提供劳务的数量，如汽车等，按其预计行驶里程估计使用寿命。固定资产使用寿命超过一个会计年度，意味着固定资产属于非流动资产，随着使用和磨损，通过计提折旧方式逐渐减少账面价值。

3. 固定资产是有形资产

固定资产具有实物特征，这一特征将固定资产与无形资产区别开来。有些

无形资产可能同时符合固定资产的其他特征，如无形资产为生产商品、提供劳务而持有，使用寿命超过一个会计年度，但是，由于其没有实物形态，所以不属于固定资产。

《小企业会计准则》没有规定固定资产具体的价值判断标准，是因为不同行业的小企业及同行业的不同企业，其经营方式、经营内容、资产规模及管理方式往往存在较大差别，强制所有企业执行同样的固定资产价值判断标准，既不符合实际情况，也不利于真实地反映企业固定资产的信息。

小企业可根据会计准则的要求，结合自己的具体情况，制定适合本企业的固定资产目录、分类方法、每类或每项固定资产的预计使用寿命、预计净残值、折旧方法，作为固定资产核算的依据。

（二）固定资产确认的条件

1. 与该固定资产有关的经济利益很可能流入企业

资产最重要的特征是预期会给小企业带来经济利益。小企业在确认固定资产时，需要判断与该项固定资产有关的经济利益是否很可能流入小企业。如果与该项固定资产有关的经济利益很可能流入小企业，并同时满足固定资产确认的其他条件，那么，小企业应将其确认为固定资产；否则，不应将其确认为固定资产。

在实务中，判断与固定资产有关的经济利益是否很可能流入小企业，主要判断与该固定资产所有权相关的风险和报酬是否转移到了小企业。与固定资产所有权相关的风险，是指由于经营情况变化造成的相关收益的变动，以及由于资产闲置、技术陈旧等原因造成的损失；与固定资产所有权相关的报酬，是指在固定资产使用寿命内使用该资产而获得的收入，以及处置该资产所实现的利得等。

通常，取得固定资产的所有权是判断与固定资产所有权相关的风险和报酬转移到小企业的一个重要标志。但是，所有权转移，不是判断与固定资产所有权相关的风险和报酬转移到小企业的唯一标志。在有些情况下，某项固定资产的所有权虽然不属于小企业，但是，小企业能够控制与该项固定资产有关的经济利益流入小企业，这就意味着与该固定资产所有权相关的风险和报酬实质上已转移到小企业，在这种情况下，小企业应将该项固定资产予以确认。例如，融资租入的固定资产，小企业虽然未拥有所有权，但与固定资产所有权相关的风险和报酬实质上已转移到了小企业（承租人），因此，符合固定资产确认的第一个条件。

对于工业企业所持有的工具、用具、备品备件、维修设备等资产，建筑施工企业所持有的模板、挡板、架料等周转材料，企业应当根据实际情况，分别管理和核算。尽管该类资产具有固定资产的某些特征，比如，使用期限超过一年，也能够带来经济利益，但由于数量多、单价低，考虑到成本效益原则，在实务中，通常确认为存货。

固定资产的各组成部分，如果各自具有不同使用寿命或者以不同方式为企业提供经济利益，从而适用不同折旧率或折旧方法的，该各组成部分实际上是以独立的方式为企业提供经济利益，企业应当分别将各组成部分确认为单项固定资产。

2. 该固定资产的成本能够可靠地计量

成本能够可靠地计量是资产确认的另一项基本条件。企业在确定固定资产成本时必须取得确凿证据，但是，有时需要根据所获得的最新资料，对固定资产的成本进行合理的估计。比如，企业对于已达到预定可使用状态但尚未办理竣工决算的固定资产，需要根据工程预算、工程造价或者工程实际发生的成本等资料，按估计价值确定其成本，办理竣工决算后，再按照实际成本调整原来的暂估价值。

二、固定资产的分类与管理

（一）固定资产的分类

小企业的固定资产种类繁多、规格不一，为加强管理，便于组织会计核算，小企业有必要对固定资产进行合理的分类。根据不同的管理需要和核算要求以及不同的分类标准，可以对固定资产进行不同的分类，常见的固定资产分类方法有：按固定资产使用情况分类，可分为使用中固定资产、未使用固定资产、不需用固定资产；按固定资产的来源及去向分类，可分为外购固定资产、自建固定资产、经营租出固定资产、融资租入固定资产、已提足折旧继续使用固定资产、持有待售固定资产等；按固定资产的经济用途分类，可分为生产经营用固定资产和非生产经营用固定资产。

建筑施工企业可以根据小企业会计准则的规定，结合自己的具体情况，对固定资产作如下分类，并按照上述分类方法进行明细核算。

（1）房屋及建筑物：包括办公楼、厂房、库房、构筑物、停车场、道路、水塔、储油罐及围墙等，与房屋不可分割的各种附属设备，如水、暖、电、通风、电梯等设备，其价值均应包括在房屋价值之内。

（2）施工机械：包括起重机械、挖掘机械、土方铲运机械、凿岩机械、基础及凿井机械、筑路机械、架梁机械、铺轨、铺碴、整道机械、钢筋混凝土机械、盾构等用于施工的各种机械。

（3）运输设备：包括载货汽车、自卸汽车、牵引汽车、轨道车、拖车、客车、轿车、吉普车等各种用于运输的设备和工具。

(4) 生产设备：包括木工加工设备、金属切削设备、段压设备、焊接及切割设备、铸造及热处理设备、动力设备、传导设备等用于加工、维修等各种生产设备。

(5) 测量及试验设备：包括试验机、测量仪器、计量仪器、测绘仪器等用于测量及试验的设备。

(6) 其他固定资产：指不属于以上各类的固定资产，包括各类计算机、电子设备、复印机、打印机、打字机、扫描仪、办公家具、消防用具、炊事用具、医疗器具等。

(7) 土地：指单独计价入账的土地。

(二) 固定资产的使用与维护控制

建筑施工企业应根据国家及建筑业有关要求和自身经营管理的需要，确定固定资产分类标准和管理要求，并制定和实施固定资产目录制度。结合小企业实际，确定计提折旧的固定资产范围、折旧方法、折旧年限、净残值率等折旧政策，并制定和实施固定资产目录制度。

小企业应以每一单项固定资产（如每件管理用具、每辆消防车等）作为一个独立登记对象，建立固定资产卡片。固定资产卡片应按固定资产的类别和保管、使用单位顺序排列，妥善保管。在每一张卡片中，应记载该项固定资产的编号、名称、规格、技术特征、技术资料编号、附属物、使用单位、所在地点、购建年份、开始使用日期、中间停用日期、原价、预计使用年限、购建的资金来源、折旧率、大修理次数和日期、转移调拨情况、报废清理情况等详细资料。按工作时间计提折旧的大型设备、按行驶里程计提折旧的车辆，还应定期登记其实际工作时间、实际行驶里程。固定资产卡片一般应一式三份，由固定资产管理部门、使用单位和财会部门各保管一份。

小企业应当定期对所使用的固定资产进行盘点。盘点前，应当保证固定资产管理部门、使用部门和财会部门进行固定资产账簿记录的核对，保证账账相符。小企业应组成固定资产盘点小组对项目部所使用的固定资产进行盘点，根据盘点结果填写固定资产盘点表，并与账簿记录核对，固定资产盘盈、盘亏的，应编制固定资产盘盈、盘亏表，并由固定资产使用部门和管理部门逐笔查明原因，共同编制盘盈、盘亏处理意见，经企业授权部门或人员批准后由财会部门及时调整有关账簿记录，使其反映固定资产的实际情况。通常，建筑施工企业对固定资产进行分级管理，例如，大型、关键的固定资产由公司总部核算与管理；项目部管理小金额的、对经营不会产生太大影响的辅助设备，但此类设备的核算与管理必须遵循公司规定的固定资产核算原则，公司总部对此类设备的核算与管理进行监督。

第二节　固定资产的取得

小企业取得的固定资产应当按照成本进行初始计量。成本包括小企业为购建某项固定资产达到预定可使用状态前所发生的一切合理的、必要的支出。小企业取得的固定资产，按其来源不同分为：外购的固定资产、自行建造的固定资产、投资者投入的固定资产、融资租入的固定资产、盘盈的固定资产等。小企业应分别不同来源进行会计处理。

一、外购固定资产的核算

外购固定资产的成本包括：购买价款、相关税费、运输费、装卸费、保险费、安装费等，但不含按照税法规定可以抵扣的增值税进项税额。以一笔款项购入多项没有单独标价的固定资产，应当按照各项固定资产或类似资产的市场价格或评估价值比例对总成本进行分配，分别确定各项固定资产的成本。

（一）购入不需要安装的固定资产

购入（含以分期付款方式购入）不需要安装的固定资产，应当按照实际支付的购买价款、相关税费（不包括按照税法规定可抵扣的增值税进项税额）、运输费、装卸费、保险费等，借记"固定资产"科目，按照税法规定可抵扣的增值税进项税额，借记"应交税费——应交增值税（进项税额）"科目，贷记"银行存款"、"长期应付款"等科目。

【例6-1】

永宏建筑公司购入一台不需要安装的设备，取得的增值税专用发票上注明的设备价款为 800 000 元，增值税进项税额为 136 000 元（按照税法规定不可抵扣），支付的运杂费为 40 000 元，款项已经通过银行支付，设备已投入使用。交付使用时，根据有关凭证进行成本计算和账务处理：

借：固定资产　　　　　　　　　　　　　　　　　　976 000
　　贷：银行存款　　　　　　　　　　　　　　　　　　　976 000

（二）购入需要安装的固定资产

小企业购入需要安装的固定资产，应当按照实际支付的购买价款、相关税费（不包括按照税法规定可抵扣的增值税进项税额）、运输费、装卸费、保险费、安装费等，借记"在建工程"科目，按照税法规定可抵扣的增值税进项税额，借记"应交税费——应交增值税（进项税额）"科目，贷记"银行存款"等科目。待安装完毕达到预定可使用状态时，再由"在建工程"科目转入"固定资产"科目。

【例6-2】

永宏建筑公司购入一台需安装的设备，取得的增值税专用发票上注明的设备买价为 60 000 元，增值税额为 10 200 元（按照税法规定不可抵扣），支付运输费 2 000 元。安装设备时，领用材料 3 000 元，支付安装工人工资 3 000 元。

（1）支付设备价款、税金、运输费合计 72 200 元，账务处理如下：

　　借：在建工程　　　　　　　　　　　　　　　　　72 200
　　　　贷：银行存款　　　　　　　　　　　　　　　　72 200

（2）领用安装材料，支付工资等，账务处理如下：

　　借：在建工程　　　　　　　　　　　　　　　　　6 000
　　　　贷：原材料　　　　　　　　　　　　　　　　　3 000
　　　　　　应付职工薪酬　　　　　　　　　　　　　　3 000

（3）设备安装完毕达到预定可使用状态，确定固定资产的成本，账务处理如下：

　　借：固定资产　　　　　　　　　　　　　　　　　78 200
　　　　贷：在建工程　　　　　　　　　　　　　　　　78 200

　　永宏建筑公司购置该设备的成本＝72 200＋6 000＝78 200（元）

二、自行建造固定资产的核算

小企业可根据生产经营的特殊需要，利用自有的人力、物力条件自行建造固定资产。自建固定资产是指小企业自行建造房屋、建筑物、各种设施以及进行大型机器设备的安装工程等，也称为在建工程，包括固定资产新建工程、改扩建工程、大修理工程等。在建工程按其实施的方式不同，可分为自营工程和出包工程。

（一）自行建造固定资产入账价值的确定

小企业自行建造的固定资产，应按建造过程中发生的全部支出（包括所消耗的材料、人工、其他费用和缴纳的有关税金等）确定其价值。

购入为工程准备的各种物资，应按实际支付的买价、增值税额、运输费、保险费等相关费用，作为实际成本，并按各种物资的种类在"工程物资"科目进行明细核算。工程完工后剩余的物资，如转作本企业原材料的，按其实际成本或计划成本，转作企业的原材料。盘盈、盘亏、报废、毁损的工程物资，减去保险公司、过失人赔偿部分后的差额，工程项目尚未完工的，计入或冲减所建工程项目的成本；工程已经完工的，计入当期营业外收支。

设备安装工程，比照固定资产的计价方法按所安装设备的价值、工程安装费用、工程试运转等所发生的支出等计价。

工程达到预定可使用状态前因进行试运转所发生的净支出，计入工程成本；在建工程项目在达到预定可使用状态前所取得的试运转过程中形成的、能够对外销售的产品，其发生的成本，计入在建工程成本，销售或转为库存商品时，按实际销售收入或按预计售价冲减工程成本。

（二）在建工程的核算

1. 自营工程的核算

小企业设置"工程物资"科目核算小企业为基建工程、更新改造工程、大修理工程准备的各种物资的实际成本，包括为工程准备的材料、尚未交付安装设备的实际成本，以及预付大型设备款和基本建设期间根据项目概算购入为生产准备的工具及器具等的实际成本。设置"在建工程"科目核算小企业进行基建工程、安装工程、技术改造工程、大修理工程等发生的实际成本，包括需要安装设备的价值。

小企业购入为工程准备的物资，按实际成本和专用发票上注明的增值税额，借记"工程物资"等科目，贷记"银行存款"、"应付账款"、"应付票据"等科目。小企业购置大型设备时，借记"工程物资"科目，贷记"银行存款"科目。

自营的基建工程领用工程用材料物资时，按实际成本，借记"在建工程——建筑工程（××工程）"等科目，贷记"工程物资"等科目；基建工程领用本企业的产品（如自制混凝土梁）时，按产品的实际成本入账，借记"在建工程——建筑工程（××工程）"等科目，贷记"库存商品"等科目；基建工程应负担的职工工资，借记"在建工程——建筑工程（××工程）"等科目，贷记"应付职工薪酬"科目；辅助生产部门为工程提供的水、电、设备安装、修理、运输等劳务，按月根据实际成本，借记"在建工程——建筑工程（××工程）"等科目，贷记"辅助生产"科目；基建工程发生工程管理费、征地费、可行性研究费、临时设施费、公证费、监理费等及应负担的税金，借记"在建工程——待摊支出"科目，贷记"银行存款"科目。

在建工程达到预定可使用状态前进行负荷联合试车发生的费用，借记"在建工程——待摊支出"科目，贷记"银行存款"、"库存商品"等科目；获得的试车收入或按预计售价将能对外出售的产品转为库存商品的，借记"银行存款"、"库存商品"等科目，贷记"在建工程——待摊支出"科目。

基建工程完工后应进行清理，已领出的剩余材料应办理退库手续，借记"工程物资"科目，贷记"在建工程"科目。

基建工程完工交付使用时，应计算各项交付使用固定资产的成本，并编制交付使用固定资产明细表。借记"固定资产"，贷记"在建工程——建筑工程（××工程）"等科目。

【例6-3】

永宏建筑公司自行建造仓库，购入为工程准备的各种专用物资 200 000元，支付增值税 34 000 元，实际领用工程物资（含增值税）210 600 元；支付工程人员工资 50 000 元，支付外部劳务费 15 000 元。工程达到预定可使用状态并交付使用。相关账务处理如下：

(1) 购入为工程准备的物资。

借：工程物资——专用材料   234 000
  贷：银行存款   234 000

(2) 工程领用物资。

借：在建工程——建筑工程（仓库）   210 600
  贷：工程物资——专用材料   210 600

(3) 支付工程人员工资。

借：在建工程——建筑工程（仓库）   50 000
  贷：应付职工薪酬   50 000

(4) 支付外部劳务费。

借：在建工程——建筑工程（仓库）   15 000
  贷：银行存款   15 000

(5) 工程达到预定可使用状态。

借：固定资产   275 600
  贷：在建工程——建筑工程（仓库）   275 600

在建工程竣工决算前发生的借款利息，在应付利息日，应当根据借款合同利率计算确定的利息费用，借记"在建工程——待摊支出"科目，贷记"应付利息"科目。办理竣工决算后发生的利息费用，在应付利息日，借记"财务费用"科目，贷记"应付利息"等科目。

2. 出包工程的核算

采用出包方式进行的自建固定资产工程，其工程的具体支出在承包单位核算。在这种方式下，"在建工程"科目实际成为小企业与承包单位的结算科目，将与承包单位结算的工程价款作为工程成本，在"在建工程"科目核算。

（1）按合同规定预付承包单位的工程款、备料款，借记"在建工程——建筑工程（××工程）"等科目，贷记"银行存款"科目。

（2）以拨付给承包单位的材料抵作预付备料款的，按工程物资的实际成本借记"在建工程——建筑工程（××工程）"等科目，贷记"工程物资"科目。

（3）将需要安装设备交付承包单位进行安装时，按设备的成本借记"在建工程——在安装设备"科目，贷记"工程物资"科目。

（4）工程完工收到承包单位账单，与承包单位办理工程价款结算时，借记"在建工程——建筑工程（××工程）"等科目，贷记"银行存款"、"应付账款"等科目。

（5）工程完工达到预定可使用状态时，按实际发生的全部支出，借记"固定资产"科目，贷记"在建工程——建筑工程（××工程）"等科目。

【例6-4】

永宏建筑公司将一幢新建仓库的工程出包给盛大建设公司承建。按规定先向承包单位预付工程价款 210 000 元，工程完工后，收到承包单位的有关工程结算单据，补付工程款 88 000 元，工程完工经验收后交付使用。永宏建筑公司账务处理如下：

（1）预付工程价款。

借：在建工程——建筑工程（仓库）	210 000
贷：银行存款	210 000

（2）补付工程款。

借：在建工程——建筑工程（仓库）	88 000
贷：银行存款	88 000

（3）工程交付使用。

借：固定资产	298 000
贷：在建工程——建筑工程（仓库）	298 000

三、投资者投入固定资产的核算

小企业对投资者投资转入的机器设备等固定资产的处理，一方面应反映本企业固定资产的增加，另一方面应反映投资者投资额的增加。投资者投入固定资产的成本，应当按照评估价值和相关税费确定，借记"固定资产"科目或"在建工程"科目，贷记"实收资本"、"资本公积"科目。

【例6-5】

永宏建筑公司接受 B 公司投入的一项固定资产，该资产原账面原价为90 000元，已提折旧 2 000 元，经资产评估师评估确认的价值为 95 000 元，双方同意以评估价值确认投资额。

永宏公司应作如下账务处理：

借：固定资产	95 000
贷：实收资本	95 000

四、融资租入固定资产的核算

小企业融资租入的固定资产的成本，应当按照租赁合同约定的付款总额和在签订租赁合同过程中发生的相关税费等确定。在租赁期开始日，按照租赁合同约定的付款总额和在签订租赁合同过程中发生的相关税费等，借记"固定资产"科目或"在建工程"科目，贷记"长期应付款"等科目。

【例6-6】

永宏建筑公司以融资方式租入需要安装的设备一台。按照租赁合同约定，该设备的付款总额为 1 200 000 元，设备租入后需进行安装，共发生安装调试费 50 000 元，其中，从仓库领用材料 10 000 元，其余以银行存款支付。用银行存款支付的此项租赁谈判和签订租赁合同过程中发生的费用共 50 000 元。按租赁协议规定，租赁期满，该设备转归小企业拥有。根据上述资料，永宏建筑公司有关账务处理如下：

（1）租入设备时。

借：在建工程	1 250 000
贷：长期应付款——应付融资租赁款	1 200 000
银行存款	50 000

（2）支付安装调试费时。

借：在建工程	50 000
贷：原材料	10 000
银行存款	40 000

(3) 安装完毕交付使用时。

借：固定资产——融资租入固定资产   1 300 000

  贷：在建工程   1 300 000

(4) 租赁期满，资产产权转入企业时。

借：固定资产——生产经营用固定资产   1 300 000

  贷：固定资产——融资租入固定资产   1 300 000

第三节　固定资产的折旧

一、折旧的基本规定

(一) 折旧的性质

固定资产折旧是指固定资产由于损耗而减少的价值。固定资产损耗分为有形损耗和无形损耗两种。小企业的固定资产在长期使用过程中，其价值将随着固定资产的损耗程度，以折旧费项目分期计入产品成本或费用，并通过取得相应的收入而得到补偿。固定资产折旧，即是对固定资产由于磨损和损耗而转移到产品成本或构成企业费用的那一部分价值的补偿。

(二) 计提固定资产折旧应考虑的因素

影响小企业固定资产计提折旧的因素主要包括：

(1) 固定资产原价，指固定资产的成本。

(2) 固定资产应计折旧额，指应当计提折旧的固定资产原价扣除其预计净残值后的余额。

(3) 预计净残值，指假定固定资产预计使用寿命已满并处于使用寿命终了时的预期状态，小企业目前从该项资产处置中获得的扣除预计处置费用后的金额。

(4) 固定资产的使用寿命，指小企业使用固定资产的预计期间，或者该固定资产所能生产产品或提供劳务的数量。

小企业应当根据固定资产的性质和使用情况，并考虑税法的规定，合理确定固定资产的使用寿命和预计净残值。

(三) 固定资产折旧的范围

确定固定资产折旧的范围，一是要从空间范围确定哪些固定资产应提取折旧，哪些固定资产不应提取折旧；二是要从时间范围上确定应提折旧的固定资产什么时间开始提取折旧，什么时间停止提取折旧。

1. 确定折旧的空间范围

《小企业会计准则》规定，除下列两种情况的固定资产不计提折旧外，其他固定资产均应计提折旧：

（1）已提足折旧继续使用的固定资产；

（2）按规定单独估价作为固定资产入账的土地。

2. 确定折旧的时间范围

具体计提折旧时，一般应按月提取折旧，适用"下月见"原则。即当月增加的固定资产，当月不提折旧，从下月起提折旧；当月减少的固定资产，当月照提折旧，从下月起不提折旧。

二、折旧方法的选择

小企业应当按照年限平均法（即直线法）计提折旧。小企业的固定资产由于技术进步等原因，确需加速折旧的，可以采用双倍余额递减法和年数总和法。固定资产的折旧方法、使用寿命、预计净残值一经确定，不得随意变更。

（一）年限平均法

年限平均法是将固定资产的折旧均衡地分摊到各期的一种方法。采用这种方法计算的每期折旧额均是等额的。其计算公式为：

年折旧率＝(1－预计净残值率)÷预计使用寿命（年）×100%

月折旧率＝年折旧率÷12

月折旧额＝固定资产原价×月折旧率

（二）双倍余额递减法

双倍余额递减法是常用的加速折旧方法。其特点是固定资产使用前期提取折旧多，使用后期提取折旧逐年减少，以使固定资产成本在有效使用年限中加快得到补偿。双倍余额递减法是在不考虑固定资产残值的情况下，根据每期期初固定资产账面净值和双倍的直线法折旧率计算固定资产折旧的一种方法。其计算公式为：

年折旧率＝2÷预计使用寿命（年）×100%

月折旧率＝年折旧率÷12

月折旧额＝固定资产账面净值×月折旧率

由于每年年初固定资产净值没有扣除预计净残值。因此，在应用这种方法计算折旧额时必须注意不能使固定资产的账面折余价值降低到其预计净残值以下，即实行双倍余额递减法计算折旧的固定资产，应在其折旧年限到期前两年内，将固定资产净值扣除预计净残值后的余额平均摊销。

【例6-7】

永宏建筑公司某固定资产的原价30 000元，预计使用寿命为5年，预计净残值200元。按双倍余额递减法计提折旧。

年折旧率＝(2÷5)×100%＝40%

第一年应计提折旧额＝30 000×40%＝12 000（元）

第二年应计提折旧额＝(30 000－12 000)×40%＝7 200（元）

第三年应计提折旧额＝(30 000－12 000－7 200)×40%＝4 320（元）

第四、第五年的年折旧额＝(30 000－12 000－7 200－4 320－200)÷2

＝3 140（元）

（三）年数总和法

年数总和法是指将固定资产的原价减去残值后的净额乘以一个逐年递减的分数计算每年的折旧额，这个分数的分子代表固定资产尚可使用的年数，分母代表使用年数的逐年数字总和。其计算公式为：

年折旧率＝尚可使用年限÷预计使用寿命的年数总和×100%

月折旧率＝年折旧率÷12

月折旧额＝(固定资产原价－预计净残值)×月折旧率

【例6-8】

永宏建筑公司某施工设备的原价30 000元，预计使用寿命为5年，预计净残值200元。采用年数总和法计提折旧。

第一年：

年折旧率＝5÷(1＋2＋3＋4＋5)＝1/3

年折旧额＝(20 000－200)×1/3＝6 600（元）

第二年：

年折旧率＝4÷(1＋2＋3＋4＋5)＝4/15

年折旧额＝(20 000－200)×4/15＝5 280（元）

第三年：

年折旧率＝3÷(1＋2＋3＋4＋5)＝1/5

年折旧额＝（20 000－200）×1/5＝3 960（元）

第四年：

年折旧率＝2÷(1＋2＋3＋4＋5)＝2/15

年折旧额＝（20 000－200）×2/15＝2 640（元）

第五年：

年折旧率＝1÷(1＋2＋3＋4＋5)＝1/15

年折旧额＝（20 000－200）×1/15＝1 320（元）

小企业应当根据固定资产的性质和消耗方式，合理地确定其预计使用年限和预计净残值，并根据科技发展、环境及其他因素，选择合理的固定资产折旧方法，按照管理权限，经批准后作为计提折旧的依据。

三、折旧的账务处理

计提的固定资产折旧，应根据固定资产的使用地点和用途，记入相关的成本费用科目。施工生产用固定资产计提的折旧，借记"机械作业"、"辅助生产"、"工程施工——间接费用"等科目，贷记"累计折旧"科目；行政管理部门固定资产计提的折旧，借记"管理费用"科目，贷记"累计折旧"科目；经营租赁租出固定资产计提的折旧，借记"其他业务成本"科目，贷记"累计折旧"科目；自行建造固定资产过程中使用的固定资产，其计提的折旧，借记"在建工程"科目，贷记"累计折旧"科目。

第四节　固定资产的后续支出

固定资产投入使用后，为了维护、改进其功能所发生的支出，改建、扩建固定资产发生的支出等，称为固定资产的后续支出。发生这些支出时，需要确定支出应资本化还是费用化。后续支出的处理原则为：与固定资产有关的大修理、更新改造等后续支出，符合固定资产确认条件的，应当计入固定资产成本，同时将被替换部分的账面价值扣除；与固定资产有关的日常中小修理费用等后续支出，应当计入当期损益或生产成本。

一、费用化的后续支出

小型建筑施工企业与固定资产有关的日常修理费用等后续支出，不符合固定资产确认条件的，应当根据不同情况分别在发生时计入当期管理费用或工程施工成本。

一般情况下，固定资产投入使用之后，由于固定资产磨损、各组成部分耐用程度不同，可能导致固定资产的局部损坏，为了维护固定资产的正常运转和使用，充分发挥其使用效能，小企业将对固定资产进行必要的维护。固定资产的日常修理费用等支出只是确保固定资产的正常工作状况，一般不产生未来的经济利益。因此，通常不符合固定资产的确认条件，在发生时应直接计入当期损益或成本。小企业行政管理部门等发生的固定资产修理费用等后续支出计入管理费用；工程项目发生的固定资产修理费用等后续支出计入机械作业、工程施工（间接费用）。

【例6-9】

永宏建筑公司机关车队的车辆委托汽车修理厂进行经常性修理，支付修理费4 000元，用银行存款支付。账务处理如下：

借：管理费用   4 000
 贷：银行存款   4 000

二、资本化的后续支出

按照《小企业会计准则》的规定，固定资产发生可资本化的后续支出，比如改扩建、更新改造支出时，小企业一般应将该固定资产的原价、已计提的累计折旧，将固定资产的账面价值转入在建工程，并在此基础上重新确定固定资产原价。在固定资产发生的后续支出完工并达到预定可使用状态时，再从在建工程转为固定资产，并按重新确定的固定资产原价、使用寿命、预计净残值和折旧方法计提折旧。固定资产的改建支出，应当计入固定资产的成本，但已提足折旧的固定资产和经营租入的固定资产发生的改建支出应当计入长期待摊费用。固定资产的大修理支出，也计入长期待摊费用。

【例6-10】

永宏建筑公司扩建办公楼，办公楼原账面原价为3 600 000元，已提折旧1 400 000元。扩建中实际工程物资价值600 000元，支付工人工资等人工费

120 000 元，扩建中拆除的部分材料变价收入 20 000 元，工程完工交付使用。原办公楼的预计使用年限为 25 年，扩建后的办公楼预计使用年限比原预计年限延长 20 年。企业账务处理如下：

（1）将固定资产的账面价值转入在建工程。

借：在建工程 2 200 000
　　累计折旧 1 400 000
　　贷：固定资产 3 600 000

（2）发生有关支出。

借：在建工程 720 000
　　贷：工程物资 600 000
　　　　应付职工薪酬 120 000

（3）拆除材料的变价收入。

借：银行存款 20 000
　　贷：在建工程 20 000

（4）工程完工结转确认新固定资产价值。

借：固定资产 2 900 000
　　贷：在建工程 2 900 000

小企业的长期待摊费用包括：已提足折旧的固定资产的改建支出、经营租入固定资产的改建支出、固定资产的大修理支出和其他长期待摊费用等。固定资产的大修理支出，是指同时符合下列条件的支出：一是修理支出达到取得固定资产时的计税基础 50％以上；二是修理后固定资产的使用寿命延长 2 年以上。

长期待摊费用应当在其摊销期限内采用年限平均法进行摊销，根据其受益对象计入相关资产的成本或者管理费用，并冲减长期待摊费用。

（1）已提足折旧的固定资产的改建支出，按照固定资产预计尚可使用年限分期摊销。

（2）经营租入固定资产的改建支出，按照合同约定的剩余租赁期限分期摊销。

（3）固定资产的大修理支出，按照固定资产尚可使用年限分期摊销。

（4）其他长期待摊费用，自支出发生月份的下月起分期摊销，摊销期不得低于 3 年。

第五节　固定资产的处置与盘点

一、固定资产的处置

在生产经营过程中，对那些不适用或不需用的固定资产，可以出售转让，也可用固定资产对外投资、捐赠、抵偿债务，还可能由于盘亏等原因发生固定资产的减少。对那些由于使用而不断磨损直至最终报废，或由于技术进步等原因发生提前报废，或由于遭受自然灾害等非常损失发生毁损的固定资产，应及时进行清理。

处置固定资产，处置收入扣除其账面价值、相关税费和清理费用后的净额，应当计入营业外收入或营业外支出。固定资产的账面价值，是指固定资产原价（成本）扣减累计折旧后的金额。固定资产的处置一般通过"固定资产清理"科目核算，会计处理一般分为以下几个步骤：

（1）固定资产转入清理。小企业因出售、报废、毁损、对外投资等原因处置固定资产，应当按照该项固定资产的账面价值，借记"固定资产清理"科目，按照其已计提的累计折旧，借记"累计折旧"科目，按照其原价，贷记"固定资产"科目。

（2）发生清理费用时，清理过程中应支付的相关税费及其他费用，借记"固定资产清理"科目，贷记"银行存款"、"应交税费"等科目。

（3）小企业销售不动产，按照税法的有关规定，按其销售额计算缴纳营业税时，借记"固定资产清理"科目，贷记"应交税费——应交营业税"科目。

（4）出售收入或残料入库时，收回出售固定资产的价款、报废固定资产的残料价值和变价收入等应冲减清理支出，按实际收到的出售价款及残料变价收入等借记"银行存款"、"原材料"等科目，贷记"固定资产清理"科目。

（5）计算或收到的应由保险公司或过失人赔偿的报废、毁损固定资产的损失，应冲减清理支出，借记"银行存款"、"其他应收款"等科目，贷记"固定资产清理"科目。

（6）固定资产清理后发生的净收益，应区别不同情况，借记"固定资产清理"科目，贷记"营业外收入——非流动资产处置净收益"等科目；固定资产清理发生的净损失，应区别不同情况，借记"营业外支出——非流动资产处置净损失"等科目，贷记"固定资产清理"科目。

【例6-11】

永宏建筑公司出售一座建筑物，原价110 000元，已提折旧35 000元，实际出售价格90 000元，已存入银行。发生公证费、手续费、印花税等各种费用5 000元，已用银行存款支付。营业税税率5%，已纳税。企业账务处理如下：

（1）出售建筑物时。

借：固定资产清理　　　　　　　　　　　　　　　　　　75 000

　　累计折旧　　　　　　　　　　　　　　　　　　　　35 000

　　贷：固定资产　　　　　　　　　　　　　　　　　　110 000

（2）收回出售的价款。

借：银行存款　　　　　　　　　　　　　　　　　　　　90 000

　　贷：固定资产清理　　　　　　　　　　　　　　　　90 000

（3）支付各种费用。

借：固定资产清理　　　　　　　　　　　　　　　　　　5 000

　　贷：银行存款　　　　　　　　　　　　　　　　　　5 000

（4）计算、缴纳营业税。

建筑物转让应交营业税＝[90 000－（110 000－35 000）－5 000]×5%

＝500（元）

借：固定资产清理　　　　　　　　　　　　　　　　　　500

　　贷：应交税费——应交营业税　　　　　　　　　　　500

借：应交税费——应交营业税　　　　　　　　　　　　　500

　　贷：银行存款　　　　　　　　　　　　　　　　　　500

（5）结转出售固定资产发生的净收益。

借：固定资产清理　　　　　　　　　　　　　　　　　　9 500

　　贷：营业外收入——非流动资产处置净收益　　　　　9 500

【例6-12】

9月1日，永宏建筑公司同A公司签订合同，将一台大型施工机械作为对A公司的长期股权投资，投资合同规定以该施工机械的评估值作价投资。永宏公司对该投资采用成本法核算，该施工机械原价600 000元，已提折旧150 000元，发生清理费用5 000元，假设该施工机械的评估值为500 000元。企业账务处理如下：

(1) 固定资产转入清理。

    借：固定资产清理   450 000
        累计折旧   150 000

      贷：固定资产   600 000

(2) 支付清理费用。

    借：固定资产清理   50 000

      贷：银行存款   50 000

(3) 换入长期股权投资成本。

    借：长期股权投资   500 000

      贷：固定资产清理   500 000

二、固定资产的清查盘点

小企业应对固定资产定期或至少每年实地盘点一次，清查方法是实地盘点。对盘亏的固定资产，应查明原因，写出书面报告，并根据企业的管理权限，经批准后，在期末结账前处理完毕，在对外提供财务报告时应按规定进行处理，并在会计报表附注中作出说明。

按照小企业会计准则的规定，盘盈的固定资产，按照同类或类似固定资产的市场价格或评估价值扣除按照新旧程度估计的折旧后的余额，借记"固定资产"科目，贷记"待处理财产损溢——待处理非流动资产损溢"科目。盘盈的固定资产，按照管理权限经批准后处理时，借记"待处理财产损溢——待处理非流动资产损溢"科目，贷记"营业外收入"科目。

【例6-13】

永宏建筑公司在12月31日财产清查中发现盘盈设备一台，该设备的市价是500万元，估计折旧200万元。企业账务处理如下：

(1) 调整增加固定资产记录。

    借：固定资产   3 000 000

      贷：待处理财产损溢——待处理非流动资产损溢   3 000 000

(2) 经批准后，相应增加营业外收入。

    借：待处理财产损溢——待处理非流动资产损溢   3 000 000

      贷：营业外收入   3 000 000

盘亏的固定资产，按照该项固定资产的账面价值，借记"待处理财产损溢——待处理非流动资产损溢"科目，按照已计提的累计折旧，借记"累计折旧"科目，按照其原价，贷记"固定资产"科目。盘亏、毁损、报废的固定资产，按照管理权限经批准后处理时，按照残料价值，借记"原材料"等科目，按照可收回的保险赔偿或过失人赔偿，借记"其他应收款"科目，按照"待处理财产损溢——待处理非流动资产损溢"科目余额，贷记"待处理财产损溢——待处理非流动资产损溢"科目，按照其借方差额，借记"营业外支出"科目。

【例6-14】

永宏建筑公司进行财产清查时发现丢失设备一台，其账面原价为50 000元，已提折旧20 000元。经查，该设备丢失的原因在于保管员看守不当。经批准，由保管员赔偿5 000元。企业账务处理如下：

(1) 盘亏固定资产。

借：待处理财产损溢——待处理固定资产损溢　　　　　　30 000

　　累计折旧　　　　　　　　　　　　　　　　　　　20 000

　　贷：固定资产　　　　　　　　　　　　　　　　　　　50 000

(2) 报经批准转销。

借：其他应收款　　　　　　　　　　　　　　　　　　5 000

　　营业外支出　　　　　　　　　　　　　　　　　　25 000

　　贷：待处理财产损溢——待处理固定资产损溢　　　　　30 000

CHAPTER

7

第七章
无形资产

第一节　无形资产概述

一、无形资产的概念与特征

无形资产，是指小企业为生产产品、提供劳务、出租或经营管理而持有的、没有实物形态的可辨认非货币性资产。小企业的无形资产包括：土地使用权、专利权、商标权、著作权、非专利技术等。无形资产一般具有以下特征：

1. 由小企业拥有或者控制并能为其带来未来经济利益的资源

预计能为小企业带来未来经济利益，是作为一项资产的本质特征，无形资产也不例外。通常情况下，小企业拥有或者控制的无形资产应当拥有其所有权并且能够为小企业带来未来经济利益。但在某些情况下并不需要小企业拥有其所有权，如果小企业有权获得某项无形资产产生的经济利益，同时又能约束其他人获得这些经济利益，则说明小企业控制了该无形资产，或者说控制了该无形资产产生的经济利益，具体表现为小企业拥有该无形资产的法定所有权，或者使用权并受法律的保护。比如，小企业自行研制的技术通过申请依法取得专利后，在一定期限内拥有了该专利技术的法定所有权；又如，通过政府机构授权，准许企业使用或在一定地区享有经营某种业务的特权。

2. 无形资产不具有实物形态

无形资产通常表现为某种权利、某项技术或是某种获取超额利润的综合能力，它们不具有实物形态，看不见、摸不着。比如，土地使用权、非专利技术等。无形资产为小企业带来经济利益的方式与固定资产不同，固定资产是通过实物价值的磨损和转移来为小企业带来未来经济利益，而无形资产很大程度上是通过自身所具有的技术等优势为小企业带来未来经济利益，不具有实物形态是无形资产区别于其他资产的特征之一。

某些无形资产的存在有赖于实物载体。比如，计算机软件需要存储在磁盘中，但这并不能改变无形资产本身不具有实物形态的特征。在确定一项包含无形资产和有形资产要素的资产是属于固定资产还是属于无形资产时，需要通过判断来加以确定，通常以哪个要素更重要作为判断的依据。例如，计算机控制的机械工具若没有特定的计算机软件就不能运行时，说明该软件是构成相关硬件的不可缺少的组成部分，则该软件应作为固定资产处理；如果计算机软件不是相关硬件不可缺少的组成部分，则该软件应作为无形资产核算。无论是否存在实物载体，只要将一项资产归类为无形资产，则不具有实物形态仍是无形资产的特征之一。

3. 无形资产具有可辨认性

要作为无形资产进行核算，该资产必须是能够区别于其他资产可单独辨认的。从可辨认的角度考虑，商誉是与小企业整体价值联系在一起的，无形资产定义的可辨认性，将无形资产与小企业的商誉清楚地区分开来。虽然商誉也是没有实物形态的非货币性资产，但由于不具有可辨认性，不构成无形资产。

4. 无形资产属于非货币性资产

非货币性资产是指小企业持有的货币资金和将以固定或可确定的金额收取的资产以外的其他资产。无形资产由于没有发达的交易市场，一般不容易转化成现金，在持有过程中为小企业带来未来经济利益的情况不确定，不属于以固定或可确定的金额收取的资产，属于非货币性资产。

二、无形资产的内容

无形资产一般包括专利权、商标权、著作权、土地使用权、非专利技术等。

1. 专利权

专利权是指国家专利主管机关依法授予发明创造专利申请人，对其发明创造在法定期限内享有的专有权利，包括发明专利权、实用新型专利权和外观设计专利权。发明专利权的期限为20年，实用新型专利权和外观设计专利权的期限为10年，均自申请日起计算。

2. 商标权

商标是用来辨认特定的商品或劳务的标记。商标权是指专门在某类指定的商品或产品上使用特定的名称或图案的权利。经商标局核准注册的商标为注册商标，包括商品商标、服务商标和集体商标、证明商标；商标注册人享有商标专用权，受法律保护。注册商标的有效期为 10 年，自核准注册之日起计算。注册商标有效期满，需要继续使用的，应当在期满前 6 个月内申请续展注册；在此期间未能提出申请的，可给予 6 个月的宽限期。宽限期满仍未提出申请的，注销其商标。每次续展注册的有效期为 10 年。

3. 著作权

著作权也称版权，是指作者对其创作的文学、科学和艺术作品依法享有的某些特殊权利。著作权包括作品署名权、发表权、修改权和保护作品完整权，还包括复制权、发行权、出租权、展览权、表演权、放映权、广播权、信息网络传播权、摄制权、改编权、翻译权、汇编权以及应当由著作权本人享有的其他权利。

4. 土地使用权

土地使用权，是指国家准许某小企业在一定期间对国有土地享有开发、利用、经营的权利。根据我国土地管理法的规定，我国土地实行公有制，任何单位和个人不得侵占、买卖或者以其他形式非法转让。小企业取得土地使用权的方式大致有行政划拨、外购取得（例如以交付土地出让金的方式取得）及投资者投资取得等几种。通常情况下，以缴付土地出让金方式外购的土地使用权、投资者投入等方式取得的土地使用权，作为无形资产核算。

5. 非专利技术

非专利技术也称专有技术，是指不为外界所知、在生产经营活动中已采用了的、不享有法律保护的、可以带来经济效益的各种技术和诀窍。非专利技术一般包括工业专有技术、商业贸易专有技术、管理专有技术等。工业专有技术，是指在生产上已经采用，仅限于少数人知道，不享有专利权或发明权的生产、装配、修理、工艺或加工方法的技术知识，可以用蓝图、配方、技术记录、操作方法的说明等具体资料表现出来，也可通过卖方派出技术人员进行指导，或接受买方人员进行技术实习等手段实现；商业贸易专有技术，是指具有保密性质的市场情报、原材料价格情报以及用户、竞争对象的情况的有关知识；管理专有技术，是指生产组织的经营方式、管理方法、培训职工方法等保密知识。非专利技术并不是专利法的保护对象，非专利技术用自我保密的方式维持其独占性，具有经济性、机密性和动态性等特点。

三、无形资产的确认与计量

（一）无形资产的确认

无形资产应当在符合定义的前提下，同时满足以下两个确认条件时，才能够予以确认：

1. 与该无形资产有关的经济利益很可能流入小企业

作为小企业无形资产予以确认的项目，必须具备产生的经济利益很可能流入企业这项基本条件。通常情况下，无形资产产生的未来经济利益可能包括在销售商品、提供劳务的收入中，或者小企业使用该无形资产而减少或节约的成本中，或体现在获得的其他收入中。实务中，要确定无形资产创造的经济利益是否很可能流入企业，需要进行职业判断。在进行这种判断时，需要考虑相关的因素。比如，小企业是否有足够的人力资源、高素质的管理队伍、相关的硬件设备、相关的原材料等来配合无形资产为小企业创造经济利益。当然，最为主要的是应关注外界因素的影响，比如是否存在相关的新技术新产品冲击与无形资产相关的技术或利用其生产的产品的市场等。总之，在进行职业判断时，小企业的管理部门应对无形资产在预计使用年限内存在的各种因素作出尽可能稳健的估计。

2. 该无形资产的成本能够可靠计量

成本能够可靠地计量是资产确认的另一项基本条件。对于无形资产来说，这个条件显得十分重要。例如，小企业内部产生的品牌、报刊名等，因其成本无法可靠计量，因而不能作为小企业的无形资产予以确认。又如，一些高新科技企业的科技人才，假定其与小企业签订了服务合同，且合同规定其在一定期间内不能为其他企业提供服务。在这种情况下，虽然这些科技人员的知识在规定的期限内预期能够为企业创造经济利益，但由于这些技术人才的知识难以准确或合理辨认，加之为形成这些知识所发生的支出难以计量，从而不能作为小企业的无形资产加以确认。

（二）无形资产的初始计量

无形资产通常是按实际成本计量，对于不同来源取得的无形资产，其成本构成不尽相同。

1. 外购的无形资产

外购的无形资产，按实际支付的价款作为实际成本，包括购买价款、相关税费以及相关的其他支出。但是，下列费用不包括在无形资产的初始成本中：

（1）为引入新产品进行宣传发生的广告费、管理费用及其他间接费用。

（2）无形资产已经达到预定用途以后发生的费用。例如，在形成预定经济规模之前发生的初始运作损失，以及在无形资产达到预定用途之前发生的其他经营活动的支出，如果该经营活动并非是无形资产达到预定用途必不可少的，则有关经营活动的损益应于发生时计入当期损益，而不构成无形资产成本。

【例7-1】

永宏建筑公司于11月1日从中信公司购入一项专利权和相关设备，价款和相关费用共计6 000 000元。其中，专利权可以单独辨认，但相关设备的价格没有分别列明。专利权与相关设备公允价值的比例为2:1，该笔款项以银行存款支付，且该设备已交付使用。有关账务处理如下：

借：无形资产——专利权   4 000 000
　　固定资产   2 000 000
　　贷：银行存款   6 000 000

【例7-2】

永宏建筑公司于1月1日从东亚公司购入一项专利权技术，价款和相关费用共计600 000元，由于永宏建筑公司资金周转比较紧张，经与东亚公司协议采用分期付款方式支付价款。合同规定，款项分两年付清，每年年底付款300 000元。则永宏建筑公司有关的会计处理如下：

(1) 确认无形资产时。

借：无形资产——专利权   600 000
　　贷：长期应付款   600 000

(2) 第一年、第二年年底付款时。

借：长期应付款   300 000
　　贷：银行存款   300 000

2. 投资者投入的无形资产

投资者投入的无形资产，应当按照评估价值和相关税费确定无形资产的取得成本。收到投资者投入的无形资产，应当按照评估价值和相关税费，借记"无形资产"科目，贷记"实收资本"、"资本公积"科目。

【例7-3】

因乙公司创立的商标已有较好的声誉，永宏装饰公司预计使用乙公司商标后可使其未来利润增长30%。为此，永宏装饰公司与乙公司协议商定，乙公司以其商标权投资于永宏公司，商标权评估价值为50万元，永宏装饰公司另支付印花税等相关税费0.2万元，款项已通过银行转账支付。

该商标权的初始计量，应当以取得时的成本为基础。取得时的成本为评估价值50万元，加上支付的相关税费0.2万元，双方协定实收资本为40万元。

永宏装饰公司接受乙公司作为投资的商标权的成本为 50.2 万元 (50+0.2), 永宏装饰公司的账务处理如下:

借: 无形资产——商标权　　　　　　　　　　　　　　502 000
　贷: 实收资本　　　　　　　　　　　　　　　　　　400 000
　　银行存款　　　　　　　　　　　　　　　　　　2 000
　　资本公积　　　　　　　　　　　　　　　　　　100 000

3. 自行开发的无形资产

通常情况下, 小企业自创商誉以及企业内部产生的无形资产, 会计上不确认为无形资产, 如小企业内部产生的品牌、报刊名等。但是, 由于确定研究与开发费用是否符合无形资产的定义和相关特征 (如可辨认性)、能否或者何时能够为企业带来预期未来经济利益, 以及成本能否可靠地计量尚存在不确定因素, 因此, 研究与开发活动发生的费用, 除了要遵循无形资产确认和初始计量的一般要求外, 还需要满足其他特定的条件, 才能够确定为一项无形资产。小企业自行开发无形资产发生的支出, 同时满足下列条件的, 才能确认为无形资产:

(1) 完成该无形资产以使其能够使用或出售在技术上具有可行性;

(2) 具有完成该无形资产并使用或出售的意图;

(3) 能够证明运用该无形资产生产的产品存在市场或无形资产自身存在市场, 无形资产将在内部使用的, 应当证明其有用性;

(4) 有足够的技术、财务资源和其他资源支持, 以完成该无形资产的开发, 并有能力使用或出售该无形资产;

(5) 归属于该无形资产开发阶段的支出能够可靠地计量。

自行开发的无形资产的成本, 由符合资本化条件后至达到预定用途前发生的支出 (含相关的借款费用) 构成。

小企业自行研究开发无形资产发生的研发支出, 不满足资本化条件的, 借记 "研发支出——费用化支出" 科目, 满足资本化条件的, 借记 "研发支出——资本化支出" 科目, 贷记 "原材料"、"银行存款"、"应付职工薪酬"、"应付利息" 等科目。

研究开发项目达到预定用途形成无形资产的, 应按 "研发支出——资本化支出" 科目的余额, 借记 "无形资产" 科目, 贷记 "研发支出——资本化支出" 科目。

月末, 应将本科目归集的费用化支出金额转入 "管理费用" 科目, 借记 "管理费用" 科目, 贷记 "研发支出——费用化支出"。

【例7-4】

5月8号，永宏南海公司经批准，准备自行研究开发一项专利技术，该公司认为，研究该项专利技术具有可靠的技术和财务资源的支持，如果研制成功，将会大大降低施工成本。该公司在研发过程中发生材料费300 000元，人工工资50 000元，支付其他费用150 000元，共计发生费用500 000元，其中符合资本化条件的费用350 000元。期末，该专利技术已达到预定用途。永宏南海公司相关的账务处理如下：

（1）费用发生时。

借：研发支出——资本化支出   350 000
    ——费用化支出   150 000
 贷：原材料   300 000
   应付职工薪酬   50 000
   银行存款   150 000

（2）期末结转时。

借：无形资产——专利技术   350 000
  管理费用   150 000
 贷：研发支出——资本化支出   350 000
      ——费用化支出   150 000

4. 土地使用权的处理

小企业取得的土地使用权通常应确认为无形资产。土地使用权用于自行开发建造厂房等地上建筑物时，土地使用权的账面价值不与地上建筑物合并计算其成本，而仍作为无形资产进行核算，其入账成本以购买时所支付的价款及相关税费确定，土地使用权与地上建筑物分别进行摊销和计提折旧。

外购土地及建筑物支付的价款应当在建筑物与土地使用权之间按照合理的方法进行分配；难以合理分配的，应当全部作为固定资产。自行开发建造厂房等建筑物，相关的土地使用权与建筑物应当分别进行处理。

【例7-5】

2×12年1月1日，永宏吉林公司购入一块土地的使用权，以银行存款支付800万元，并在该土地上建造办公楼等工程，发生材料费用120万元，人工费用80万元，其他相关费用100万元。该项工程已完工并达到预定可使用状态。假定土地使用权的使用年限为50年，该办公楼的使用年限为30年，两者都没有净残值，采用直线法计提折旧和摊销，不考虑其他相关税费。

永宏吉林公司购入土地使用权，使用年限为 50 年，表明它属于使用寿命有限的无形资产。在该土地上自行建造厂房，应将土地使用权和地上建筑物分别作为无形资产和固定资产进行核算，并分别摊销和计提折旧。因此，永宏吉林公司的账务处理如下：

(1) 支付转让价款。

借：无形资产——土地使用权　　　　　　　　　　　8 000 000
　　贷：银行存款　　　　　　　　　　　　　　　　　　8 000 000

(2) 在土地上自行建造办公楼。

借：在建工程　　　　　　　　　　　　　　　　　3 000 000
　　贷：工程物资　　　　　　　　　　　　　　　　　1 200 000
　　　　应付职工薪酬　　　　　　　　　　　　　　　　800 000
　　　　银行存款　　　　　　　　　　　　　　　　　1 000 000

(3) 办公楼达到预定可使用状态。

借：固定资产　　　　　　　　　　　　　　　　　3 000 000
　　贷：在建工程　　　　　　　　　　　　　　　　　3 000 000

(4) 每年分期摊销土地使用权和对厂房计提折旧。

借：管理费用　　　　　　　　　　　　　　　　　　260 000
　　贷：累计摊销　　　　　　　　　　　　　　　　　　160 000
　　　　累计折旧　　　　　　　　　　　　　　　　　　100 000

第二节　无形资产的后续计量

一、无形资产使用寿命的确定

无形资产初始确认和计量后，在其后使用该项无形资产期间内应以成本减去累计摊销额后的余额计量。要确定无形资产在使用过程中的累计摊销额，基础是估计其使用寿命。对使用寿命有限的无形资产才需要在估计使用寿命内采用系统合理的方法进行摊销；对于使用寿命不确定的无形资产则不需要摊销。

《小企业会计准则》规定，无形资产的摊销期自其可供使用时开始至停止使用或出售时止。有关法律规定或合同约定了使用年限的，可以按照规定或约定的使用年限分期摊销。小企业不能可靠估计无形资产使用寿命的，摊销期不得低于 10 年。

小企业应当于取得无形资产时分析判断其使用寿命。无形资产的使用寿命如为有限的，应当估计该使用寿命的年限；无法预见无形资产为小企业带来未来经济利益期限的，应当视为使用寿命不能可靠估计的无形资产。无形资产的使用寿命包括法定寿命和经济寿命两个方面。有些无形资产的使用寿命受法律、规章或合同的限制，称为法定寿命，如商标权的有效期是 10 年，专利权的有效期是 20 年；有些无形资产如永久性特许经营权、非专利技术等不受法律或合同的限制，则需估计其经济寿命，经济寿命是指无形资产可以为小企业带来经济利益的年限。由于受技术进步、市场竞争等因素的影响，无形资产的经济寿命往往短于法定寿命。

估计无形资产使用寿命应考虑的主要因素包括：

（1）该资产通常的产品寿命周期，以及可获得的类似资产使用寿命的信息；

（2）技术、工艺等方面的现实情况及对未来发展的估计；

（3）该资产在该行业运用的稳定性和生产的产品或服务的市场需求情况；

（4）现在或潜在的竞争者预期采取的行动；

（5）为维持该资产产生未来经济利益的能力所需要的维护支出，以及小企业预计支付有关支出的能力；

（6）对该资产的控制期限，以及对该资产使用的法律或类似限制，如特许使用期间、租赁期间等；

（7）与小企业持有的其他资产使用寿命的关联性等。

例如，小企业以支付土地出让金方式取得一块土地 50 年的使用权，如果小企业准备持续持有，在 50 年期间内没有计划出售，则该项土地使用权预期为小企业带来未来经济利益的期间为 50 年。

二、无形资产摊销的核算

无形资产的摊销期自其可供使用（即其达到预定用途）时起至终止确认时止。即无形资产摊销的起始和停止日期为：当月增加的无形资产，当月开始摊销；当月减少的无形资产，当月不再摊销。

在无形资产的使用寿命内系统地分摊其应摊销金额，方法包括直线法、生产总量法等。小企业选择的无形资产摊销方法应当能够反映与该项无形资产有关的经济利益的预期实现方式，并一致地运用于不同会计期间。例如，受技术陈旧因素影响较大的专利权和专有技术等无形资产，可采用类似固定资产加速折旧的方法进行摊销；有特定产量限制的特许经营权（如高速公路的收费权）

或专利权，应采用产量法进行摊销；无法可靠确定其预期实现方式的，应当采用直线法进行摊销。

无形资产的摊销一般应计入当期损益。但如果某项无形资产是专门用于生产某种产品或者其他资产，其所包含的经济利益是通过转入到所生产的产品或其他资产中实现的，则无形资产的摊销费用应当计入相关资产的成本。例如，某项专门用于生产过程中的专利技术，其摊销费用应构成所生产产品成本的一部分，计入该产品的制造费用。

我国《小企业会计准则》规定，无形资产应当在其使用寿命内采用年限平均法进行摊销，根据其受益对象计入相关资产成本或者当期损益。

【例 7-6】

20×2 年 1 月 1 日，永宏建筑公司从外单位购得一项非专利技术，支付价款 5 000 万元，款项已支付，估计该项非专利技术的使用寿命为 10 年，该项非专利技术用于工程施工；同时，购入一项商标权，支付价款 3 000 万元，款项已支付，估计该商标权的使用寿命为 15 年。假定这两项无形资产的净残值均为零，并按直线法摊销。

本例中，永宏建筑公司外购的非专利技术的估计使用寿命为 10 年，表明该项无形资产是使用寿命有限的无形资产，且该项无形资产用于工程施工生产。因此，应当将其摊销金额计入相关项目的合同成本。永宏建筑公司外购的商标权的估计使用寿命为 15 年，也是使用寿命有限的无形资产，商标权的摊销金额通常直接计入当期管理费用。永宏建筑公司的账务处理如下：

(1) 取得无形资产时。

借：无形资产——非专利技术　　　　　　　　　　　　50 000 000
　　　　　　——商标权　　　　　　　　　　　　　　30 000 000
　　贷：银行存款　　　　　　　　　　　　　　　　　　80 000 000

(2) 按年摊销时。

借：工程施工——间接费用（非专利技术）　　　　　　5 000 000
　　管理费用——商标权　　　　　　　　　　　　　　　2 000 000
　　贷：累计摊销　　　　　　　　　　　　　　　　　　7 000 000

企业根据可获得的相关信息，如果无法合理估计某项无形资产的使用寿命的，应作为使用寿命不确定的无形资产进行核算。对于使用寿命不确定的无形资产，《小企业会计准则》规定"小企业不能可靠估计无形资产使用寿命的，摊销期不得低于 10 年"。

【例7-7】

20×2 年 1 月 1 日，永宏物流公司购入一项市场领先的畅销产品的商标，成本为 6 000 万元。该商标按照法律规定还有 5 年的使用寿命，但是在保护期届满时，永宏物流公司可每 10 年以较低的手续费申请延期，同时永宏物流公司有充分的证据表明其有能力申请延期。此外，有关的调查表明，根据产品生命周期、市场竞争等方面情况综合判断，该商标将在不确定的期间内为小企业带来现金流量。

根据上述情况，该商标可视为使用寿命不能可靠估的无形资产，在持有期间内按不低于 10 年的期限进行摊销。

❖━━❖━━❖━━❖━━❖━━❖━━❖━━❖━━❖━━❖━━❖

三、无形资产的处置

无形资产的处置，主要是指将无形资产出售、对外捐赠等。小企业出售某项无形资产，表明小企业放弃该无形资产的所有权，应将所取得的价款与该无形资产账面价值的差额计入当期损益。按照《小企业会计准则》规定，处置无形资产，处置收入扣除其账面价值、相关税费等后的净额，应当计入营业外收入或营业外支出。

出售无形资产时，应按实际收到的金额，借记"银行存款"等科目，按已计提的累计摊销，借记"累计摊销"科目，按应支付的相关税费，贷记"应交税费"等科目，按其账面余额，贷记"无形资产"科目，按其差额，贷记"营业外收入——处置非流动资产净收益"科目或借记"营业外支出——处置非流动资产净损失"科目。

【例7-8】

20×2 年 1 月 1 日，永宏华北设计院拥有一项专利技术，成本为 100 000 元，已摊销 45 000 元。该设计院于 20×2 年 6 月 30 日将该技术出售，取得收入 30 000 元，应缴纳营业税 1 500 元。则该设计院的账务处理为：

借：银行存款	30 000
累计摊销	45 000
营业外支出——处置非流动资产净损失	26 500
贷：无形资产	100 000
应交税费——应交营业税	1 500

如果取得收入为 70 000 元，应缴纳营业税 3 500 元。则账务处理为：

借：银行存款	70 000

累计摊销	45 000
贷：无形资产	100 000
应交税费——应交营业税	3 500
营业外收入——处置非流动资产净收益	11 500

8

第八章
负　债

第一节　流动负债

一、流动负债概述

小企业的流动负债，是指预计在 1 年内或者超过 1 年的一个正常营业周期内清偿的债务。小企业的流动负债包括：短期借款、应付及预收款项、应付职工薪酬、应交税费、应付利息等。

流动负债除了具备负债的一般特征外，还具有如下特点：（1）流动负债的偿还期限为债权人提出要求时即期偿付，或者作为一年内或一个营业周期内必须履行的义务，即自资产负债表日起一年内到期并予以清偿，或者预计在一个正常营业周期中清偿；（2）流动负债作为义务，要用小企业的流动资产或增加新的流动负债来清偿；（3）流动负债主要为交易而持有；（4）小企业无权自主地将清偿推迟至资产负债表日后一年以上。

负债计价以现值入账比较准确，但由于流动负债偿还期限短，到期值与现值差距不大，因此，基于重要性原则，并为了简化账务处理，各项流动负债一般按照到期值或面值记账。《小企业会计准则》规定，各项流动负债应当按照其实际发生额入账。小企业确实无法偿付的应付款项，应当计入营业外收入。

二、应付职工薪酬的核算

（一）职工薪酬的内容

职工薪酬是指小企业为获得职工提供的服务而应付给职工各种形式的报酬以及其他相关支出。这里所称"职工"包括三类人员：一是与小企业订立劳动合同的所有人员，含全职、兼职和临时职工；二是未与小企业订立劳动合同但由小企业正式任命的小企业治理层和管理层人员，如董事会成员、监事会成员等；三是在小企业的计划和控制下，虽未与小企业订立劳动合同或未由其正式任命但为其提供与职工类似服务的人员。

职工薪酬主要包括以下内容：

（1）职工工资、奖金、津贴和补贴，是指按照国家统计局的规定构成工资总额的计时工资、计件工资、支付给职工的超额劳动报酬和增收节支的劳动报酬、为了补偿职工特殊或额外的劳动消耗和因其他特殊原因支付给职工的津贴，以及为了保证职工工资水平不受物价影响支付给职工的物价补贴等。

（2）职工福利费，主要是尚未实行分离办社会职能或主辅分离、辅业改制的小企业，内设医务室、职工浴室、理发室、托儿所等集体福利机构人员的工资、医务经费，职工因公负伤赴外地就医路费、职工生活困难补助，以及按照国家规定开支的其他职工福利支出。

（3）医疗保险费、养老保险费、失业保险费、工伤保险费和生育保险费等社会保险费，是指小企业按照国务院、各地方政府或小企业年金计划规定的基准和比例计算，向社会保险经办机构缴纳的医疗保险费、养老保险费（包括向社会保险经办机构缴纳的基本养老保险费和向小企业年金基金相关管理人缴纳的补充养老保险费）、失业保险费、工伤保险费和生育保险费。小企业以购买商业保险形式提供给职工的各种保险待遇属于小企业提供的职工薪酬，应当按照职工薪酬的原则进行确认、计量和披露。

（4）住房公积金，是指小企业按照国务院《住房公积金管理条例》规定的基准和比例，向住房公积金管理机构缴存的住房公积金。

（5）工会经费和职工教育经费，是指小企业为了改善职工文化生活、为职工学习先进技术和提高文化水平和业务素质，用于开展工会活动和职工教育及职业技能培训等相关支出。

（6）非货币性福利，是指小企业以自己的产品或外购商品发放给职工作为福利，小企业将自己拥有的资产或租赁资产供职工无偿使用，比如提供给小企业高级管理人员使用的住房，免费为职工提供诸如医疗保健的服务，或向职工提供小企业支付了一定补贴的商品或服务等，以低于成本的价格向职工出售住房等。

（7）因解除与职工的劳动关系给予的补偿，是指由于分离办社会职能，实施主辅分离、辅业改制分流安置富余人员，实施重组、改组计划或职工不能胜任等原因，小企业在职工劳动合同尚未到期之前解除与职工的劳动关系，或者为鼓励职工自愿接受裁减而提出补偿建议的计划中给予职工的经济补偿，即国际财务报告准则中所指的辞退福利。

（8）其他与获得职工提供的服务相关的支出，是指除上述七种薪酬以外的其他为获得职工提供的服务而给予的薪酬，比如小企业提供给职工以权益形式结算的认股权、以现金形式结算但以权益工具公允价值为基础确定的现金股票增值权等。

总之，从薪酬的涵盖时间和支付形式来看，职工薪酬包括小企业职工在职期间和离职后给予的所有货币性薪酬和非货币性福利；从薪酬的支付对象来看，职工薪酬包括提供给职工本人及其配偶、子女或其他被赡养人的福利，比如支付给因公伤亡职工的配偶、子女或其他被赡养人的抚恤金。

（二）职工薪酬的确认与计量

小企业应设置"应付职工薪酬"科目，核算小企业根据有关规定应付给职工的各种薪酬。并按照"职工工资"、"奖金、津贴和补贴"、"职工福利费"、"社会保险费"、"住房公积金"、"工会经费"、"职工教育经费"、"非货币性福利"、"辞退福利"等进行明细核算。小型建筑施工企业应当在职工为其提供服务的会计期间，将应付的职工薪酬确认为负债，并根据职工提供服务的受益对象，分别下列情况处理：（1）应由建造合同负担的直接施工人员及现场管理人员的职工薪酬，记入"工程施工——合同成本"、"工程施工——间接费用"科目。（2）应由在建工程、无形资产负担的职工薪酬，计入建造固定资产或无形资产成本。自行建造固定资产和自行研究开发无形资产过程中发生的职工薪酬，能否计入固定资产或无形资产成本，取决于相关资产的成本确定原则。比如小企业在研究阶段发生的职工薪酬不能计入自行开发无形资产的成本，在开发阶段发生的职工薪酬，符合无形资产资本化条件的，应当计入自行开发无形资产的成本。（3）上述两项之外的其他职工薪酬（含因解除与职工的劳动关系给予的补偿），计入当期损益。

在确定应付职工薪酬和应当计入成本费用的职工薪酬金额时，小企业应当区分以下两种情况。

1. 具有明确计提标准的职工薪酬

对于国务院有关部门、省、自治区、直辖市人民政府或经批准的企业年金计划规定了计提基础和计提比例的职工薪酬项目，小企业应当按照规定的计提标准，计量企业承担的职工薪酬义务和计入成本费用的职工薪酬。

（1）"五险一金"。对于医疗保险费、养老保险费、失业保险费、工伤保险费、生育保险费和住房公积金，小企业应当按照国务院、所在地政府或企业年金计划规定的标准计量应付职工薪酬义务和应相应计入成本费用的薪酬金额。

（2）工会经费和职工教育经费。小企业应当按照国家相关规定，分别按照职工工资总额的 2％和 1.5％计量应付职工薪酬（工会经费、职工教育经费）义务金额和相应计入成本费用的薪酬金额；从业人员技术要求高、培训任务重、经济效益好的企业，可根据国家相关规定，按照职工工资总额的 2.5％计提应计入成本费用的职工教育经费。按照明确标准计算确定应承担的职工薪酬义务后，再根据受益对象计入相关资产的成本或当期费用。

2. 没有明确计提标准的职工薪酬

对于国家（包括省、市、自治区政府）相关法律法规没有明确规定计提基础和计提比例的职工薪酬，小企业应当根据历史经验数据和自身实际情况，计算确定应付职工薪酬金额和应计入成本费用的薪酬金额。

【例 8-1】

20×2 年 6 月，永宏建筑公司当月应发工资 200 万元。其中：工程项目部直接施工人员工资 100 万元；工程项目部管理人员工资 20 万元；公司管理部门人员工资 36 万元；公司专设经营人员工资 10 万元；建造办公楼人员工资 22 万元；内部开发工程管理系统人员工资 12 万元。

根据所在地政府规定，公司分别按照职工工资总额的 10％、12％、2％和 10.5％计提医疗保险费、养老保险费、失业保险费和住房公积金，缴纳给当地社会保险经办机构和住房公积金管理机构。公司内设医务室，根据 20×2 年实际发生的职工福利费情况，公司预计 2×10 年应承担的职工福利费义务金额为职工工资总额的 2％，职工福利的受益对象为上述所有人员。公司分别按照职工工资总额的 2％和 1.5％计提工会经费和职工教育经费。假定公司工程管理系统已处于开发阶段、并符合资本化为无形资产的条件。

应计入工程施工直接成本的职工薪酬金额

$$=100+100×(10％+12％+2％+10.5％+2％+2％+1.5％)$$

$$=140(万元)$$

应计入工程施工间接成本的职工薪酬金额

$$=20+20×(10％+12％+2％+10.5％+2％+2％+1.5％)$$

$$=28(万元)$$

应计入管理费用的职工薪酬金额

$$=36+36×(10％+12％+2％+10.5％+2％+2％+1.5％)$$

$$=50.4(万元)$$

应计入销售费用的职工薪酬金额

$=10+10×(10\%+12\%+2\%+10.5\%+2\%+2\%+1.5\%)$

$=14(万元)$

应计入在建工程成本的职工薪酬金额

$=22+22×(10\%+12\%+2\%+10.5\%+2\%+2\%+1.5\%)$

$=30.8(万元)$

应计入无形资产成本的职工薪酬金额

$=12+12×(10\%+12\%+2\%+10.5\%+2\%+2\%+1.5\%)$

$=16.8(万元)$

公司在分配工资、职工福利费、各种社会保险费、住房公积金、工会经费和职工教育经费等职工薪酬时，应当作如下账务处理：

借：工程施工——合同成本——人工费　　　　　　　　　1 400 000

　　　　　　　——间接费用　　　　　　　　　　　　　280 000

　　管理费用　　　　　　　　　　　　　　　　　　　504 000

　　销售费用　　　　　　　　　　　　　　　　　　　140 000

　　在建工程　　　　　　　　　　　　　　　　　　　308 000

　　研发支出——资本化支出　　　　　　　　　　　　168 000

　　贷：应付职工薪酬——工资　　　　　　　　　　　　　2 000 000

　　　　　　　　——职工福利　　　　　　　　　　　　40 000

　　　　　　　　——社会保险费　　　　　　　　　　　480 000

　　　　　　　　——住房公积金　　　　　　　　　　　210 000

　　　　　　　　——工会经费　　　　　　　　　　　　40 000

　　　　　　　　——职工教育经费　　　　　　　　　　30 000

❖—❖—❖—❖—❖—❖—❖—❖—❖—❖—❖—❖—❖—❖—❖—❖

按照《小企业会计准则》规定，解除与职工的劳动关系给予的补偿，即辞退福利也属于职工薪酬范畴，发生时应计入当期损益。辞退福利一般包括两方面的内容：一是在职工劳动合同尚未到期前，不论职工本人是否愿意，小企业决定解除与职工的劳动关系而给予的补偿；二是在职工劳动合同尚未到期前为鼓励职工自愿接受裁减而给予的补偿，职工有权利选择继续在职或接受补偿离职。辞退福利通常采取解除劳动关系时一次性支付补偿的方式，也有通过提高退休后养老金或其他离职后福利的标准，或者在职工不再为企业带来经济利益后，将职工工资部分支付到辞退后未来某一期间。

辞退福利同时满足下列条件的，应当确认因解除与职工的劳动关系给予补偿而产生的预计负债，同时计入当期管理费用：（1）小企业已经制定正式的解除劳动关系计划或提出自愿裁减建议，并即将实施；（2）小企业不能单方面撤回解除劳动关系计划或裁减建议。

【例8-2】

永宏渭南公司20×2年3月，由于工程任务不饱满，决定于7月1日起辞退没有家庭负担的10名员工，每人补偿5万元。则该公司20×2年3月的账务处理是：

借：管理费用　　　　　　　　　　　　　　　　　　　 500 000
　　贷：应付职工薪酬——辞退福利　　　　　　　　　　　　 500 000

按照《小企业会计准则》规定，企业向职工支付工资、奖金、津贴、福利费等，从应付职工薪酬中扣还的各种款项（代垫的家属药费、个人所得税等）等，借记"应付职工薪酬"科目，贷记"库存现金"、"银行存款"、"其他应收款"、"应交税费——应交个人所得税"等科目。

支付的因解除与职工的劳动关系给予职工的补偿，借记"应付职工薪酬"科目，贷记"库存现金"、"银行存款"等科目。

三、应交税费的核算

小企业在一定时期内取得的营业收入和实现的利润，要按照规定向国家缴纳各种税金，这些应缴的税金，应按照权责发生制的原则预提计入有关科目。

（一）增值税

增值税是对在我国境内销售货物或者提供加工、修理修配劳务，以及进口货物的单位和个人，就其取得的货物或应税劳务销售额，以及进口货物的金额计算税款，并实行税款抵扣制的一种流转税。增值税是一种价外税。建筑施工企业如生产销售商品，进口货物，提供加工、修理修配劳务，应依法缴纳增值税。

1. 小规模纳税人应交增值税的计算

小规模纳税人销售货物或者应税劳务，实行简易办法计算应纳税额。其计算公式如下：

$$应纳税额＝销售额×征收率$$

销售额的确定同一般纳税人的销售额，征收率为3%，但在计算应纳税额时，不得抵扣进项税额。

2. 小规模纳税人的会计核算

小规模纳税人应交、已交及未交增值税均通过"应交税费——应交增值税"明细科目核算。该科目贷方登记应交增值税；借方登记已交增值税；期末贷方余额反映应交未交的增值税；期末借方余额反映多交的增值税。

【例8-3】

永宏桂林工程公司为增值税小规模纳税人，本期购入原材料，按照增值税专用发票上记载的原材料价款为100万元，支付的增值税额为17万元，小企业开出承兑的商业汇票，材料尚未到达。该公司本期销售一批不再使用的钢材，销售价格总额为90万元，假定符合收入确认条件，货款尚未收到。根据上述经济业务，该公司应作如下账务处理：

(1) 购进货物时。

　　借：材料采购　　　　　　　　　　　　　　　　　　1 170 000
　　　　贷：应付票据　　　　　　　　　　　　　　　　　　1 170 000

(2) 销售货物时。

$$不含税价格 = 90 \div (1 + 3\%) = 87.378\,6（万元）$$
$$应交增值税 = 87.378\,6 \times 3\% = 2.621\,4（万元）$$

　　借：应收账款　　　　　　　　　　　　　　　　　　900 000
　　　　贷：其他业务收入　　　　　　　　　　　　　　　　873 786
　　　　　　应交税费——应交增值税　　　　　　　　　　　26 214

该企业上缴增值税时。

　　借：应交税费——应交增值税　　　　　　　　　　　26 214
　　　　贷：银行存款　　　　　　　　　　　　　　　　　　26 214

(二) 消费税

消费税是为了调节消费结构、正确引导消费，在对货物普遍征收增值税的基础上，对烟、酒、化妆品等消费品征收的一种流转税。消费税是一种价内税，税款最终由消费者承担。消费税只在消费品的生产、委托加工和进口环节缴纳，在以后的批发、零售等环节不再缴纳（金银首饰除外）。消费税实行从价定率或从量定额两种方法计算应纳税额。应纳税额的计算公式如下：

实行从价定率法计算的应纳税额＝应税消费品销售额×消费税税率
实行从量定额法计算的应纳税额＝应税消费品销售数量×消费税单位税额

建筑施工企业一般不涉及消费税的计算和缴纳。

(三) 营业税

营业税是对提供劳务、出售无形资产或者销售不动产的单位和个人征收的税种。小企业按规定应交的营业税，在"应交税费"科目下设置"应交营业税"明细科目核算。营业税是一种价内税。这里的应税劳务是指属于交通运输业、建筑业、金融保险业、邮电通信业、文化体育业、娱乐业、服务业税目征收范围的劳务。营业税是建筑施工企业最主要的税种之一。

1. 一般业务的核算与处理

小企业主营业务应交的营业税通过"营业税金及附加"科目核算。小企业应缴纳的营业税，应按照营业额和规定的税率计算，其计算公式如下：

$$应纳税额＝营业额×适用税率$$

式中，营业额是指纳税人提供应税劳务、转让无形资产或者销售不动产向对方收取的全部价款和价外费用。价外费用包括向对方收取的手续费、基金、集资费、代收款项、代垫款项及其他各种性质的价外收费。如果小企业是总承包人，其营业额为工程的全部承包额减去付给分包人或者转包人的价款后的余额。

建筑施工企业在执行《小企业会计准则》后，应根据工程项目的完工百分比确认主营业务收入，而《营业税暂行条例》规定的关于流转税营业额的定义为，小企业应纳税营业额是业主批复的验工计价款，而不是根据完工百分比法确定的主营业务收入。例如，建筑施工企业与业主签订的工程施工合同中规定，建筑施工企业应交营业税、城建税及教育费附加由业主代扣代缴，这样每期业主对建筑施工企业验工计价后自行扣除应交营业税、城建税及教育费附加，业主代扣代缴的营业税、城建税及教育费附加就是按照验工计价款扣缴的，而不是根据小企业自行确定的主营业务收入计算缴纳的。

由此必然造成小企业利润表中的当期营业收入与营业税金及附加不配比。其原因主要是会计记账根据权责发生制原则，而应纳税营业额是根据收付实现制计算的。因为建筑施工企业与业主签订的合同金额是确定的，当期建筑施工企业确认的主营业务收入较多，以后各期确定的主营业务收入可能会减少，从工程项目的整个施工期间，即从开始到完工来看，建筑施工企业通过完工百分比法确认的收入累计与业主验工计价款累计数额是相等的，最终建筑施工企业应缴纳的营业税、城建税及教育费附加与按税收规定应缴纳的营业税、城建税及教育费附加是相等的。

【例 8-4】

永宏建筑公司与业主所签订京沪铁路建设项目合同规定施工期为两年，合同金额为 2 000 000 元。该公司成立工程项目部，并按合同规定于 20×7 年 2 月 1 日进场。预计合同总收入为 2 000 000 元，根据初步概算预计合同总成本为 1 700 000 元。（在此例中只计算营业税，城建税和教育费附加）

20×7 年年底，该项目部确认的完工百分比为 50%，则 20×7 年当年收入为 1 000 000 元；而业主在 20×7 年四个季度累计只批复了验工计价款 200 000 元。

20×8 年年底，该项目部确认的完工百分比为 100%，则 20×8 年当年收入 1 000 000 元；而业主在 20×8 年四个季度累计批复了验工计价款 1 400 000 元。

20×9 年年底，该项目部没有确认主营业务收入；业主在 20×9 年 6 月份批复验工计价款 400 000 元。

永宏建筑公司以上业务相关账务处理如下：

（1）20×7 年年末，该公司项目部按当期业主批复的验工计价单确认的应纳税收入 200 000 元的 3% 计算应缴纳的营业税。

借：营业税金及附加　　　　　　　　　　　　　　　　　6 000
　　贷：应交税费——应交营业税　　　　　　　　　　　　　　6 000

（2）20×8 年年末，该项目部按当期业主批复的验工计价单确认的应纳税收入 1 400 000 元的 3% 计算应缴纳的营业税。

借：营业税金及附加　　　　　　　　　　　　　　　　　42 000
　　贷：应交税费——应交营业税　　　　　　　　　　　　　　42 000

（3）20×9 年年末，该处项目部按当期业主批复的验工计价单确认的应纳税收入 400 000 元的 3% 计算应缴纳的营业税。

借：营业税金及附加　　　　　　　　　　　　　　　　　12 000
　　贷：应交税费——应交营业税　　　　　　　　　　　　　　12 000

从 3 年数据来分析，该项目部 3 年累计缴纳的营业税为 60 000 元（6 000＋42 000＋12 000），按合同金额 2 000 000 元计算也是 60 000 元（2 000 000×3%）。区别在于，实际缴纳期间与确认主营业务收入期间不一样。

◆◆◆

2. 与销售不动产相关的营业税的核算

小企业销售不动产，应当向不动产所在地主管税务机关申报缴纳营业税。销售不动产按规定应交的营业税，在"固定资产清理"科目核算。

【例 8-5】

永宏建筑公司向 C 建筑工程公司转让闲置办公用房一幢，固定资产原价 1 000 万元，已经计提累计折旧 500 万元，取得转让收入 600 万元。相关账务处理如下：

转让办公用房应缴纳的营业税＝600×5％＝30（万元）

借：固定资产清理　　　　　　　　　　　　　5 300 000
　　累计折旧　　　　　　　　　　　　　　　5 000 000
　　贷：固定资产　　　　　　　　　　　　　10 000 000
　　　　应交税费——应交营业税　　　　　　　300 000

取得转让收入600万元。

借：银行存款　　　　　　　　　　　　　　　6 000 000
　　贷：固定资产清理　　　　　　　　　　　　6 000 000

结转固定资产损益。

借：固定资产清理　　　　　　　　　　　　　　700 000
　　贷：营业外收入——处理非流动资产利得　　　700 000

3. 与出租或出售无形资产相关的营业税的核算

在会计核算时，由于小企业出租无形资产所发生的支出是通过"其他业务成本"科目核算的，而出售无形资产所发生的损益是通过营业外收支核算的，所以，出租无形资产应缴纳的营业税应通过"其他业务成本"科目核算，出售无形资产应缴纳的营业税通过"营业外收入"或"营业外支出"科目核算。

【例8-6】

永宏深圳公司转让一项无形资产，经协商确定，转让价格为200 000元，价款已通过银行收讫。该无形资产账面余额为150 000元。转让无形资产适用的税率为5％。账务处理如下：

借：银行存款　　　　　　　　　　　　　　　200 000
　　贷：无形资产　　　　　　　　　　　　　　150 000
　　　　应交税费——应交营业税　　　　　　　　10 000
　　　　营业外收入——处置非流动资产利得　　　40 000

（四）其他应交税费

1. 资源税

资源税是国家对在我国境内开采矿产品或者生产盐的单位和个人征收的一种税。小企业按规定应交的资源税，在"应交税费"科目下设置"应交资源税"明细科目核算。"应交资源税"明细科目的借方发生额反映小企业已交的或按规定允许抵扣的资源税；贷方发生额，反映应交的资源税；期末借方余额反映多交或尚未抵扣的资源税；期末贷方余额，反映尚未缴纳的资源税。

小企业销售商品按照税法规定应缴纳的资源税，借记"营业税金及附加"科目，贷记"应交税费（应交资源税）"科目。自产自用的物资应缴纳的资源税，借记"生产成本"科目，贷记"应交税费（应交资源税）"科目。收购未税矿产品，按照实际支付的价款，借记"材料采购"或"在途物资"等科目，贷记"银行存款"等科目，按照代扣代缴的资源税，借记"材料采购"或"在途物资"等科目，贷记"应交税费（应交资源税）"科目。

2. 土地增值税

我国从1994年起开征土地增值税。转让国有土地使用权、地上建筑物及其附着物并取得收入的单位和个人，均应缴纳土地增值税。土地增值税按照转让房地产所取得的增值额和规定的税率计算征收。这里的增值额是指转让房地产所取得的收入减除规定扣除项目金额后的余额。小企业转让房地产所取得的收入，包括货币收入、实物收入和其他收入。计算土地增值额的主要扣除项目有：（1）取得土地使用权所支付的金额；（2）开发土地的成本、费用；（3）新建房屋及配套设施的成本、费用，或者旧房及建筑物的评估价格；（4）与转让房地产有关的税金。

在会计处理时，小企业缴纳的土地增值税通过"应交税费——应交土地增值税"科目核算。兼营房地产业务的小企业应由当期收入负担的土地增值税，借记"其他业务成本"科目，贷记"应交税费——应交土地增值税"科目。转让的国有土地使用权与其地上建筑物及其附着物一并在"固定资产"或"在建工程"科目核算的，转让时应缴纳的土地增值税，借记"固定资产清理"、"在建工程"科目，贷记"应交税费——应交土地增值税"科目。小企业在项目全部竣工结算前转让房地产取得的收入，按税法规定预缴的土地增值税，借记"应交税费——应交土地增值税"科目，贷记"银行存款"等科目；待该项房地产销售收入实现时，再按上述销售业务的会计处理方法进行处理。该项目全部竣工、办理结算后进行清算，收到退回多缴的土地增值税，借记"银行存款"等科目，贷记"应交税费——应交土地增值税"科目，补缴的土地增值税作相反的会计分录。

3. 城镇土地使用税、房产税、车船税和印花税

（1）房产税是国家对在城市、县城、建制镇和工矿区征收的由产权所有人缴纳的一种税。房产税依照房产原值一次减除10%～30%后的余额计算缴纳。没有房产原值作为依据的。由房产所在地税务机关参考同类房产核定；房产出租的，以房产租金收入为房产税的计税依据。

（2）土地使用税是国家为了合理利用城镇土地，调节土地级差收入，提高土地使用效益，加强土地管理而开征的一种税。以纳税人实际占用的土地面积为计税依据，依照规定税额计算征收。

（3）车船税由拥有并且使用车船的单位和个人缴纳。车船税按照适用税额计算缴纳。

小企业按照规定应缴纳的城镇土地使用税、房产税、车船税时，借记"营业税金及附加"科目，贷记"应交税费"科目（应交城镇土地使用税、应交房产税、应交车船税）。缴纳的城镇土地使用税、房产税、车船税，借记"应交税费"科目（应交城镇土地使用税、应交房产税、应交车船税），贷记"银行存款"科目。

（4）印花税是对书立、领受购销合同等凭证行为征收的税款。实行由纳税人根据规定自行计算应纳税额，购买并一次贴足印花税票的缴纳方法。应纳税凭证包括：购销、加工承揽、建设工程承包、财产租赁、货物运输、仓储保管、借款、财产保险、技术合同或者具有合同性质的凭证；产权转移书据；营业账簿；权利、许可证照等。纳税人根据应纳税凭证的性质，分别按比例税率或者按件定额计算应纳税额。

由于小企业缴纳的印花税，是由纳税人根据规定自行计算应纳税额以购买并一次贴足印花税票的方法缴纳的税款。即一般情况下，小企业需要预先购买印花税票，待发生应税行为时，再根据凭证的性质和规定的比例税率或者按件计算应纳税额，将已购买的印花税票粘贴在应纳税凭证上，并在每枚税票的骑缝处盖戳注销或者划销，办理完税手续。小企业缴纳的印花税，不会发生应付未付税款的情况，不需要预计应缴纳金额，同时也不存在与税务机关结算或清算的问题。因此，小企业缴纳印花税不需要通过"应交税费"科目核算，于购买印花税票时，直接借记"营业税金及附加"科目，贷记"银行存款"科目。

4. 城市维护建设税

城市维护建设税是国家为了加强城市的维护建设，扩大和稳定城市维护建设资金的来源而开征的一种税。以小企业缴纳的营业税、增值税、消费税为计税依据，分别与营业税、增值税、消费税同时缴纳的一种特定目的税。

城市维护建设税的计算公式如下：

$$\text{应交城市维护建设税} = \text{纳税人实际缴纳的营业税、增值税、消费税税额} \times \text{适用税率}$$

小企业按规定应交的城市维护建设税，在"应交税费"科目下设置"应交城市维护建设税"明细科目核算。"应交城市维护建设税"明细科目的借方发生额，反映小企业已缴纳的城市维护建设税；其贷方发生额，反映小企业应交的城市维护建设税；期末借方余额，反映小企业多交的城市维护建设税；期末贷方余额，反映尚未缴纳的城市维护建设税。

5. 企业所得税

小企业的生产、经营所得和其他所得，依照《企业所得税法》的规定需要缴纳所得税。小企业应缴纳的所得税，在"应交税费——应交所得税"明细科目核算；当期应计入损益的所得税，作为一种费用，在净收益前扣除。小企业按照一定方法计算，计入损益的所得税，借记"所得税费用"等科目，贷记"应交税费——应交所得税"科目。

6. 个人所得税

小企业职工按规定应缴纳的个人所得税通常由单位代扣代缴。小企业按规定计算应代扣代缴的职工个人所得税，借记"应付职工薪酬"科目，贷记"应交税费——应交个人所得税"科目；实际缴纳个人所得税时，借记"应交税费——应交个人所得税"科目，贷记"银行存款"科目。

7. 教育费附加

教育费附加是国家为了发展我国的教育事业，提高人民的文化素质而征收的一项费用，按照小企业缴纳流转税的一定比例计征，并与流转税一起征收。

小企业应缴纳的教育费附加，在"应交税费——应交教育费附加"明细科目核算。其贷方登记小企业应缴纳的教育费附加；借方登记小企业实际上缴的教育费附加；期末贷方余额反映小企业尚未缴纳的教育费附加，期末如为借方余额，则反映小企业多交的教育费附加。

【例8-7】

永宏太原公司本期实际应缴纳营业税20 000元。按照税法规定，该公司城市维护建设税税率为7%，教育费附加费率为3%。则相关业务账务处理如下：

(1) 计算应缴城市维护建设税和教育费附加时。

城市维护建设税＝20 000×7%＝1 400(元)
教育费附加＝20 000×3%＝600(元)

借：营业税金及附加　　　　　　　　　　　　　　2 000
　　贷：应交税费——应交城市维护建设税　　　　　　1 400
　　　　　　——应交教育费附加　　　　　　　　　　600

(2) 缴纳营业税、城市维护建设税和教育费附加时。

借：应交税费——应交营业税　　　　　　　　　　20 000

——应交城市维护建设税	1 400
——应交教育费附加	600
贷：银行存款	22 000

四、其他流动负债的核算

(一) 短期借款

短期借款是指小企业向银行或其他金融机构等借入的期限在一年以下（含一年）的各种借款。小企业借入的短期借款无论用于哪方面，只要借入了这笔资金，就构成了一项负债。按照《小企业会计准则》规定，短期借款应当按照借款本金和借款合同利率在应付利息日计提利息费用，计入财务费用。小企业对于发生的短期借款，应设置"短期借款"科目核算；对于短期借款的利息，小企业应当按照应计的金额，借记"财务费用"等科目，贷记"银行存款"、"应付利息"等科目。

【例8-8】

永宏建筑公司向银行借入流动资金200万元，为期半年，借款利率为月息6‰，按季计息。有关账务处理如下：

(1) 借入款项时。

借：银行存款	2 000 000
贷：短期借款	2 000 000

(2) 在应付利息日计提利息时。

借：财务费用	36 000
贷：应付利息	36 000

(3) 按季支付利息时。

借：应付利息	36 000
贷：银行存款	36 000

(4) 归还借款时。

借：短期借款	2 000 000
贷：银行存款	2 000 000

(二) 应付票据

应付票据是由出票人出票，委托付款人在指定日期无条件支付特定的金额给收款人或者持票人的票据。小企业应设置"应付票据"科目进行核算。

小企业开出、承兑商业汇票或以承兑商业汇票抵付货款、工程款、应付账款时，借记"材料采购"、"原材料"、"库存商品"、"工程施工"、"应付账款"等科目，贷记"应付票据"科目。支付银行承兑汇票的手续费，借记"财务费用"科目，贷记"银行存款"科目。收到银行支付到期票据的付款通知，借记"应付票据"科目，贷记"银行存款"科目。

【例8-9】

永宏柳州公司于20×0年11月1日开出一张面额为300 000元，期限为3个月的带息银行承兑汇票，用以购买材料。银行已办理承兑手续（手续费率1‰），该汇票于当天交给供货企业。假定不考虑相关税费，其账务处理如下：

(1) 20×0年11月1日按规定支付银行承兑手续费300元（300 000×1‰）时。

借：财务费用　　　　　　　　　　　　　　　　　　　300

　　贷：银行存款　　　　　　　　　　　　　　　　　　　　300

(2) 20×0年11月1日用票据购买材料时。

借：材料采购　　　　　　　　　　　　　　　　　　300 000

　　贷：应付票据——银行承兑汇票　　　　　　　　　　　300 000

(3) 20×1年2月1日票据到期承兑时。

借：应付票据——银行承兑汇票　　　　　　　　　　300 000

　　贷：银行存款　　　　　　　　　　　　　　　　　　300 000

(4) 若永宏柳州公司在票据到期时无力支付票据款项，应根据银行转来的贷款通知，账务处理如下：

借：应付票据——银行承兑汇票　　　　　　　　　　300 000

　　贷：短期借款——金融机构借款　　　　　　　　　　300 000

【例8-10】

承例8-9，若永宏柳州公司签发的是一张商业承兑汇票，则不需要向银行办理承兑。票据到期时，付款人应筹措资金以备及时付款，但如果到期付款人无力支付票款，银行应将票据退还给收款人，由双方自行协商处理。付款人将无力支付的票据款项转入"应付账款"科目，并应积极筹措款项予以归还。

20×1年2月1日票据到期，无力支付票款时，账务处理如下：

借：应付票据——商业承兑汇票　　　　　　　　　　300 000

　　贷：应付账款　　　　　　　　　　　　　　　　　　300 000

(三) 应付账款

应付账款指因工程结算、购买材料、商品或接受劳务供应等应付给分包单位及供应单位的款项。应付账款入账时间的确定，应以与所购买物资所有权有关的风险和报酬已经转移或劳务已经接受为标志。应付账款一般按应付金额入账，而不按到期应付金额的现值入账。如果购入的资产在形成一笔应付账款时是带有现金折扣的，应付账款入账金额按发票上记载的应付金额的总值（即不扣除折扣）确定。在这种方法下，应按发票上记载的全部应付金额，借记有关科目，贷记"应付账款"科目；获得的现金折扣冲减财务费用。

建筑施工企业在"应付账款"科目下应设置"应付工程款"和"应付购货款"明细科目进行核算。"应付工程款"还应区别"应付工程款"和"应付质量保证金"，分别核算小企业已对施工单位验工计价，尚未拨付的工程款。

建筑施工企业与分包单位办理工程结算，但工程款尚未支付时，根据有关凭证（合同、工程价款结算单等），借记"工程施工"等科目，按应付的价款，贷记"应付账款"科目。

小企业购入材料、商品等验收入库，但货款尚未支付时，应根据有关凭证（发票账单、随货同行发票上记载的实际价款或暂估价值），借记"材料采购"、"原材料"等科目，按应付的价款，贷记"应付账款"科目；支付货款时，应借记"应付账款"科目，贷记"银行存款"科目。

小企业接受供应单位提供劳务而发生的应付未付款项，根据供应单位的发票账单，借记"工程施工"、"机械作业"、"辅助生产"、"管理费用"等科目，贷记"应付账款"科目。

小企业确实无法支付的应付账款，借记"应付账款"科目，贷记"营业外收入"科目。

【例 8-11】

永宏银川公司购入钢材一批，买价 180 000 元，运杂费 5 000 元，货款尚未支付。账务处理如下：

借：材料采购	185 000
贷：应付账款——应付购货款	185 000

若采购的上述材料已付定金 70 000 元，账务处理如下：

借：应付账款——应付购货款	70 000
贷：预付账款——预付购货款	70 000

以后支付剩余货款时，账务处理如下：

```
借：应付账款——应付购货款                              115 000
    贷：银行存款                                       115 000
```

❖❖

【例8-12】

5月末，永宏银川公司批复工程分包施工单位的工程价款结算账单，应付工程价款200 000元，其中应付工程款190 000元，应付质量保证金10 000元，并扣回已预付分包单位工程款和备料款共计60 000元。永宏银川公司账务处理如下：

(1) 与施工单位结算工程款200 000元。

```
借：工程施工——合同成本                              200 000
    贷：应付账款——应付工程款——应付工程款            190 000
                            ——应付质量保证金          10 000
```

(2) 应扣回预付工程施工单位的工程款和备料款60 000元。

```
借：应付账款——应付工程款——应付工程款               60 000
    贷：预付账款——预付工程款                          60 000
```

(3) 以银行存款支付剩余的工程款130 000元。

```
借：应付账款——应付工程款——应付工程款              130 000
    贷：银行存款                                      130 000
```

(4) 工程完工且质保期满后，支付质量保证金10 000元。

```
借：应付账款——应付工程款——应付质量保证金           10 000
    贷：银行存款                                       10 000
```

❖❖

【例8-13】

6月17号，永宏安装公司从兴发水泥厂购入一批水泥，价款和运杂费合计117 000元，水泥已验收入库，款项尚未支付，兴发水泥厂开出付款条件为"2/10，n/30"。永宏安装公司相关账务处理如下：

(1) 6月17号，水泥验收入库。

```
借：原材料                                          117 000
    贷：应付账款——兴发水泥厂                         117 000
```

(2) 若公司在第10天付款。

$$现金折扣＝117 000×2\%＝2 340(元)$$

```
借：应付账款——兴发水泥厂                            117 000
```

    贷：财务费用   2 340

     银行存款   114 660

 （3）若公司在 10 天以后付款。

    借：应付账款——兴发水泥厂   117 000

     贷：银行存款   117 000

（四）预收账款

  预收账款是指小企业按照合同规定向业主预收以及按照购销合同规定向购货单位预收的款项。建筑施工企业设置"预收账款"科目核算小企业的预收账款业务。一般还可设置"预收工程款"、"预收备料款"、"预收销货款"等二级明细科目，分别核算小企业根据承建工程合同规定按工程进度向业主或发包单位预收的工程款，小企业根据承建工程合同规定向业主或发包单位预收的备料款，小企业销售产品、商品、材料和提供劳务、作业之前按购销合同规定向购货单位预收的货款。

  建筑施工企业收到业主的预付款项时，借记"银行存款"科目，贷记"预收账款"科目；收到业主拨入抵作备料款的材料，借记"原材料"、"材料采购"科目，贷记"预收账款"科目，采用计划成本核算的，材料结算价格与计划成本的差异，借记或贷记"材料成本差异"科目。与业主结算工程价款时，借记"应收账款"科目，贷记"工程结算"等科目，同时应从应收工程款中扣还预收的工程款和备料款，借记"预收账款"科目，贷记"应收账款"科目。收到业主补付的工程款，借记"银行存款"等科目，贷记"应收账款"科目。

【例 8-14】

  永宏海口公司接受一项工程合同，按合同规定，工程造价金额总计 400 000 元，预计 6 个月完成。工程开工时，业主预付工程款 40%，另外 60% 待工程完工后再支付。永宏海口公司账务处理如下：

 （1）收到预付的工程款时。

   借：银行存款   160 000

    贷：预收账款——预收工程款   160 000

 （2）6 个月后工程完工时，确认主营业务收入为 400 000 元，其中工程款 380 000 元，质量保证金 20 000 元。

   借：应收账款——应收工程款——应收工程款   380 000

          ——应收质量保证金   20 000

    贷：主营业务收入   400 000

同时，从应收账款中扣还预收的工程款 160 000 元。

借：预收账款——预收工程款　　　　　　　　　160 000

　　贷：应收账款——应收工程款——应收工程款　　　　160 000

（3）收到业主补付的工程款 220 000 元。

借：银行存款　　　　　　　　　　　　　　　　220 000

　　贷：应收账款——应收工程款——应收工程款　　　　220 000

（4）工程完工且质保期满后，收到业主支付工程质保金 20 000 元。

借：银行存款　　　　　　　　　　　　　　　　20 000

　　贷：应收账款——应收工程款——应收质量保证金　　20 000

小企业按合同规定预收销货款时，借记"银行存款"科目，贷记"预收账款——预收销货款"科目；结算销货款时，按实现的收入和应交的增值税额，借记"预收账款——预收销货款"科目，贷记"其他业务收入"、"应交税费——应交增值税"科目。购货单位补付的款项，借记"银行存款"科目，贷记"预收账款"科目。

【例 8-15】

永宏深圳公司为一家钢结构公司，属增值税小规模纳税人，税率为 3%。1 月 1 日，A 公司与永宏深圳公司签订购买钢结构合同，合同金额 300 000 元，A 公司预付款项 100 000 元，3 月 31 日收货时支付剩余款项。永宏深圳公司账务处理如下：

（1）收到 A 公司预付款项 100 000 元。

借：银行存款　　　　　　　　　　　　　　　　100 000

　　贷：预收账款——预收销货款　　　　　　　　　　100 000

（2）与 A 公司结算销货款时。

借：预收账款——预收销货款　　　　　　　　　309 000

　　贷：其他业务收入　　　　　　　　　　　　　　　300 000

　　　　应交税费——应交增值税　　　　　　　　　　　9 000

（3）3 月 31 日，收到 A 公司支付的余款。

借：预收账款——预收销货款　　　　　　　　　209 000

　　贷：银行存款　　　　　　　　　　　　　　　　209 000

【例 8-16】

永宏建筑公司收到某发包单位工程款 800 000 元和抵作备料款的材料

500 000 元。作如下账务处理：

借：银行存款　　　　　　　　　　　　　　　　　800 000
　　原材料　　　　　　　　　　　　　　　　　　　500 000
　贷：预收账款——预收工程款　　　　　　　　　1 300 000

上述工程完工，经过验收合格，与发包单位办理竣工结算手续，按合同规定，结算金额为 1 750 000 元。作如下账务处理：

(1) 结算工程价款确认收入时。

借：预收账款　　　　　　　　　　　　　　　　1 750 000
　贷：主营业务收入　　　　　　　　　　　　　1 750 000

(3) 收到发包单位补付的工程款 450 000 元。

借：银行存款　　　　　　　　　　　　　　　　450 000
　贷：预收账款　　　　　　　　　　　　　　　450 000

（五）应付利息

应付利息是指小企业按照合同约定应支付的利息，包括分期付息到期还本的长期借款等应支付的利息。应付利息日，小企业应当按照合同利率计算确定利息费用。

【例 8-17】

20×9 年 11 月 1 日永宏建筑公司借入短期借款 50 000 元，利率 6%，期限 3 个月，到期一次还本付息。账务处理如下：

(1) 20×9 年 11 月 1 日借入时。

借：银行存款　　　　　　　　　　　　　　　　50 000
　贷：短期借款　　　　　　　　　　　　　　　50 000

(2) 20×9 年 12 月 31 日计算当年应负担的利息。

借：财务费用　　　　　　　　　　　　　　　　　500
　贷：应付利息　　　　　　　　　　　　　　　　500

(3) 2×10 年 1 月 31 日到期时。

借：短期借款　　　　　　　　　　　　　　　　50 000
　　应付利息　　　　　　　　　　　　　　　　　500
　　财务费用　　　　　　　　　　　　　　　　　250
　贷：银行存款　　　　　　　　　　　　　　　50 750

(六) 应付利润

应付利润是指小企业向投资者分配的利润。小企业经批准的利润分配方案、宣告分派的利润，在实际支付前，形成小企业的负债。小企业按应支付利润，借记"利润分配"科目，贷记"应付利润"科目；实际支付利润时，借记"应付利润"科目，贷记"银行存款"等科目。

【例8-18】

永宏水泥制品公司20×9年实现净利润600 000元，按规定分配现金股利300 000元。账务处理如下：

(1) 分配股利时。

借：利润分配——应付利润　　　　　　　　　　　　　　　　　300 000
　　贷：应付利润　　　　　　　　　　　　　　　　　　　　　　300 000

(2) 支付股利时。

借：应付利润　　　　　　　　　　　　　　　　　　　　　　　300 000
　　贷：银行存款　　　　　　　　　　　　　　　　　　　　　　300 000

(七) 其他应付款

其他应付款是指小企业除应付票据、应付账款、预收账款、应付职工薪酬、应付利息、应付股利、应交税费、长期应付款等以外的其他各项应付、暂收的款项。

小企业发生的其他各种应付、暂收款项，借记"管理费用"等科目，贷记"其他应付款"；支付的其他各种应付、暂收款项，借记"其他应付款"，贷记"银行存款"等科目。小企业无法支付的其他应付款，借记"其他应付款"科目，贷记"营业外收入"科目。

【例8-19】

永宏桂林公司以经营租赁方式租入管理用办公设备一批，每月租金为6 500元，按季支付，每季末小企业以银行存款支付应付租金。相关账务处理如下：

(1) 第1、第2月月末企业计提租金时。

借：管理费用　　　　　　　　　　　　　　　　　　　　　　　6 500
　　贷：其他应付款　　　　　　　　　　　　　　　　　　　　　6 500

(2) 季末支付租金时。

借：其他应付款　　　　　　　　　　　　　　　　　　　　　13 000

　　　　管理费用　　　　　　　　　　　　　　　　　　　　6 500
　　　　贷：银行存款　　　　　　　　　　　　　　　　　　19 500

第二节　非流动负债

一、非流动负债概述

　　小企业的非流动负债，是指流动负债以外的负债。通常，这些负债的偿还期在一年或者超过一年的一个营业周期以上，是小企业除了接受投资人投入资本金以外，向债权人筹集的可供小企业长期使用的资金，主要包括长期借款、长期应付款等。

　　非流动负债相对于流动负债，有如下特征：（1）非流动负债具有借款金额较大，偿还期较长的特点；而流动负债借款金额较少，偿还时间较短。（2）非流动负债主要用于扩展经营规模，如增加大型设备、增建或扩建厂房等；而流动负债的主要目的是满足小企业对生产经营资金的需要。

　　建筑施工企业为了购置大型设备进行施工生产活动以及固定资产的改建、扩建等，需要投入大量资金，而这些资金通常不是小企业正常经营资金所能满足的，如果等待小企业内部形成的资本积累，很可能会丢掉有利时机，因此需要筹集长期资金。筹集长期资金主要有两种方式：一是增发股票，由股东投入新的资金；二是举借长期债务。

二、长期借款的核算

　　长期借款是指小企业从银行或其他金融机构借入的期限在一年以上（不含一年）的借款。

　　小企业借入各种长期借款时，按实际收到的款项，借记"银行存款"科目，贷记"长期借款"；在应付利息日，应当按照借款本金和借款合同利率计提利息费用，借记"财务费用"、"在建工程"等科目，贷记"应付利息"科目；小企业偿还长期借款本金，借记"长期借款"科目，贷记"银行存款"科目。

【例 8-20】

　　永宏成都公司为建造一幢办公楼，2×08 年 1 月 1 日借入期限为两年的长期专门借款 1 000 000 元，款项已存入银行。借款利率为 9%，每年付息一次，期满后一次还清本金。2×08 年 1 月 5 日，以银行存款支付工程价款共计600 000 元。2×09 年年初，又以银行存款支付工程费用 400 000 元，该办公楼于 2×09 年 8 月底完工，达到预定可使用状态。假定不考虑闲置专门借款资金存款的利息收入或者投资收益。根据上述业务进行有关账务处理如下：

（1）2×08 年 1 月 1 日，取得借款时。

借：银行存款　　　　　　　　　　　　　　　　　　1 000 000
　　贷：长期借款　　　　　　　　　　　　　　　　　　1 000 000

（2）2×08 年 1 月 5 日，支付工程款时。

借：在建工程　　　　　　　　　　　　　　　　　　600 000
　　贷：银行存款　　　　　　　　　　　　　　　　　　600 000

（3）2×08 年 12 月 31 日，计算 2×08 年应计入工程成本的利息。

借款利息＝1 000 000×9%＝90 000（元）

借：在建工程　　　　　　　　　　　　　　　　　　90 000
　　贷：应付利息　　　　　　　　　　　　　　　　　　90 000
支付利息时。

借：应付利息　　　　　　　　　　　　　　　　　　90 000
　　贷：银行存款　　　　　　　　　　　　　　　　　　90 000

（4）2×09 年初支付工程款。

借：在建工程　　　　　　　　　　　　　　　　　　400 000
　　贷：银行存款　　　　　　　　　　　　　　　　　　400 000

（5）2×09 年 8 月底，办公楼达到预定可使用状态，该期应计入工程成本的利息为：（1 000 000×9%÷12）×8＝60 000（元）。

借：在建工程　　　　　　　　　　　　　　　　　　60 000
　　贷：应付利息　　　　　　　　　　　　　　　　　　60 000
同时，

借：固定资产　　　　　　　　　　　　　　　　　　1 150 000
　　贷：在建工程　　　　　　　　　　　　　　　　　　1 150 000

（6）2×09 年 12 月 31 日，计算并支付利息时。

2×09 年 9—12 月应计入财务费用的利息＝（1 000 000×9%÷12）×4＝30 000（元）

借：财务费用　　　　　　　　　　　　　　　　　　30 000
　　贷：应付利息　　　　　　　　　　　　　　　　　　30 000

支付利息时，

借：应付利息 90 000

　　贷：银行存款 90 000

（7）2×10 年 1 月 1 日，到期还本时。

借：长期借款 1 000 000

　　贷：银行存款 1 000 000

三、长期应付款的核算

长期应付款是指小企业除长期借款以外的其他各种长期应付款项。包括：应付融资租入固定资产的租赁费、以分期付款方式购入固定资产发生的应付款项等。

（一）应付融资租入固定资产的租赁费

小企业采用融资租赁方式租入的固定资产，小企业融资租入固定资产，在租赁期开始日，按照租赁合同约定的付款总额和在签订租赁合同过程中发生的相关税费等，借记"固定资产"或"在建工程"科目，贷记"长期应付款"科目等科目。

【例 8-21】

永宏建筑公司与 B 公司签订了设备租赁协议，双方约定，自 2×08 年 12 月 31 日永宏建筑公司租赁某设备 8 年，每年末支付租金 3 万元。根据上述经济业务，公司应作会计处理如下：

（1）租赁开始时。

借：固定资产——融资租入固定资产 240 000

　　贷：长期应付款 240 000

（2）每年末支付租金 3 万元时。

借：长期应付款 30 000

　　贷：银行存款 30 000

（二）以分期付款方式购入固定资产

按照《小企业会计准则》的规定，以分期付款方式购入固定资产，应当按照实际支付的购买价款和相关税费（不包括按照税法规定可抵扣的增值税进项税额），借记"固定资产"或"在建工程"科目，按照税法规定可抵扣的增值税进项税额，借记"应交税费——应交增值税（进项税额）"科目，贷记"长期应付款"科目。

【例8-22】

永宏建筑公司2×08年1月1日以分期付款方式购入一台设备，总价款为15万元，购货合同约定购买日首付6万元，以后每年年末支付3万元，分三年于2×10年12月31日付清。根据上述经济业务，公司应作会计处理如下：

（1）2×08年1月1日购入时。

借：固定资产		150 000
贷：长期应付款		90 000
银行存款		60 000

（2）每年末支付设备款时。

借：长期应付款		30 000
贷：银行存款		30 000

CHAPTER

9

第九章
所有者权益

第一节　实收资本

一、实收资本的概念

实收资本，是指投资者按照合同协议约定或相关规定投入到小企业、构成小企业注册资本的部分。实收资本一般情况下无须偿还，实收资本通常是确定投资者在小企业所有者权益中所占的份额和参与小企业经营决策的基础，也是小企业进行利润分配和股利分配的依据，同时还是小企业清算时确定投资者对净资产要求权的依据。

小企业收到投资者以现金或非货币性资产投入的资本，应当按照其在本企业注册资本中所占的份额计入实收资本；超出的部分，应当计入资本公积。投资者根据有关规定对小企业进行增资或减资，小企业应当增加或减少实收资本。有限责任公司和一般小企业设置"实收资本"科目，股份有限公司设置"股本"科目。

二、一般小企业实收资本的确认与计量

投资者投入资本的形式有多种。投资者可用现金投资，也可用非现金资产投资，还可用无形资产投资。

（一）接受现金资产投资

小企业收到投资者以现金投入的资本时，应按照其在注册资本中所占的份额作为实收资本入账。实际收到或存入企业开户银行的金额超过投资者在小企业注册资本中所占份额的部分，应计入资本公积。投资者以现金投入的资本，

应以实际收到或者存入企业开户银行的金额，借记"银行存款"科目，贷记"实收资本"科目和"资本公积"科目。

【例9-1】

3月5日，永宏长安公司收到甲公司投入资金 300 000 元，已存入银行，在注册资本中所占的份额也为 300 000 元。账务处理如下：

借：银行存款	300 000
贷：实收资本	300 000

（二）接受非现金资产投资

小企业收到投资者以非现金资产投入的资本时，按照其在注册资本中所占的份额作为实收资本入账，在办理完有关产权转移手续后，借记"固定资产"、"原材料"、"无形资产"等科目，贷记"实收资本"科目。非现金资产的评估值超过其在注册资本中所占份额的部分，应记入"资本公积"科目。

《公司法》规定，有限责任公司的股东可以用货币出资，也可以用非货币资产出资，全体股东的货币资金额不得低于有限责任公司注册资本的 30%。

【例9-2】

3月5日，永宏长安公司收到乙公司投资的专利权一项，经双方协商在注册资本中所占的份额以其评估值 100 000 元为准。账务处理如下：

借：无形资产	100 000
贷：实收资本	100 000

（三）接受外币资本投资

接受外币资本投资主要是针对外商投资而言。外商投资企业在接受外币资本投资时，一方面，将实际收到的外币款项等资产作为资产入账；另一方面，将因接受外币资产而增加的资本作为实收资本入账。但在具体折算时，小企业收到投资者以外币投入的资本，应当采用交易发生日即期汇率折算，不得采用合同约定汇率和交易当期平均汇率折算。

三、股份有限公司股本的确认与计量

股份有限公司是指全部资本由等额股份构成并通过发行股票筹集资本，股东以其所持股份对公司承担有限责任，公司以其全部资产对公司债务承担责任的企业法人。与其他企业相比，其显著特点在于将企业的资本划分为等额股份，并通过发行股票的方式来筹集资本。股票的面值与股份总数的乘积即为公司股本，股本等于股份有限公司的注册资本。为了如实反映公司的股本情况，股份有限公司应设置"股本"科目进行确认和计量。

"股本"科目核算股东投入股份有限公司的股本，小企业应将核定的股本总额、股份总数、每股面值在股本账户中作备查记录。为提供企业股份的构成情况，小企业可在"股本"科目下按股东单位或姓名设置明细账。小企业的股本应在核定的股本总额范围内，发行股票取得。但值得注意的是，小企业发行股票取得的收入与股本总额往往不一致，公司发行股票取得的收入大于股本总额的，称为溢价发行；小于股本总额的，称为折价发行；等于股本总额的，为面值发行。我国不允许企业折价发行股票。在采用溢价发行股票的情况下，小企业应将相当于股票面值的部分记入"股本"科目，其余部分在扣除发行手续费、佣金等发行费用后记入"资本公积——股本溢价"科目。

我国有关法律规定，股份有限公司应在核定的股本总额及核定的股份总额的范围内发行股票。当公司发行股票收到现金等资产时，按实际收到的金额，借记"库存现金"、"银行存款"等科目，按股票面值和核定的股份总额的乘积计算的金额，贷记"股本"科目，按其差额，贷记"资本公积——股本溢价"科目。

【例9-3】

永宏滨州股份有限公司发行股票 5 000 000 股，每股面值 1 元，发行价格每股 9 元，实收价款 45 000 000 元，已存入银行。账务处理如下：

　　借：银行存款　　　　　　　　　　　　　　　　45 000 000
　　　　贷：股本　　　　　　　　　　　　　　　　　 5 000 000
　　　　　　资本公积——股本溢价　　　　　　　　 40 000 000

四、小企业资本（股本）变动的核算

我国有关法律规定，小企业资本（股本）除了下列情况外，不得随意变动：一是符合增资条件，并经有关部门批准增资；二是小企业按法定程序报经批准减少注册资本。

（一）小企业增资

1. 接受原投资者额外投入实现增资或有新增投资者加入

在按规定接受投资者额外投入或新增投资者投入实现增资时，按实际收到的款项或其他资产，借记"银行存款"等科目，按增加的实收资本或股本金额，贷记"实收资本"或"股本"科目，按两者之间的差额，借记或贷记"资本公积——资本溢价（股本溢价）"。

2. 资本公积转增资本

在小企业采用资本公积转增资本时，按转增的资本金额，借记"资本公积"科目，贷记"实收资本"或"股本"科目。

3. 盈余公积转增资本

按转增的资本金额，借记"盈余公积"科目，贷记"实收资本"或"股本"科目。

【例9-4】

永宏沧州公司按照规定程序报经批准后，将盈余公积金 500 000 元转作资本。账务处理如下：

        借：盈余公积   500 000
            贷：实收资本   500 000

（二）小企业减资

（1）有限责任公司和一般小企业按法定程序报经批准减少注册资本的，借记"实收资本"科目，贷记"库存现金"、"银行存款"等科目。

（2）投资者按规定转让其出资的。小企业应当于有关的转让手续办理完毕后，将出让方所转让的出资额，在"实收资本"或"股本"账户的有关明细账户及备查登记簿中转为受让方。

第二节 资本公积

一、资本公积概述

资本公积通常是指投资者或他人投入小企业、所有权归属投资者并且投入金额超过法定资本部分的资金。资本公积从形成来源上看，是由投资者投入的资本金额中超过法定资本部分的资本，或者由他人投入的不形成实收资本的资产的转化形式，它不是小企业实现的净利润转化而来的，从本质上讲应属于投入资本范畴，因此，它与留存收益有根本区别，因为后者是由小企业实现的利润转化而来的。

小企业资本公积形成的来源主要是投资者投入的资金超过其在注册资本中

所占份额的部分，在股份有限公司称为股本溢价。

二、资本公积的确认与计量

小企业收到投资者投入的资金，按实际收到的金额或确定的价值，借记"银行存款"、"固定资产"等科目，按其在注册资本中所占的份额，贷记"实收资本"科目，按其差额，贷记"资本公积"科目。

【例9-5】

永宏汉阳公司原由三位股东各出资 100 000 元组建成立，注册资本为 300 000 元。现在公司准备吸收新的投资者，使注册资本总额达到 400 000 元。A 投资者愿意出资 130 000 元拥有该企业 25％的股份。企业账务处理如下：

    借：银行存款　　　　　　　　　　　　　　　　　130 000
     贷：实收资本——A 投资者　　　　　　　　　　　100 000
      资本公积　　　　　　　　　　　　　　　　 30 000

股份有限公司溢价发行股票，在收到现金等资产时，按实际收到的金额，借记"库存现金"、"银行存款"等科目，按股票面值和核定的股份总额的乘积计算的金额，贷记"股本"科目，按溢价部分，贷记"资本公积——股本溢价"科目。

股份有限公司发行股票支付的手续费或佣金、股票印制成本等，减去发行股票冻结期间所产生的利息收入，溢价发行的，从溢价中抵销；无溢价的，或溢价不足以支付的部分，依次冲减"未分配利润"和"盈余公积"。

【例9-6】

永宏大理公司委托某证券公司代理发行普通股 1 000 万股，每股面值 1 元，每股发行价格 4 元，该公司与证券公司约定按发行收入的 3％收取手续费，从发行收入中扣除。公司已经把收到的股款存入银行。该公司账务处理如下：

公司收到证券公司代理
发行股票募集的资金 $=1\,000\times4\times(1-3\%)=3\,880$（万元）

应记入"资本公积"科目的金额 $=3\,880-1\,000=2\,880$（万元）

    借：银行存款　　　　　　　　　　　　　　　　38 800 000
     贷：股本　　　　　　　　　　　　　　　　　 10 000 000
      资本公积——股本溢价　　　　　　　　 28 800 000

三、资本公积转增资本的会计处理

按照《公司法》的规定，法定公积金（资本公积和盈余公积）转为资本时，所留存的该项公积金不得少于转增前公司注册资本的25％。经企业权力机构决议，用资本公积转增资本时，应冲减资本公积，同时按照转增前的实收资本（或股本）的结构或比例，将转增的金额记入"实收资本"或"股本"科目下各所有者的明细分类账。

第三节 留存收益

一、留存收益概述

留存收益是指小企业从历年实现的利润中提取或形成的留存于小企业的内部积累。留存收益来源于小企业在生产经营活动中所实现的净利润。它与实收资本和资本公积的区别在于，实收资本和资本公积主要来自于企业的资本投入，而留存收益则来源于企业的资本增值。留存收益主要包括盈余公积和未分配利润两类。

（一）盈余公积的组成及其用途

1. 一般企业和股份有限公司盈余公积的内容

（1）法定盈余公积，指小企业按规定的比例从净利润中提取的盈余公积，如根据我国《公司法》的规定，有限责任公司和股份有限公司应按净利润的10％提取法定盈余公积，计提的法定盈余公积累计达到注册资本的50％时，可不再提取。

（2）任意盈余公积，指小企业经批准按规定的比例从净利润中提取的盈余公积。它与法定盈余公积的区别在于，其提取比例由小企业自行决定，而法定盈余公积的提取比例则由国家有关法规决定。

2. 盈余公积的用途

（1）弥补亏损。根据会计准则和有关法规的规定，小企业发生亏损，可用发生亏损后5年内实现的税前利润来弥补，当发生的亏损在5年内仍不足弥补的，应使用随后所实现的所得税税后利润弥补。通常，当小企业发生的亏损在所得税后利润仍不足弥补的，可用所提取的盈余公积来加以弥补。

（2）转增资本（股本）。当小企业提取的盈余公积累积比较多时，可将盈余公积转增资本（股本）。用盈余公积转增资本（股本）后，留存的盈余公积不得少于注册资本的 25%。

（二）未分配利润的形成及其用途

未分配利润是小企业实现的净利润经过弥补亏损、提取盈余公积和向投资者分配利润后留存在企业的、历年结存的利润。未分配利润通常用于留待以后年度向投资者进行分配。

二、留存收益的确认与计量

留存收益包括盈余公积和未分配利润。盈余公积一般设置"法定盈余公积"和"任意盈余公积"等明细科目核算。利润分配一般设置"提取法定盈余公积"、"提取任意盈余公积"、"应付现金股利或利润"、"盈余公积补亏"、"未分配利润"等明细科目核算。

（一）留存收益增加

（1）公司在按规定提取各项盈余公积时，应按照提取的各项盈余公积金额，借记"利润分配——提取法定盈余公积、提取任意盈余公积"科目，贷记"盈余公积——法定盈余公积、任意盈余公积"科目。

【例 9-7】

永宏铁路公司 20×1 年实现净利润总额 500 000 元，按规定以 10% 的比例提取法定盈余公积金、10% 的比例提取任意盈余公积。账务处理如下：

借：利润分配——提取法定盈余公积		50 000
——提取任意盈余公积		50 000
贷：盈余公积——法定盈余公积		50 000
——任意盈余公积		50 000

（2）期末，小企业应将会计期间内实现的所有收入和成本、费用、支出项目都归集到"本年利润"科目下，计算出净利润（或净亏损）之后，转入"利润分配——未分配利润"科目。然后对实现的净利润进行分配，分配后，"利润分配——未分配利润"科目的余额如在贷方，即为累积未分配利润；如在借方，即为累积未弥补亏损。

（二）留存收益使用或减少

1. 盈余公积弥补亏损

小企业用盈余公积弥补亏损时，借记"盈余公积"科目，贷记"利润分配——盈余公积补亏"科目。

【例9-8】

永宏南宁公司经批准，用以前年度提取的盈余公积弥补当期亏损，当期弥补亏损的数额为 500 000 元。作如下账务处理：

借：盈余公积 500 000
贷：利润分配——盈余公积补亏 500 000

2. 盈余公积转增资本（股本）

一般企业经批准用盈余公积转增资本时，按实际用于转增的盈余公积金额，借记"盈余公积"科目，贷记"实收资本"科目。

【例9-9】

永宏华阳公司将法定盈余公积 200 000 元用于转增资本。公司股权比例为：A 股东持股 40%，B 和 C 两股东各持股 30%。永宏华阳公司账务处理如下：

借：盈余公积——法定盈余公积 200 000
贷：实收资本——A 80 000
——B 60 000
——C 60 000

股份有限公司经股东大会决议，用盈余公积分配股票股利或转增资本，应当于实际分配股票股利或转增资本时，借记"盈余公积"科目，贷记"股本"科目。

3. 未分配利润弥补亏损的处理

（1）小企业如在当年发生亏损，应将本年发生的亏损自"本年利润"科目转入"利润分配——未分配利润"科目，借记"利润分配——未分配利润"科目，贷记"本年利润"科目。经结转后，小企业以前年度的未分配利润将减少，结转后"利润分配——未分配利润"科目如出现借方余额，即为未弥补亏损的数额。

（2）当小企业用当年实现的利润弥补以前年度亏损时，需将当年实现的利润自"本年利润"科目的借方转入"利润分配——未分配利润"科目的贷方，"利润分配——未分配利润"科目的贷方发生额与"利润分配——未分配利润"科目的借方余额自然抵补。所以，以当年实现的净利润弥补以前年度结转的未弥补亏损时，实际上并不需要进行账务处理。需要注意的是，用以后年度实现的税前利润对未弥补亏损进行弥补，税法规定的弥补期限不得超过 5 年，超过规定期限的应以税后利润弥补。

【例 9-10】

永宏宁夏公司 2×04 年发生亏损 2 000 000 元。在年度终了时，永宏宁夏公司应结转本年发生的亏损。账务处理如下：

借：利润分配——未分配利润　　　　　　　　　　　　　2 000 000
　　贷：本年利润　　　　　　　　　　　　　　　　　　　　2 000 000

假定 2×05—2×09 年，永宏宁夏公司每年均实现利润 400 000 元。不考虑其他因素，永宏宁夏公司 2×05—2×09 年均可用税前利润弥补亏损。这样，永宏宁夏公司在 2×05—2×09 年每年度终了时，账务处理如下：

借：本年利润　　　　　　　　　　　　　　　　　　　　400 000
　　贷：利润分配——未分配利润　　　　　　　　　　　　　400 000

4. 未分配利润分配股利或利润的处理

小企业分配给股东或投资者的现金股利或利润，借记"利润分配——应付现金股利或利润"科目，贷记"应付股利"或"应付利润"科目。

CHAPTER

10

第十章
工程施工成本

第一节　工程施工成本概述

一、工程施工成本的含义与分类

工程施工成本是指建筑施工企业以施工项目作为成本核算对象，在施工生产过程中所耗费的生产资料转移价值和劳动者的必要劳动所创造的价值的货币形式。也就是说，某施工项目在施工过程中所发生的全部生产费用的总和，包括所消耗的主辅材料，各种配件，周转材料的摊销费或租赁费，施工机械的台班费或租赁费，支付给生产工人的工资、奖金以及施工项目部为组织和管理工程施工所发生的全部费用支出。当然，工程施工成本一般不包括劳动者为社会所创造的价值（如税金和利润），也不应包括不构成施工项目价值的一切非生产性支出。

施工成本是建筑施工企业的主要产品成本，一般以施工项目的单位工程作为成本核算的对象，通过各单位工程成本核算的综合来反映施工项目成本。根据施工项目的特点、计算标准的不同和成本管理的要求，可将工程施工成本按以下几种标准进行分类。

（一）按成本计算的标准，可以分为预算成本、计划成本和实际成本

预算成本是根据施工图，按分部、分项工程的预算单价和取费标准计算的工程预算费用。它是控制工程成本支出、考核工程实际成本降低或超支的尺度。工程预算成本一般由直接费（人工费、材料费、施工机械使用费和其他直接费）和现场管理费组成。工程预算成本加间接费、计划利润和税金，即为工程项目的预算造价。在招标投标时，预算造价是建筑施工企业与发包单位签订

承包合同和进行工程价款结算的主要指标。

计划成本是根据上级下达的成本降低任务和本企业挖掘降低成本的潜力，预先确定的计划施工费用（材料费、人工费、施工机械使用费、其他直接费的计划成本）。它是以工程预算成本减去降低工程成本措施而获得的经济效益（即节约的费用），是工程成本分析和考核的重要依据之一。

实际成本是在施工过程中实际发生，并按一定的成本核算对象和成本项目归集的施工费用总和。它是反映建筑施工企业施工管理水平和考核企业成本降低任务完成情况的重要依据。

因此，预算成本反映施工项目的预计支出，实际成本则反映施工项目的实际支出，两者的差额为企业的工程成本降低额。工程预算成本与工程计划成本的差额为企业的工程成本计划降低额。

（二）按成本计算的范围，可以分为全部工程成本、单项工程成本、单位工程成本、分部工程成本和分项工程成本

全部工程成本是指建筑施工企业从事各种建筑安装工程施工所发生的全部施工费用，亦称总成本。建筑施工企业各内部独立核算单位，应定期汇集和计算各项工程成本，上报工程成本表，企业财务部门应根据内部独立核算单位的工程成本表进行汇总。企业汇总后的工程成本表中所反映的工程总成本，则为企业已实际发生的各项工程施工成本。

单项工程成本是指具有独立设计，建成后能独立发挥生产能力和效益的各项工程所发生的全部施工费用。如公路建设中某独立大桥的工程成本、某隧道工程成本以及沥青混凝土路面成本等。

单位工程成本是单位工程施工所发生的全部施工费用。单位工程是单项工程的组成部分。它是指单项工程内具有独立的施工图和独立施工条件的工程。例如，某隧道单项工程，可分为土建工程、照明和通气工程等单位工程；一条公路可分为路线工程、桥涵工程等单位工程。

分部工程成本是指分部工程施工所发生的全部施工费用。分部工程是单位工程的组成部分，一般按照单位工程的各个部位划分，如基础工程、桥梁上下部工程、路面工程、路基工程等。

分项工程成本是指分项工程施工所发生的全部施工费用。分项工程是分部工程的组成部分。按工程的不同结构、不同材料和不同施工方法等因素划分，如基础工程可分为围堰、挖基、砌筑基础、回填等分项工程。分项工程是建筑安装工程的基本构成因素，是组织施工及确定工程造价的基础。

实际工作中，建筑施工企业核算到哪一级成本，应根据工程管理的需要和成本核算的要求来确定。分项、分部、单位、单项工程成本分别从不同侧面反

映了建筑安装工程施工费用支出的情况，便于考核有关建筑施工企业的经济效果，为进行经济分析提供资料。

（三）按各项工程施工发生的实际成本，可以分为人工费、材料费、施工机械使用费、其他直接费用、间接费用等

人工费包括直接从事施工生产人员的各种薪酬费用；材料费包括用于施工生产的主要材料、构件、其他材料的费用和周转材料（如模板等）的摊销费用；施工机械使用费包括在施工中使用机械的台班费和租赁费；其他直接费包括有关的设计和技术援助费用、施工现场材料的二次搬运费、生产工具和用具使用费、检验试验费、工程定位复测费、工程点交费、场地清理费、临时设施摊销费、水电费等；间接费用是企业下属各施工单位为组织和管理施工生产活动所发生的费用，包括施工、生产单位管理人员工资、奖金、职工福利费、劳动保护费，固定资产折旧费及修理费，物料消耗，取暖费，办公费，差旅费，财产保险费，工程保修费，排污费等。

二、施工成本与费用

（一）施工成本与费用的关系

费用作为会计要素和会计报表构成要素的内容，是和收入相配比对应的。一般而言，费用是指企业为销售商品、提供劳务等日常活动所发生的经济利益的流出；而成本是指企业为生产产品、提供劳务而发生的各种耗费。施工成本就是指建筑施工企业在施工生产过程中发生的各种耗费。费用和成本是两个并列使用的概念，两者之间既有联系也有区别。费用是资产的耗费，有广义和狭义之分：广义的费用泛指企业各种日常活动发生的所有费用；狭义的费用仅指与本期营业收入相配比的那部分消耗。会计中的费用确认是对狭义费用的确认，即费用与一定的会计期间相联系，而与生产的产品品种无关。施工成本按照建造合同的成本计算对象对当期发生的费用进行归集而形成，是按一定对象归集的费用，是对象化了的费用，它仅与一定种类和数量的建筑施工产品相联系，而不论费用发生在哪一个会计期间。

（二）建筑施工企业费用的分类

建筑施工企业发生的费用按照经济用途的不同，划分为应计入施工成本的费用和不应计入施工成本的费用两大类。

1. 应计入施工成本的费用

对应计入施工成本的费用，可继续划分为直接费用和间接费用。

直接费用包括直接人工费、直接材料费、机械使用费、其他直接费用。

（1）直接人工费。指建筑施工企业在工程施工过程中，直接从事施工人员发生的工资、福利费以及按照施工人员工资总额和国家规定的比例计算提取的其他职工薪酬。

（2）直接材料费。指建筑施工企业在施工生产过程中所消耗的、直接构成工程实体的原料及主要材料、外购半成品、修理用备品备件以及有助于工程形成的辅助材料和其他材料。

（3）机械使用费。指建筑施工企业在工程施工过程中，利用施工机械和运输设备进行作业时所发生的各种支出。

（4）其他直接费用。是指建筑施工企业在施工过程中发生的，除人工费、材料费、机械使用费以外的其他各种直接费用。

间接费用是建筑施工企业所属的施工单位或生产单位为组织和管理施工生产活动所发生的费用。包括临时设施摊销费用，施工生产管理人员工资、奖金、职工福利费、劳动保护费，固定资产折旧费及修理费，物料消耗费，低值易耗品摊销，取暖费，水电费，办公费，差旅费，财产保险费，工程保修费，排污费等。

2. 不应计入施工成本的费用

对不应计入施工成本的费用，应继续划分为管理费用、财务费用和销售费用。

三、工程计价中建筑安装工程费用的组成

工程造价管理机构或工程预算职能部门在计算工程造价，编制工程预算、结算以及决算时，要按照《工程费用组成》的要求，对工程费用进行分类核算，并按分类项目计算工程预算成本。工程费用之和构成了工程总造价，是建设方和承建方进行结算的主要依据。这一计算口径与成本会计核算存在一定差异。

（一）建筑安装工程费用的组成

在工程计价过程中，建筑安装工程费用作为工程造价的一个组成部分，包括直接费、间接费、利润、税金四个组成部分。

1. 直接费

直接费由直接工程费和措施费组成。

直接工程费是指施工过程中耗费的构成工程实体的各项费用，包括人工费、材料费、施工机械使用费。人工费是指直接从事建筑安装工程施工的生产工人开支的各项费用，包括基本工资、工资性补贴、生产工人辅助工资、职工福利费、生产工人劳动保护费等。材料费是指施工过程中耗费的构成工程实体的原材料、辅助材料、构配件、零件、半成品的费用，包括材料原价（或供应

价格）、材料运杂费、运输损耗费、采购及保管费、检验试验费等。施工机械使用费是指施工机械作业所发生的机械使用费以及机械安拆费和场外运费。施工机械台班单价应由下列七项费用组成：折旧费、大修理费、经常修理费、安拆费及场外运费、人工费、燃料动力费、养路费及车船税等。

措施费是指为完成工程项目施工，发生于该工程施工前和施工过程中非工程实体项目的费用。包括：环境保护费、文明施工费、安全施工费、临时设施费、夜间施工费、二次搬运费、大型机械设备进出场及安拆费、模板及支架费、脚手架费、已完工程及设备保护费、施工排水降水费等。

2. 间接费

间接费由规费、企业管理费组成。

规费是指政府和有关权力部门规定必须缴纳的费用。包括：工程排污费、工程定额测定费、社会保障费、住房公积金、危险作业意外伤害保险等。

企业管理费是指建筑安装企业组织施工生产和经营管理所需费用。包括：管理人员工资、办公费、差旅交通费、固定资产使用费、工具用具使用费、劳动保险费、工会经费、职工教育经费、财产保险费、财务费用、税金（如房产税、车船税、土地使用税、印花税等）等。

3. 利润

利润是指建筑施工企业完成所承包工程获得的盈利。

4. 税金

税金是指国家税法规定的应计入建筑安装工程造价内的营业税、城市维护建设税和教育费附加等。

（二）与建筑施工企业会计核算口径的区别

在建筑施工企业会计中，成本项目一般包括人工费、材料费、机械费、其他直接费用和间接费用。但在《工程费用组成》里，没有其他直接费用项目，而是将原成本会计中的其他直接费用、临时设施费以及原直接费用中的非实体消耗费用合并为措施费。预算项目和会计科目在名目、内容上均存在差别。

会计上将检验试验费计入其他直接费用核算。但《工程费用组成》规定，检验试验费计入材料费核算。检验试验费在预算成本和实际成本中按不同的口径进行归集核算。

《工程费用组成》还规定，非实体消耗性费用均计入措施费项目核算。但建筑施工企业会计在周转材料结转方面，一般按会计准则要求把周转材料费作为材料费用核算，与预算成本的归集渠道不一致。

第二节　工程施工成本

一、施工成本核算的对象

施工成本核算的对象是指在施工成本核算中确定的对各项支出进行归集的标的。大多数建筑施工企业的工程项目复杂、建筑种类多样，如果成本核算过粗，无法反映各项具体工程的实际成本，不利于考核和控制成本的支出；反之，如果成本核算对象划分过细，则会大大增加核算的工作量，不利于成本核算资料及时、准确地提供。因此，合理确定工程核算成本，是正确组织施工成本核算的重要条件之一。

施工成本核算对象一般应根据建造合同的内容、施工生产的特点、费用支出的构成及经营管理的要求来确定，同时要与预算等管理所需资料相一致。施工成本的核算一般应以具有独立施工图预算的单位工程为对象，具体实务中，可根据实际情况分别处理。

（1）建造合同仅仅包括一项工程，且该工程工序简单，应当将整个合同作为一个成本核算对象，不宜再继续划分。例如，一项仅包括土方开挖工程的建造合同，一段路基工程合同等。

（2）建造合同仅仅包括一项工程，且该工程工序比较复杂，可按照主要工序设置成本核算对象。例如，仅包括一条隧道的建造合同，可以设置开挖和支护两个成本核算对象。

（3）建造合同包括多个单项工程，每个单项工程均有独立的施工预算，则应当按照每个单项工程设置成本核算对象。例如，某建筑合同为承建高速公路H1标段，其实物工程包括一条隧道、一座大桥和5公里的路基，则应当分别按照隧道、大桥、路基设置成本核算对象。

（4）同一合同包括结构类型相同、开竣工时间相近的若干单位工程，可根据需要合并为一个成本核算对象。例如，某建造合同包括5公里的路基和3座小桥，则可按路基和小桥设置两个成本核算对象。

（5）实行工程承包的单位，可将承包单位所承包范围内的工程作为一个成本核算对象。

成本核算对象一经确定，不得随意变更，并应及时通知与成本核算、成本管理有关的各业务部门，以便统一成本核算口径。小企业所有反映与成本费用有关的原始资料，都应按确定的成本核算对象填写清楚，以保证成本核算的准确性。

二、工程施工成本的核算程序

工程施工成本的核算程序是指建筑施工企业根据成本核算体制和成本核算职责，在组织建造合同工程实际成本核算时所应遵循的步骤和次序。

在建筑施工企业组织施工生产过程中，为了及时归集、准确计算和反映各种生产费用的发生、分配情况，应设置"工程施工"、"辅助生产"、"机械作业"等科目进行成本核算。

"工程施工"科目用以核算小企业进行工程施工时所发生的各项费用支出。其借方登记施工过程中发生的应计入施工成本的各种费用的累计发生额，贷方登记应结转的合同成本，期末借方余额反映小企业尚未完工的建造合同成本。该科目应按成本核算对象设置明细账，并设置"合同成本"、"间接费用"明细科目。"合同成本"项目下可以再设置"直接人工费"、"直接材料费"、"机械使用费"、"其他直接费用"、"间接费用"等明细科目进行明细核算。进行成本核算时，对于施工生产过程中发生的各项费用，应按照费用的用途和发生地点进行归集，凡能分清成本核算对象的，应直接计入各核算对象的成本；不能分清成本核算对象或需要单独考核的费用，则应当按照发生地点进行归集，期末按照一定的分配方法计入有关成本核算对象。为管理工程发生的各项间接费用，先在"工程施工——间接费用"科目核算，期末再按照一定标准分配计入各有关成本对象。

"辅助生产"科目用来核算小企业及其内部独立核算的单位（如施工项目部）所属非独立核算的辅助生产部门为工程施工、产品生产、机械作业、专项工程等生产材料和提供劳务（如设备维修，构件现场制作，铁木件加工，固定资产清理，供应水、电、风、气，施工机械的安装、拆卸和辅助设施的搭建工程等）所发生的各项费用。其借方登记实际发生的各项辅助生产费用；贷方登记按受益对象分配结转的辅助生产费用；期末借方余额反映辅助生产部门在产品和未结算劳务的实际成本。本科目应按车间、单位或部门和成本核算对象（如生产的材料和提供劳务的类别等）设置明细账，并按规定的成本项目分设专栏，进行明细分类核算。小企业下属的生产车间、单位或部门，如机修车间、木工车间、混凝土车间、混凝土搅拌站、运输队等，如果实行内部独立核算，所发生的生产费用应作为工业性生产项目，也可以设置"生产成本"或"机械作业"科目进行核算，不使用本科目。在施工项目部所设的辅助生产部门或单位，一般应通过"辅助生产"科目来核算相关辅助生产或劳务的成本。

"机械作业"科目用来核算小企业及其内部独立核算的施工单位（如施

工项目部）、机械站和运输队使用自有施工机械和运输设备进行机械作业（包括机械化施工和运输作业以及机械出租业务等）所发生的各项费用。其借方登记机械作业过程中实际发生的各项费用；贷方登记按受益对象分配结转的机械作业成本；期末一般无余额。小企业及其内部独立核算的施工单位，从外单位或本企业其他内部独立核算的机械站租入施工机械，按照规定的台班费定额支付的机械租赁费，应直接在"工程施工"科目核算，不通过本科目核算。

根据上述工程实际成本核算的步骤以及有关会计科目的核算内容和方法，可将工程成本的总分类核算程序概述如下（见图 10-1）：

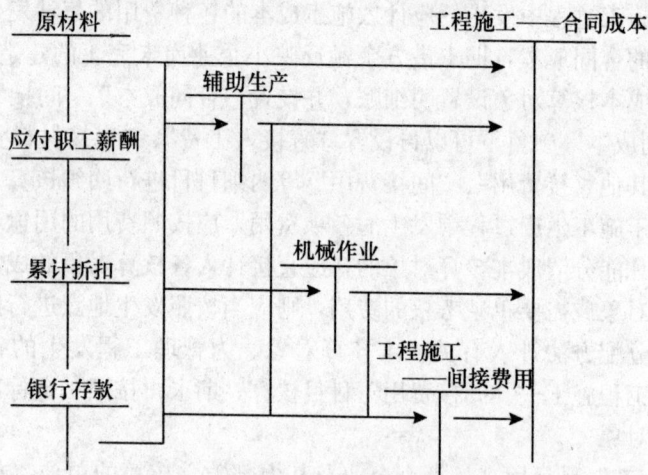

图 10-1 建造合同成本核算程序图

（1）将本期发生的生产经营费用按照用途和合同归集到各有关成本或费用科目；

（2）期末，按"辅助生产"科目所属明细科目分别编制费用分配表，按照受益对象的受益程度分配记入"工程施工"、"机械作业"等成本科目；

（3）期末，编制机械费用分配表，将归集在"机械作业"科目中的机械使用费按照成本对象的受益程度进行分配，记入"工程施工"科目；

（4）编制间接费用分配表，将归集在"工程施工——间接费用"科目中的间接费用按照一定的标准分配计入有关施工成本，即"工程施工——合同成本"科目；

（5）根据合同是否能够可靠估计，分别不同方法确认合同收入和合同费用。

三、工程施工成本的核算

(一) 人工费的核算

工程项目施工过程中发生的人工费，应根据服务对象分别在"工程施工"、"机械作业"、"辅助生产"等科目中归集。属于直接进行工程施工的生产人员的人工费，应单独记入"工程施工"和所属施工成本明细账的借方（"直接人工费"成本项目）；直接进行辅助生产的，应记入"辅助生产"科目和所属明细账的借方（"人工费"成本项目）；以自有机械进行施工并独立核算的，应单独记入"机械作业"科目和所属成本明细账的借方（"人工费"成本项目）；工程项目管理人员的工资薪酬，应记入"工程施工——间接费用"科目和所属明细账的借方（"人工费"成本项目）。同时，记入"应付职工薪酬"科目的贷方。

【例 10-1】

永宏建筑公司承建云南玉溪至元江高速公路第 6 标段，合同总造价 120 000 000 元，包括一条 1 500 米长隧道，一座 800 延米特大桥和 4 公里的路基。该公司设西南项目部组织管理施工生产，并成立了一个隧道队、一个大桥队、一个路基队进行施工，另外成立了一个碎石开采场、一个机械维修队作为辅助生产部门。

2×09 年 1 月，发生职工薪酬费用 1 000 000 元，其中隧道队 300 000 元、大桥队 120 000 元、路基队 200 000 元、碎石开采场发生工资 180 000 元、机械维修队 200 000 元。账务处理如下：

```
借：工程施工——合同成本（隧道，直接人工费）        300 000
              ——合同成本（大桥，直接人工费）        120 000
              ——合同成本（路基，直接人工费）        200 000
    辅助生产——采石场（人工费）                     180 000
              ——机修队（人工费）                     200 000
    贷：应付职工薪酬                                       1 000 000
```

(二) 材料费的核算

工程施工过程中发生的直接用于形成工程实体的原材料费用，应在"工程施工——合同成本"科目中专门设置"直接材料费"成本项目进行核算。原料和主要材料一般按成本对象领用，应根据领退料凭证直接记入某单项施工成本的"直接材料费"项目。

直接用于工程施工、专设成本项目的各种原材料费用，应借记"工程施工"科目及其所属各成本明细账的"直接材料费"成本项目。

所属辅助生产单位发生的直接用于辅助生产、专设成本项目的各种原材料费用的分配方法与上述施工生产所耗用的原材料费用分配方法相同，应记入"辅助生产——燃料及动力"科目或"辅助生产——物料消耗"科目的借方。

所属自有机械进行施工发生的各种燃料及配件等材料的消耗，属于独立建账进行内部独立核算的，应记入"机械作业"科目及其所属"燃料及动力"、"折旧及修理"等成本明细账。

施工生产中发生的直接用于生产但没有专设成本项目的各种原材料费用以及用于组织和管理生产活动的各种原材料费用，一般借记"工程施工——间接费用"科目及其明细账的相关费用项目。

建筑施工企业应根据发出原材料的费用总额，贷记"原材料"科目。

【例 10-2】

2×09 年 3 月，永宏建筑公司某项目部仓库发出水泥 4 000 吨，单价每吨 200 元，其中隧道工程使用 3 000 吨、大桥工程使用 1 000 吨；发出钢材 300 吨，单价每吨 3 000 元，隧道工程使用 200 吨、大桥工程使用 100 吨；采石场领用炸药 1.5 吨，每吨 4 000 元。账务处理如下：

借：工程施工——合同成本（隧道，直接材料费）　　　1 200 000
　　　　　　　——合同成本（大桥，直接材料费）　　　500 000
　　辅助生产——采石场（物料消耗）　　　　　　　　　6 000
　　贷：原材料　　　　　　　　　　　　　　　　　　1 706 000

按计划成本法核算的单位，还应当按月分摊材料成本差异。

【例 10-3】

永宏福州公司第一项目部材料部门月末将领料单等等各种领料凭证进行汇总，编制材料费分配表，如表 10-1 所示。

表 10-1　　　　　　　　　　材料费分配表　　　　　　　　单位：元

材料类别	成本核算对象	甲合同项目	乙合同项目	合　计
钢材	计划成本	60 000	40 000	100 000
	成本差异（2%）	1 200	800	2 000
木材	计划成本	45 000	32 000	77 000
	成本差异（1%）	450	320	770
结构件	计划成本	50 000	60 000	110 000
	成本差异（1%）	500	600	1 100

续表

成本核算对象 材料类别		甲合同项目	乙合同项目	合　计
其他材料	计划成本	3 300	3 500	6 800
	成本差异（－1%）	－33	－35	－68
小计	计划成本	158 300	135 500	293 800
	成本差异	2 117	1 685	3 802
周转材料摊销	计划成本	2 600	1 800	4 400
	成本差异（－1%）	－26	－18	－44
合　计		162 991	138 967	301 958

企业账务处理如下：

借：工程施工——合同成本（甲工程，材料费）　　　162 991

　　　　——合同成本（乙工程，材料费）　　　138 967

贷：原材料——主要材料——钢材　　　　　　　　　100 000

　　　　　　　——木材　　　　　　　　　　　　　77 000

　　　　　　　——结构件　　　　　　　　　　　110 000

　　　　　　　——其他材料　　　　　　　　　　　6 800

周转材料——周转材料摊销　　　　　　　　　　4 400

材料成本差异——主要材料　　　　　　　　　　3 802

　　　　　　　——周转材料　　　　　　　　　　　－44

（三）机械使用费的核算

机械使用费除外租设备进行施工可直接记入"工程施工——合同成本（机械使用费）"科目外，应当设置"机械作业"科目单独进行归集，期末按照一定的方法进行分摊，记入"工程施工"科目。

建筑施工企业及其所属内部独立核算的单位以自有机械直接进行机械施工的，应当设置"机械作业"科目，并设置"人工费"、"燃料及动力"、"折旧及修理费"、"其他直接费用"、"间接费用"等相关明细科目进行明细核算。发生费用时，借记"机械作业"科目及其明细科目，贷记"原材料"、"应付职工薪酬"、"累计折旧"、"库存现金"等科目。

【例 10-4】

5月末，永宏建筑公司屏南项目部以转账支票支付租用市机械化施工公司推土机和挖掘机的租赁费 20 000 元，根据甲、乙两项工程使用情况，编制机械租赁费分配表，如表 10-2 所示。

表 10-2
机械租赁费分配表
20×9年5月

| 受益对象 | 推土机 | | 挖掘机 | | 合　计 |
| | 台班单价：1 000 元 | | 台班单价：2 000 元 | | （元） |
	（台班）	（元）	（台班）	（元）	
甲工程	6	6 000	3	6 000	12 000
乙工程	4	4 000	2	4 000	8 000
合　计	10	10 000	5	10 000	20 000

企业账务处理如下：

借：工程施工——甲工程——合同成本（机械使用费）　　12 000
　　　　　　　——乙工程——合同成本（机械使用费）　　 8 000
　　贷：银行存款　　　　　　　　　　　　　　　　　　　20 000

（四）其他直接费用的核算

其他直接费用是指小企业在施工过程中发生的，除人工费、材料费、机械使用费以外的其他各种直接费用。主要包括：工地材料二次搬运费、检验试验费、生产工具用具使用费、设计和技术援助费、工程定位复测费、工程点交费、场地清理费等。其他直接费用发生时，借记"工程施工——合同成本（其他直接费用）"，贷记有关科目。

【例 10-5】

20×9年5月，永宏建筑公司福安隧道项目部因隧道施工场地狭窄，水泥需要二次搬运，发生搬运费 5 000 元；为混凝土试件发生试验费 2 000 元，领用生产工具 3 000 元。账务处理如下：

借：工程施工——合同成本（隧道工程，其他直接费）　　10 000
　　贷：应付职工薪酬　　　　　　　　　　　　　　　　　 5 000
　　　　库存现金　　　　　　　　　　　　　　　　　　　 2 000
　　　　周转材料　　　　　　　　　　　　　　　　　　　 3 000

（五）间接费用的核算

间接费用是指为完成合同所发生的、不易直接归属于合同成本核算对象而应分配计入有关合同成本核算对象的各项费用支出，是小企业下属的施工单位（比如施工项目部）为组织和管理施工生产活动所发生的费用。间接费用包括临时设施摊销费用、施工生产单位管理人员的职工薪酬、劳动保护费、固定资产折旧及修理费、物料消耗、低值易耗品摊销、取暖费、办公费、差旅费、财产保险费、工程保修费、排污费等内容。

1. 间接费用的账务处理

间接费用是施工单位为组织和管理施工生产活动所发生的共同性费用。间接费用，一般难以分清具体的受益对象，因此，在费用发生时，应先通过"工程施工——间接费用"科目进行归集，成本计算期期末再采用系统、合理的方法分配计入各项工程成本。工程施工过程中，发生间接费用支出时，借记"工程施工——间接费用"科目，贷记有关科目。

【例 10-6】

2×09 年 8 月，永宏建筑公司渭水项目部发放管理人员工资 50 000 元，奖金 20 000 元；管理用固定资产折旧费 100 000 元；支付办公费 5 000 元，差旅费 8 000 元；临时设施摊销 20 000 元；向环保局支付排污费 3 000 元。上述业务的账务处理如下：

借：工程施工——间接费用——管理人员工资	70 000
——折旧及修理费	100 000
——办公费	5 000
——差旅费	8 000
——临时设施摊销	20 000
——环境治理费	3 000
贷：应付职工薪酬	70 000
累计折旧	100 000
库存现金	13 000
临时设施摊销	20 000
银行存款	3 000

2. 间接费用的分配

在建造合同只设一个成本核算对象的情况下，间接费用可直接计入该合同的成本。在建造合同分多个工程进行成本核算的情况下，间接费用应按系统、合理的分配方法计入各成本核算对象的成本。分配间接费用的方法通常有人工费比例分配法、直接费用比例分配法、按年度计划分配率分配法等。

（1）人工费比例分配法。该方法是以合同实际发生的人工费为基数，对工程核算对象的间接费用进行分配。由于工资费用分配表中有现成的生产工人工资资料，因而采用此分配方法，核算工作很简便。这种方法适用于人工费占成本比例大、材料消耗小、机械化施工程度低的工程项目，如安装工程、挡墙砌筑工程等。若在机械化程度高的工程中使用此种方法，由于工资费用少，负担的间接费用也少，会影响分配的合理性。

某项工程应负担的间接费用＝该项工程实际发生的人工费×间接费用分配率

间接费用分配率＝当期发生的全部间接费用÷$\sum$当期各项工程发生的人工费

【例 10-7】

永宏建筑公司华东项目部担负某项设备安装工程施工，安装任务包括中央空调、炼油设备和过滤设备三项。2×09 年第二季度共计发生间接费用600 000 元。该季度安装工程发生的人工费为：中央空调 200 000 元、炼油设备 1 000 000 元、过滤设备 800 000 元。编制间接费用分配表，如表 10-3 所示。

表 10-3　　　　　　　　　　间接费用分配表
编制单位：华东项目部　　　　　　2×09 年 2 季度　　　　　　　　单位：元

项　目	人工费成本	分配率	分配额
中央空调	200 000	0.3	60 000
炼油设备	1 000 000	0.3	300 000
过滤设备	800 000	0.3	240 000
合　计	2 000 000	0.3	600 000

间接费用分配率＝600 000÷(200 000＋1 000 000＋800 000)＝0.3

借：工程施工——合同成本（中央空调安装，间接费用）　　　60 000

　　　　　　——合同成本（炼油设备安装，间接费用）　　　300 000

　　　　　　——合同成本（过滤设备安装，间接费用）　　　240 000

　　贷：工程施工——间接费用　　　　　　　　　　　　　　600 000

（2）直接费用比例分配法。该方法是按照计入各项施工成本的直接费用比例分配间接费用，即按照各成本核算对象的直接成本费用比例对间接费用进行分配。此种方法适用于建筑工程的核算。

某项工程应负担的间接费用＝该项工程实际发生的直接费用×间接费用分配率

间接费用分配率＝当期发生的全部间接费用÷$\sum$当期各项工程发生的直接费用

【例 10-8】

永宏顺义建筑公司第一分公司同时进行甲、乙两个土建工程的施工，本月

"施工间接费用"账户归集的间接费用为 13 582 元，本月甲工程发生的直接费用为 241 926 元，乙工程发生的直接费用为 160 720.25 元。各工程应负担的间接费用计算如下：

间接费用分配率＝13 582÷(241 926＋160 720.25)＝3.37%

甲工程应负担的间接费＝241 926×3.37%＝8 152.91(元)

乙工程应负担的间接费＝13 582－8 152.91＝5 429.09(元)

该公司编制间接费用分配表如表 10-4 所示，作为分配间接费用的核算依据。

表 10-4   间接费用分配表   单位：元

受益对象	分配标准	分配率	分配金额
甲工程	241 926.00	3.37%	8 152.91
乙工程	160 720.25		5 429.09
合　计	402 646.25		13 582.00

账务处理如下：

借：工程施工——合同成本（甲工程，间接费用）　　　8 152.91

　　　　　　——合同成本（乙工程，间接费用）　　　5 429.09

　　贷：工程施工——间接费用　　　　　　　　　　　　　　13 582

(3) 按年度计划分配率分配法。该方法是按照年度开始前确定的全年度适用的计划分配率分配间接费用。假定以合同收入作为分配标准，其分配计算的公式为：

$$\frac{\text{年度计划}}{\text{分配率}}=\frac{\text{年度间接费用计划总额}}{\text{年度各工程计划合同收入总额}}\times100\%$$

$$\frac{\text{某项工程负担的}}{\text{间接费用}}=\frac{\text{该种工程实际完成}}{\text{合同收入额}}\times\frac{\text{年度计划}}{\text{分配率}}$$

"间接费用"科目如有年末余额，即全年间接费用的实际发生额与计划分配额的差额，一般应在年末调整合同成本。如实际发生额大于计划分配额，用蓝字补加，相反则用红字冲减。

此外，小企业还可采用其他合理的方法来分配间接费用。具体选用哪种分配方法，由企业自行决定。

第三节　辅助生产

建筑施工企业的辅助生产是指为施工生产服务而进行的产品生产、劳务供应。其中，有的只生产一种产品或提供一种劳务，如供电、供水、供气、供风等辅助生产；有的则生产多种产品或提供多种劳务，如从事机器设备修理等辅助生产。有时，辅助生产提供的产品和劳务也对外销售，但这不是辅助生产的主要任务。

一、辅助生产费用的归集

辅助生产部门所发生的各项生产费用，应按成本核算对象和成本项目进行归集。成本核算对象一般可按生产材料（或产品）和提供劳务的类别确定。成本项目一般可以分为人工费、材料费、其他直接费用和间接费用。其中，间接费用是指为组织和管理辅助生产所发生的费用。为了归集各个辅助生产部门所发生的生产费用，建筑施工企业应在"辅助生产"科目下，按车间、单位或部门和确定的成本核算对象设置辅助生产明细账，分别登记本期发生的辅助生产费用。辅助生产明细账的借方，应根据费用分配表等有关凭证登记，同时，还应按辅助生产费用应归属的成本项目，登记在明细科目借方发生额的有关栏内；辅助生产明细账的贷方，应根据辅助生产费用分配表等有关凭证，登记分配结转的辅助生产费用。发生的辅助生产费用支出，应借记"辅助生产"科目，贷记"应付职工薪酬"、"原材料"、"银行存款"等有关科目。

【例 10-9】

永宏南昌公司某施工项目部有混凝土搅拌站和发电站两个辅助生产部门。本月份发生下列生产费用：混凝土搅拌站本月领用燃料 2 000 元，领用水泥等材料 80 000 元，发电站本月领用燃料 3 000 元；分配本月职工薪酬 10 000 元，其中，混凝土搅拌站 4 000 元、发电站 6 000 元；混凝土搅拌站本月领用机械配件 560 元，发电站本月领用机械配件 840 元；计提本月固定资产折旧 2 500 元，其中，混凝土搅拌站负担 1 000 元、发电站负担 1 500 元；以银行存款支付其他费用 2 600 元，其中，混凝土搅拌站负担 1 040 元、发电站负担 1 560 元。账务处理如下：

　　　　借：辅助生产——混凝土搅拌站　　　　　　　　　　　　　　88 600
　　　　　　　　　　——发电站　　　　　　　　　　　　　　　　　12 900

贷：原材料——燃料   5 000

    ——主要材料   80 000

    ——机械配件   1 400

  应付职工薪酬   10 000

  累计折旧   2 500

  银行存款   2 600

根据上述账务处理，登记辅助生产明细账，如表10-5和表10-6所示。

表 10-5　　　　　　　　　　**辅助生产多栏式明细账**

单位：混凝土搅拌站　　　　　　　　　　　　　　产品或劳务数量：400
成本核算对象：混凝土　　　　　　　　　　　　　　计量单位：立方米

| 2×09年 | | 凭证号 | 摘要 | 借方 | 贷方 | 余额 | 明细科目发生额 | | | |
月	日						人工费	材料费	其他直接费	间接费用
略	略	略	领用材料	82 000		82 000		82 000		
			职工薪酬费用	4 000		86 000	4 000			
			领用机械配件	560		86 560			560	
			计提折旧	1 000		87 560				1 000
			支付其他费用	1 040		88 600			1 040	
			结转成本		88 600					
			合　计	88 600		0	4 000	82 560	1 040	1 000

表 10-6　　　　　　　　　　**辅助生产多栏式明细账**

单位：发电站　　　　　　　　　　　　　　　　　产品或劳务数量：25 800
成本核算对象：电力　　　　　　　　　　　　　　计量单位：千瓦时

| 2×09年 | | 凭证 | | 摘要 | 借方 | 贷方 | 余额 | 明细科目发生额 | | | |
月	日	种类	编号					人工费	材料费	其他直接费	间接费用
略	略	略	略	领用材料	3 000		3 000		3 000		
				职工薪酬费用	6 000		9 000	6 000			
				领用机械配件	840		9 840			840	
				计提折旧	1 500		11 340				1 500
				支付其他费用	1 560		12 900			1 560	
				结转成本		12 900					
				合　计	12 900		0	6 000	3 840	1 560	1 500

二、辅助生产费用的分配

归集在"辅助生产"科目及其明细账借方的辅助生产费用，由于辅助生产部门所生产的材料（或产品）和劳务的种类不同，其分配、转出的程序也有所不同。

（一）形成材料物资的辅助生产成本转出

辅助生产部门生产完成验收入库的各种自制材料、结构件等，应按实际成本借记"原材料"、"周转材料"等科目，按实际成本贷记"辅助生产"科目。当施工单位或其他有关部门领用这些材料、结构件时，再从"原材料"、"周转材料"等科目的贷方转入"工程施工"等有关科目的借方。

【例 10-10】

承例 10-9，混凝土搅拌站生产完成的混凝土在期末结转记入"原材料"科目。账务处理为：

借：原材料——主要材料（混凝土）　　　　　　　　　88 600

贷：辅助生产——混凝土搅拌站　　　　　　　　　　88 600

（二）形成劳务的辅助生产成本转出

辅助生产部门提供水、电、风、气、设备维修和施工机械的安装、拆卸等劳务所发生的辅助生产费用，一般应于月末根据辅助生产明细账的记录，编制辅助生产费用分配表，采用适当的方法在各受益对象之间进行分配。其中，对外单位提供的部分，应借记"其他业务成本"科目，贷记"辅助生产"科目；对本单位工程施工、机械作业等提供的部分，应借记"工程施工"、"机械作业"等科目，贷记"辅助生产"科目。

【例 10-11】

承例 10-9，发电站发生的成本合计为 12 900 元，提供 25 800 千瓦时电，其中工程施工现场耗用 22 000 千瓦时，机械作业耗用 2 000 千瓦时，施工管理耗用 1 800 千瓦时。发电劳务成本分配结果如表 10-7 所示。

表 10-7　　　　　　　辅助生产部门对外提供劳务费用分配表

部门	劳务量	计量单位	应分配生产费用	单价	受益对象					
					工程施工		机械作业		项目管理	
					数量	金额	数量	金额	数量	金额
发电	25 800	千瓦时	12 900	0.5	22 000	11 000	2 000	1 000	1 800	900

辅助生产成本分配账务处理为：

借：工程施工——合同成本　　　　　　　　　　　11 000

　　　　　——间接费用　　　　　　　　　　　　900

机械作业   1 000

　　贷：辅助生产——发电站   12 900

◇◆

（三）辅助生产部门之间的相互分配

如果在一个建筑施工企业内部有若干个辅助生产部门之间相互提供劳务、作业时，为了正确地计算辅助生产的成本，还需要在各辅助生产部门之间进行辅助生产费用的交互分配。在实际工作中，建筑施工企业涉及的辅助生产费用可以采用直接分配法和一次交互分配法。

1. 直接分配法

采用这种方法分配辅助生产费用，不考虑各辅助生产单位之间相互提供劳务（或产品）的情况，而是将各辅助生产费用直接分配给辅助生产以外的各受益单位。

【例 10-12】

永宏建筑公司华东项目部承担赣龙铁路 H 标段的施工，为便于工程管理，项目部设一个运输队和一个机械修理队进行辅助施工任务。2×09 年 6 月，运输队共计发生成本费用 120 000 元，其提供服务为：路基施工队 100 000 吨公里，隧道施工队 120 000 吨公里，机械修理队 10 000 吨公里，项目经理部 20 000 吨公里；机械修理队发生费用 80 000 元，其提供服务为：路基施工队 2 500 工时，隧道施工队 2 000 工时，运输队 3 000 工时，项目经理部 500 工时。

机械修理队和运输队相互提供劳务不进行分摊，只对内部基本施工队伍和管理部门进行费用分摊，修理费用按修理工时比例分配，运输费用按运输吨公里比例进行分配。2×09 年 6 月，有关辅助生产费用的资料如表 10-8 所示。

表 10-8　　　　　　　　　　　　　　辅助费用分配表
编制单位：华东项目部　　　　　　　2×09 年 6 月　　　　　　　　金额单位：元

项　目		运输队	机械修理队	路基施工队	隧道施工队	项目经理部	合计
运输队	工作量		10 000	100 000	120 000	20 000	250 000
	分摊率						0.50
	分摊金额			50 000	60 000	10 000	120 000
机械修理队	工作量	3 000		2 500	2 000	500	8 000
	分摊率						16
	分摊金额			40 000	32 000	8 000	80 000
费用合计				90 000	92 000	18 000	200 000

(1) 对外供应劳务数量：

　　　　运输车间＝250 000－10 000＝240 000(吨公里)

　　　　机修车间＝8 000－3 000＝5 000(工时)

(2) 费用分配率（单位成本）：

　　　　运输车间＝120 000÷240 000＝0.50(元/吨公里)

　　　　机修车间＝80 000÷5 000＝16(元/工时)

(3) 账务处理：

　　借：工程施工——合同成本（路基工程，机械使用费）　　　 90 000

　　　　　　——合同成本（隧道工程，机械使用费）　　　 92 000

　　　　　　——间接费用——折旧及修理　　　 8 000

　　　　　　——间接费用——其他费用　　　 10 000

　　　贷：辅助生产——运输队　　　 120 000

　　　　　　——机修队　　　 80 000

2. 一次交互分配法

采用此方法分配辅助生产费用，先根据各辅助生产内部相互供应的数量和交互分配前的费用分配率，进行一次交互分配；然后再将各辅助生产车间交互分配后的实际费用（即交互分配前的费用加上交互分配转入的费用，减去交互分配转出的费用）按对外劳务的数量，在辅助生产以外的各受益单位之间进行分配。

【例 10-13】

承例 10-12，运输队与机修队的费用先进行相互分配（见表 10-9），得到运输队与机修队对外分配的费用：

　　　　运输队的费用＝120 000－4 800＋30 000＝145 200(元)

　　　　机修队的费用＝80 000－30 000＋4 800＝54 800(元)

表 10-9　　　　　　　　　　　辅助费用分配表

编制单位：华东项目部　　　　　2×09 年 6 月　　　　　金额单位：元

分配方向	交互分配			对外分配		
辅助生产部门	运输队	机修队	合计	运输队	机修队	合计
待分配费用	120 000	80 000	200 000	145 200	54 800	200 000
工作或劳务数量	250 000	8 000	—	240 000	5 000	—
单位成本（分配率）	0.48	10	—	0.605	10.96	—

续表

辅助单位	运输队	耗用数量		10 000			
		分配金额		4 800			
	机修队	耗用数量	3 000				
		分配金额	30 000				
	金额小计		30 000	4 800			
基本单位	路基队	耗用数量			100 000	2 500	
		分配金额			60 500	27 400	87 900
	隧道队	耗用数量			120 000	2 000	
		分配金额			72 600	21 920	94 520
	金额小计				133 100	49 320	182 420
项目经理部		耗用数量			20 000	500	
		分配金额			12 100	5 480	17 580

（1）交互分配。

借：辅助生产——运输队（折旧及修理） 　　　30 000

　　　　　——机修队（其他费用） 　　　4 800

　　贷：辅助生产——运输队 　　　4 800

　　　　　——机修队 　　　30 000

（2）对外分配。

借：工程施工——合同成本（路基工程，机械使用费） 　　　87 900

　　　　　——合同成本（隧道工程，机械使用费） 　　　94 520

　　　　　——间接费用——折旧及修理 　　　5 480

　　　　　——间接费用——其他费用 　　　12 100

　　贷：辅助生产——运输队 　　　145 200

　　　　　——机修队 　　　54 800

第四节　机械作业

　　建筑施工企业在施工生产过程中使用的施工机械，既有自有的施工机械，又有租入的施工机械，两者的核算方法有所不同。建筑施工企业及其内部独立核算的施工单位（如施工项目部）、机械站和运输队使用自有施工机械和运输设备进行机械作业时，应设置"机械作业"科目进行核算，该账户用以核算使用自有施工机械和运输设备进行施工生产（包括机械化施工和运输作业等）所发生的各项费用。该科目借方登记实际发生的各项机械使用费，贷方登记月末转入有关账户应由成本负担或构成特定支出的机械作业成本。该科目应按照"人工费"、"燃料及动力费"、"折旧及修理费"、"其他直接费用"和"间接费用"五个成本项目进行明细核算。

建筑施工企业所属各施工单位从外单位或本企业其他内部独立核算的机械站租入施工机械所支付的租赁费，一般可以根据机械租赁费结算账单所列金额，直接记入有关工程成本核算对象的"机械使用费"成本项目。如果发生的施工机械租赁费应由两个或两个以上工程成本核算对象共同负担的，则应根据所支付的租赁费总额和各工程成本核算对象实际使用的台班数，分配计入有关的工程成本核算对象。

一、机械作业成本的归集

建筑施工企业使用自有施工机械或运输设备进行机械作业所发生的各项费用，主要包括下列各项内容：（1）人工费，即驾驶和操作施工机械人员的工资、奖金、职工福利费、工资性质的津贴和劳动保护费等；（2）燃料及动力费，即施工机械或运输设备运转所耗用的液体燃料、固体燃料和电力等费用；（3）折旧及修理费，即按规定对施工机械、运输设备计提的固定资产折旧，实际发生的修理费用，以及替换工具和部件（如轮胎、钢丝绳等）的摊销费和维修费等；（4）其他直接费用，即施工机械、运输设备所耗用的润滑和擦拭材料费用以及预算定额所规定的其他费用，如养路费、过渡费、过闸费以及施工机械的搬运、安装、拆卸和辅助设施费等；（5）间接费用，即建筑施工企业所属内部独立核算的机械站和运输队等为组织和管理机械施工或运输作业所发生的各项费用，包括管理人员的工资、奖金、职工福利费、工资性质的津贴，劳动保护费，办公费以及管理用固定资产的折旧费、修理费等。

值得注意的是，建筑施工企业所属内部独立核算的机械站和运输队，应根据上述成本项目，归集当月实际发生的机械作业费用总额（包括间接费用），计算当月机械作业的总成本，并根据当月机械运转台班或完成的工程量，计算当月机械作业的实际单位成本。建筑施工企业所属各施工单位（如施工项目部）的自有施工机械和运输设备，一般只计算机械作业的直接费成本，而将为组织和管理机械作业所发生的间接费用直接分配记入各工程成本核算对象的"间接费用"成本项目。

建筑施工企业使用自有施工机械或运输设备进行机械作业所发生的各项费用，应通过"机械作业"科目进行归集。同时，在"机械作业"科目下，还应按施工机械或运输设备的种类（或每台机械）等成本核算对象设置明细账，并按规定的成本项目分设专栏，进行明细分类核算。施工机械作业的成本核算对象，一般来说，大型机械设备、特种施工机械，可以单机或机组作为成本核算对象；中小型施工机械，可以机械类别作为成本核算对象。运输设备的成本核算对象，一般为运输设备的类别；大型运输设备可以单车为成本核算对象。

【例 10-14】

永宏建筑公司华北项目部自有挖掘机 1 辆。2×09 年 7 月共发生下列费用：应付汽车驾驶人员的工资等薪酬 7 240 元，领用燃料 6 200 元，计提挖掘机的折旧费 6 000 元，领用机械配件 3 960 元，以银行存款支付各种税费 600元。机械作业成本归集的账务处理如下：

```
借：机械作业——挖掘机                        24 000
    贷：应付职工薪酬                              7 240
        原材料——燃料                            6 200
             ——机械配件                          3 960
        累计折旧                                 6 000
        银行存款                                   600
```

据此登记费用明细账如表 10-10 所示。

表 10-10　　　　　　　　　机械作业多栏式明细账

成本核算对象：挖掘机　　　　　　　　　　　　　　　　　　　　　　单位：元

| 2×09年 | | 凭证号 | 摘 要 | 借方 | 贷方 | 余额 | 明细科目发生额 | | | | |
月	日						人工费	燃料及动力费	折旧及维修费	其他直接费	间接费用
略	略	略	领用燃料	6 200		6 200		6 200			
			职工薪酬费用	7 240		13 440	7 240				
			领用机械配件	3 960		17 400				3 960	
			计提折旧	6 000		23 400			6 000		
			支付相关税费	600		24 000				600	
			结转成本		24 000						
			合　计	24 000	0		7 240	6 200	9 960	600	

二、机械作业成本的分配

建筑施工企业使用自有施工机械或运输设备进行机械作业所发生的各项费

用，通过"机械作业"科目和机械作业明细账归集以后，会计期末根据不同情况对当期发生的机械作业成本进行分配和结转。结转机械作业成本时，为某单一受益对象发生的支出，可直接将"机械作业"账户归集的费用转入"工程施工"等有关账户；为多个受益对象发生的支出，则应按照一定的方法将机械作业成本在有关对象之间进行分配，其分配的主要方法有实际成本比例法和计划成本比例法。其中，对外单位、专项工程等提供机械作业的成本，借记"劳务成本"科目，贷记"机械作业"科目。

自有施工机械使用费的分配方法主要有以下三种。

1. 机械台班分配法

机械台班分配法是指按各工程成本核算对象实际使用施工机械的台班数进行分配的方法。其计算公式如下：

$$\frac{某种机械的}{每台班实际成本} = \frac{该种机械本月实际}{发生的费用总额} \div \frac{该种机械本月实际}{工作的台班总数}$$

$$\frac{某工程成本核算对象应}{分配的某种机械使用费} = \frac{该工程成本核算对象}{实际使用台班数} \times \frac{该种机械的}{每台班实际成本}$$

机械台班分配法一般适用于按单机或机组进行成本核算的施工机械。

【例 10-15】

永宏建筑公司北京项目部自有塔式起重机一台，2×09 年 10 月实际发生的机械作业费用总额为 24 000 元，本月实际工作 120 个台班，其中：为厂房工程工作 50 个台班，为办公楼工程工作 70 个台班。则厂房工程和办公楼工程本月应负担的塔式起重机使用费的分配及账务处理如下：

塔式起重机的每台班实际成本＝24 000÷120＝200(元/台班)

厂房工程应分配的塔式起重机使用费＝50×200＝10 000(元)

办公楼工程应分配的塔式起重机使用费＝70×200＝14 000(元)

借：工程施工——合同成本（厂房）　　　　　　　　　10 000

　　　　　　——合同成本（办公楼）　　　　　　　　14 000

　贷：机械作业——塔式起重机　　　　　　　　　　　　　　24 000

2. 作业量分配法

作业量分配法是指以各种施工机械所完成的作业量为基础进行分配的方法。其计算公式如下：

$$某种机械的单位 = 该种机械实际 \div 该种机械实际$$
$$作业量实际成本 \quad 发生的费用总额 \quad 完成的作业量$$

$$某工程成本核算对象应 = 该种机械为该工程成本 \times 该种机械的单位$$
$$负担的某种机械使用费 \quad 核算对象提供的作业量 \quad 作业量实际成本$$

作业量分配法一般适用于能够计算完成作业量的单台或某类施工机械，如汽车运输作业，可以按单台或一个种类汽车提供的吨公里计算作业量等。

【例 10-16】

永宏建筑公司丰宁项目部自有搅拌车 1 辆，2×09 年 10 月实际发生的费用总额为 36 000 元，本月为厂房工程和办公楼工程的作业总量为 1 800 吨公里，其中：为厂房工程提供的作业量为 1 000 吨公里，为办公楼工程提供的作业量为 800 吨公里。则厂房工程和办公楼工程本月应负担的搅拌车使用费的分配及账务处理如下：

搅拌车的单位作业量实际成本＝36 000÷1 800＝20(元/吨公里)

厂房工程应分配的搅拌车使用费＝1 000×20＝20 000(元)

办公楼工程应分配的搅拌车使用费＝800×20＝16 000(元)

借：工程施工——合同成本（厂房） 20 000

——合同成本（办公楼） 16 000

贷：机械作业——搅拌车 36 000

3. 预算分配法

预算分配法是指按实际发生的机械作业费用占预算定额规定的机械使用费的比率进行分配的方法。其计算公式如下：

$$机械作业 = 实际发生的机械 \div 全部受益工程成本核算对象$$
$$费用分配率 \quad 作业费用总额 \quad 预算机械使用费总额$$

$$某受益工程成本核算对象 = 该受益工程成本核算对象 \times 机械作业$$
$$应分配的机械使用费 \quad 预算机械使用费 \quad 费用分配率$$

预算分配法一般适用于不便计算机械使用台班或无机械台班和台班单价预算定额的中小型施工机械使用费，如几个工程成本核算对象共同使用的混凝土搅拌机的费用等。

【例 10-17】

永宏建筑公司京南项目部自有混凝土搅拌机 1 台，2×09 年 9 月实际发生的机械作业费用总额为 18 204 元，厂房工程和办公楼工程预算中的混凝土搅拌机使用费总额为 60 000 元，其中：厂房工程预算中的混凝土搅拌机使用费为 36 000 元，办公楼工程预算中的混凝土搅拌机使用费为 24 000 元。则厂房工程和办公楼工程本月应负担的混凝土搅拌机使用费分配及账务处理如下：

机械作业费用分配率＝18 204÷60 000＝0.303 4

厂房工程应分配的混凝土搅拌机使用费＝36 000×0.303 4＝10 922.4（元）

办公楼工程应分配的混凝土搅拌机使用费＝24 000×0.303 4＝7 281.6（元）

借：工程施工——合同成本（厂房）　　　　　　　10 922.4

　　　　——合同成本（办公楼）　　　　　　　 7 281.6

贷：机械作业——混凝土搅拌机　　　　　　　　　18 204

在实际工作中，建筑施工企业自有施工机械使用费一般是根据各月份的机械作业明细账、机械使用月报和工程量报表等资料，通过编制机械使用费分配表进行分配的。

11

第十一章
收入与费用

第一节   收入概述

一、收入的概念与特点

收入是指小企业在日常活动中形成的会导致所有者权益增加、与所有者投入资本无关的经济利益的总流入，包括销售商品收入、提供劳务收入。小企业代第三方收取的款项，应当作为负债处理，不确认为收入。日常活动是指小企业为完成其经营目标而从事的所有活动，以及与之相关的其他活动，如建筑施工企业承包工程、销售产品或材料、提供机械作业和运输作业、出租固定资产、出租包装物等。经济利益是指现金或最终能转化为现金的非现金资产。只有小企业日常活动形成的经济利益的流入，才是收入；而由小企业日常活动以外的活动所形成的经济利益的流入，则不是小企业的收入。

收入的特点主要表现为：（1）收入从小企业的日常活动中产生，而不是从偶发的交易或事项中产生，如建筑施工企业承包工程、销售产品或材料、提供机械作业和运输作业劳务取得的收入等。有些交易或事项虽能为小企业带来经济利益，但不属于小企业的日常活动，其流入的经济利益是利得，而不是收入，如出售固定资产，因固定资产是为使用而不是为出售而购入的，固定资产出售不属于小企业的日常活动，出售固定资产取得的收益不作为收入核算。（2）收入可能表现为小企业资产的增加，如增加银行存款、应收账款等；收入也可能表现为小企业负债的减少，如以设备或劳务抵偿债务；或者两者兼而有之，如工程款中部分收取现金、部分抵偿债务。（3）收入能导致小企业所有者权益增加。收入能增加资产或减少负债，或两者兼而有之，因此，根据"资产一负债＝所有者权益"的公式，小企业取得的收入一定能使所有者权益增加。（4）收入只包括本企业经济利益的流入，不包括为第三方或者客户代收的款项，如小企业代政府税务部门收取的各种税费等。代收的款项，一方面增加小企业的资产，一方面增加小企业的负债，而不会增加小企业的所有者权益，也不属于本企业的经济利益，不能作为本企业的收入。

二、收入的分类与内容

收入可以按照不同的标准进行分类。

按照收入的性质，小企业的收入可以分为销售商品收入和提供劳务收入。销售商品收入，是指小企业销售商品（或产成品、材料，下同）取得的收入。小企业提供劳务的收入，是指小企业从事建筑安装、修理修配、交通运输、仓储租赁、邮电通信、咨询经纪、文化体育、科学研究、技术服务、教育培训、餐饮住宿、中介代理、卫生保健、社区服务、旅游、娱乐、加工以及其他劳务服务活动取得的收入。

按照小企业经营业务的主次，可以分为主营业务收入和其他业务收入。主营业务收入占企业营业收入的比重一般较大，对小企业的经济效益产生较大的影响。其他业务收入占企业营业收入的比重一般较小。主营业务收入和其他业务收入的划分标准，一般应按照营业执照上注明的主营业务和兼营业务予以确定，营业执照上注明的主营业务所取得的收入一般作为主营业务收入，营业执照上注明的兼营业务所取得的收入一般作为其他业务收入。但在实际工作中，如果营业执照上注明的兼营业务量较大，且是经常性发生的收入，也可归为主营业务收入。

不同行业的主营业务收入所包括的内容不同，建筑施工企业的主营业务收入主要是建造合同收入。建筑施工企业的其他业务收入主要包括销售产品、材料，提供机械作业和运输作业劳务，出租固定资产，出租无形资产等取得的收入。

第二节　工程施工收入与费用

一、建造合同概述

建造合同是指为建造一项资产或者在设计、技术、功能、最终用途等方面密切相关的数项资产而订立的合同。这里所讲的资产是指房屋、道路、桥梁、水坝等建筑物，以及船舶、飞机、大型机械设备等。建造合同属于经济合同的范畴，但其有不同于一般材料采购合同和劳务合同之处，主要体现在：（1）先有买主，后有标的，建造资产的造价在签订合同时已经确定；（2）资产的建设期长，一般要跨越一个以上的会计年度；（3）所建造资产的体积大，造价高；（4）建造合同一般为不可取消的合同。《小企业会计准则》将建造合同收入划为提供劳务收入。

按照《小企业会计准则》规定，同一会计年度内开始并完成的劳务，应当在提供劳务交易完成且收到款项或取得收款权利时，确认提供劳务收入。提供劳务收入的金额为从接受劳务方已收或应收的合同或协议价款。劳务的开始和完成分属不同会计年度的，应当按照完工进度确认提供劳务收入。年度资产负债表日，按照提供劳务收入总额乘以完工进度扣除以前会计年度累计已确认提供劳务收入后的金额，确认本年度的提供劳务收入；同时，按照估计的提供劳务成本总额乘以完工进度扣除以前会计年度累计已确认营业成本后的金额，结转本年度营业成本。

二、工程施工收入与费用的核算

（一）劳务总收入的确定

对于建造承包商而言，劳务总收入包括合同的初始收入及合同因变更、索赔、奖励等形成的收入。合同的初始收入是指建造承包商与客户在双方签订的合同中最初商定的合同总金额。合同因变更、索赔、奖励等形成的收入不能随意确认，只有在符合规定的条件时才构成合同总收入。建造承包商在合同以外代客户购置设备、办理征地拆迁、计取监理费等，应如实向客户收取费用，不作为合同收入的组成部分。

（二）劳务总成本的确定

在工程项目完工之前，只能根据实际已经发生的工程成本和预计将要发生的合同成本来预计劳务总成本。

预计劳务总成本＝实际已经发生的工程成本＋预计将要发生的合同成本

实际已经发生的工程成本主要是根据"工程施工——合同成本"的期末余额来确定。因此，在工程施工过程中，应及时对发生的各项成本费用进行账务处理，如及时对分包协作队伍进行计价，及时编制工资发放表并按规定提取附加费用，及时进行折旧费用的提取，及时预计上级费用，及时对周转材料、临时设施进行摊销等，以便使账面成本的记录真实准确，从而准确计算实际已经发生的工程成本。

预计将要发生的合同成本需要建筑施工企业在期末组织相关职能部门或人员，按照一定的程序进行测算。在每个会计期末，承包商应当组织测算执行合同预计将要发生的合同成本。在工程施工期间，建筑施工企业预计劳务总成本是动态的。尽管如此，预计劳务总成本及其变更都必须经过公司相关管理部门的批复才能作为项目经理部计算完工百分比的依据。

（三）完工进度的确定

小企业可以用于确定合同完工百分比的主要方法如下。

1. 累计实际发生的合同成本占合同预计总成本的比例

这是一种较常用的确定完工进度的方法，它是用累计实际发生的合同成本除以合同预计总成本来计算的。

合同完工进度＝累计实际发生的成本÷预计劳务总成本×100%

【例 11-1】

永宏建筑公司签订了一项总金额为 1 000 万元的建造合同，合同规定的建设期为 3 年。第一年，实际发生合同成本 300 万元，年末预计为完成合同尚需发生成本 520 万元；第二年，实际发生合同成本为 400 万元，年末预计为完成合同尚需发生成本 150 万元。

根据上述资料，计算合同完工进度如下：

第一年完工进度＝300÷（300＋520）×100%＝37%
第二年完工进度＝（300＋400）÷（300＋400＋150）×100%＝82%

采用累计实际发生的成本占合预计劳务总成本的比例确定合同完工进度时，累计实际发生的成本不包括与合同未来活动相关的合同成本，如施工中尚未安装、使用或消耗的材料成本，在分包工程总工作量完成之前预付给分包单位的款项。

【例 11-2】

永宏建筑公司承建 A 工程，工期两年，A 工程的预计总成本为 1 000 万元。第一年，该项目的"工程施工——合同成本（A 工程）"账户的实际发生额为 680 万元。其中：人工费 150 万元，材料费 380 万元，机械使用费 100 万元，其他直接费和工程间接费 50 万元。

经查明，A 工程领用的材料中有一批虽已运到施工现场但尚未使用，尚未使用的材料成本为 80 万元。

根据上述资料，计算第一年的完工进度如下：

合同完工进度＝（680－80）÷1 000×100％＝60％

❖❖

【例11-3】

永宏建筑公司与客户一揽子签订了一项建造合同，承建 A、B 两项工程。该项合同的 A、B 两项工程密切相关，客户要求同时施工，一起交付，工期为两年。合同规定的总金额为 1 100 万元。永宏建筑公司决定 A 工程由自己施工，B 工程以 400 万元的合同金额分包给乙建筑公司承建，永宏公司已与乙公司签订了分包合同。第一年，永宏公司自行施工的 A 工程实际发生工程成本 450 万元，预计为完成 A 工程尚需发生工程成本 150 万元；永宏公司根据乙公司分包的 B 工程的完工进度，向乙公司支付了 B 工程的进度款 250 万元，并向乙公司预付了下年度备料款 50 万元。

根据上述资料，永宏公司计算确定该项建造合同第一年的完工进度如下：

合同完工进度＝（450＋250）÷（450＋150＋400）×100％＝70％

❖❖

2. 已完工程的合同工作量占合同预计总工作量的比例

这种方法适用于合同工作量容易确定的建造合同，如道路工程、土石方工程、砌筑工程等。

合同完工进度＝已经完成的劳务量÷预计总劳务量×100％

【例11-4】

永宏路桥工程公司签订了一项修建一条 100 公里公路的建造合同，合同规定的总金额为 8 000 万元，工期为 3 年。该公司第一年修建了 30 公里，第二年修建了 40 公里。

根据上述资料，计算合同完工进度如下：

第一年完工进度＝30÷100×100％＝30％
第二年完工进度＝（30＋40）÷100×100％＝70％

❖❖

在确定完工比例时，由计划、技术、统计等业务部门本着密切配合、协调一致的原则，对工程的各分项工程，采用适当的计量方法进行实地测量，汇总后确认已经完成的工作量。对业务部门提供的工作量，由项目总工及项目经理审核签字后，提交财务部门作为核算的依据。

（四）工程施工收入与费用的确认

小企业应采根据完工进度确认当期的主营业务收入与主营业务成本。

$$当期确认的收入 = 劳务总收入 \times 完工进度 - 以前会计期间累计已确认的收入$$

$$当期确认的费用 = 预计劳务总成本 \times 完工进度 - 以前会计期间累计已确认的费用$$

会计期末，根据当期确认的费用结转已完工程成本，借记"主营业务成本"科目，贷记"工程施工——合同成本"；按当期应确认的合同收入，借记"应收账款"、"预收账款"等科目，贷记"主营业务收入"科目。

【例 11-5】

永宏建筑公司签订了一项总金额为 9 000 000 元的建造合同，承建一座桥梁。工程于 2×08 年 7 月开工，预计 2×10 年 10 月完工。各年度相关资料如下：

（1）至 2×08 年年底，已发生成本 2 000 000 元，完成合同尚需发生成本 6 000 000 元；

（2）到 2×09 年年底，已发生成本 5 832 000 元，完成合同尚需发生成本 2 268 000元；

（3）2×10 年 10 月，该项工程完成时，累计已发生成本 8 100 000 元。

假定该项目按年度来确认合同收入与费用，相关计算与账务处理如下：

（1）2×08 年计算完工进度＝2 000 000÷(2 000 000＋6 000 000)×100%＝25%

2×08 年应确认合同收入＝9 000 000×25%－0＝2 250 000（元）

2×08 年应确认合同费用＝8 000 000×25%－0＝2 000 000（元）

2×08 年年末，确认收入的账务处理为：

借：应收账款　　　　　　　　　　　　　　　　2 250 000

　　贷：主营业务收入　　　　　　　　　　　　　　2 250 000

结转成本确认费用的账务处理为：

借：主营业务成本　　　　　　　　　　　　　　2 000 000

　　贷：工程施工——合同成本　　　　　　　　　　2 000 000

（2）2×09 年计算完工进度＝5 832 000÷(5 832 000＋2 268 000)×100%＝72%

2×09 年应确认合同收入＝9 000 000×72%－2 250 000＝4 230 000（元）

2×09 年应确认合同费用＝8 100 000×72%－2 000 000＝3 832 000（元）

2×09 年年末，确认合同收入账务处理为：

借：应收账款　　　　　　　　　　　　　　　　4 230 000

　　　　　贷：主营业务收入　　　　　　　　　　　　　　4 230 000
　　　结转成本确认费用的账务处理为：
　　　　　借：主营业务成本　　　　　　　　　　　　　　3 832 000
　　　　　　　贷：工程施工——合同成本　　　　　　　　3 832 000
　　（3）2×10 年计算完工进度＝8 100 000÷8 100 000×100％＝100％

　　2×10 年应确认合同收入＝9 000 000×100％－6 480 000＝2 520 000（元）
　　2×10 年应确认合同费用＝8 100 000×100％－5 832 000＝2 268 000（元）

　　2×10 年年末，合同收入与费用确认的账务处理为：
　　　　　借：应收账款　　　　　　　　　　　　　　　　2 520 000
　　　　　　　贷：主营业务收入　　　　　　　　　　　　2 520 000
　　　结转成本确认费用的账务处理为：
　　　　　借：主营业务成本　　　　　　　　　　　　　　2 268 000
　　　　　　　贷：工程施工——合同成本　　　　　　　　2 268 000

第三节　其他利润项目

一、利润总额的组成

　　利润是指小企业在一定会计期间的经营成果，包括营业利润、利润总额和净利润。对利润进行核算，可及时反映小企业在一定会计期间的经营业绩和获利能力，反映小企业的投入产出效果和经营效益，有助于小企业投资者和债权人据此进行盈利预测，作出正确的决策。

（一）营业利润

　　营业利润是小企业利润的主要来源，它是指小企业在提供建筑劳务等日常活动中所产生的利润。营业利润的计算公式为：

$$\text{营业利润}＝\text{营业收入}－\text{营业成本}－\text{营业税金及附加}－\text{销售费用}－\text{管理费用}－\text{财务费用}＋\text{投资收益（－投资损失）}$$

　　1. 营业收入
　　营业收入是指小企业销售商品和提供劳务实现的收入总额，包括主营业务收入和其他业务收入。其中，主营业务收入是指小企业为完成其经营目标而从事的经常性活动所实现的收入，如建筑施工企业工程结算收入、工业企业产品销售收入、商业企业商品销售收入等。其他业务收入是指小企业为完成其经营目标从事的与经常性活动相关的活动所实现的收入，指小企业除主营业务收入以外的其他销售或其他业务的收入，如建筑施工企业对外出售不需用的材料、出租投资性房地产等。

2. 营业成本

营业成本是指小企业所销售商品的成本和所提供劳务的成本，包括主营业务成本和其他业务成本。其中，主营业务成本是指小企业经营主营业务发生的支出。其他业务成本是指小企业除主营业务以外的其他销售或其他业务所发生的支出，包括销售材料、设备出租、房地产等发生的相关成本、费用等。

3. 营业税金及附加

营业税金及附加是指小企业开展日常生产经营活动应负担的消费税、营业税、城市维护建设税、资源税、土地增值税、城镇土地使用税、房产税、车船税、印花税和教育费附加、矿产资源补偿费、排污费等。

4. 销售费用

销售费用是指小企业在销售商品或提供劳务过程中发生的各种费用。包括：销售人员的职工薪酬、商品维修费、运输费、装卸费、包装费、保险费、广告费、业务宣传费、展览费等费用。

5. 管理费用

管理费用是指小企业为组织和管理生产经营发生的其他费用。包括：小企业在筹建期间内发生的开办费、行政管理部门发生的费用（包括固定资产折旧费、修理费、办公费、水电费、差旅费、管理人员的职工薪酬等）、业务招待费、研究费用、技术转让费、相关长期待摊费用摊销、财产保险费、聘请中介机构费、咨询费（含顾问费）、诉讼费等费用。

6. 财务费用

财务费用是指小企业为筹集生产经营所需资金发生的筹资费用。包括：利息费用（减利息收入）、汇兑损失、银行相关手续费、小企业给予的现金折扣（减享受的现金折扣）等费用。

7. 投资收益

投资收益由小企业股权投资取得的现金股利（或利润）、债券投资取得的利息收入和处置股权投资和债券投资取得的处置价款扣除成本或账面余额、相关税费后的净额三部分构成。

（二）利润总额

小企业的利润总额是指营业利润加上营业外收入、减去营业外支出后的金额。

$$利润总额＝营业利润＋营业外收入－营业外支出$$

（三）净利润

小企业当期利润总额减去所得税费用后的金额，即小企业的税后利润，即净利润。

二、其他业务利润的核算

建筑施工企业的其他业务主要包括：材料销售业务、出租机械设备业务、临管运输业务和其他经营业务等。建筑施工企业应当设置"其他业务收入"和"其他业务成本"两个科目对其他业务利润进行核算，并按照业务类别设置明细科目。

按照《小企业会计准则》的规定，小企业确认其他业务收入的实现时，借记"银行存款"、"应收账款"等科目，贷记"其他业务收入"科目；确认发生的成本时，借记"其他业务成本"科目，贷记"原材料"、"机械作业"、"辅助生产"、"无形资产"、"累计折旧"、"应交税费"等科目。

（一）出售材料

【例 11-6】

永宏建筑公司华东项目部设置仓库对施工用材料进行管理，12 月 20 日，向另一施工单位出售水泥 30 吨，单价 200 元，该水泥的账面价值为 5 500 元。假设按 3％税率缴纳增值税。账务处理如下：

借：银行存款	6 000
贷：其他业务收入	5 825.24
应交税费——应交增值税	174.76

结转出售水泥的成本。

借：其他业务成本	5 500
贷：原材料	5 500

（二）出租机械

【例 11-7】

华东项目部承担某公路施工。施工过程中，临时出租给西河工程公司装载机 2 台，获得租金 70 000 元。华东项目部仅承担设备折旧费 35 000 元，油料及修理费等由承租方负担，收入已经存入银行。假设按照 5％缴纳营业税。账务处理如下：

借：银行存款　　　　　　　　　　　　　　　　　　　　70 000
　　贷：其他业务收入　　　　　　　　　　　　　　　　70 000
结转应负担的费用和税金。
借：其他业务成本　　　　　　　　　　　　　　　　　　38 500
　　贷：累计折旧　　　　　　　　　　　　　　　　　　35 000
　　　　应交税费——应交营业税　　　　　　　　　　　3 500

三、营业外收支的核算

营业外收支虽然与小企业生产经营活动没有多大关系，但从小企业主体来考虑，同样会带来收入或形成支出，也是增加或减少利润的因素，对小企业的利润总额及净利润产生较大的影响。小企业在进行会计核算时，应当区别营业外收入和营业外支出进行核算，不得以营业外支出直接冲减营业外收入，也不得以营业外收入冲减营业外支出。

（一）营业外收入的核算

营业外收入是指小企业非日常生产经营活动形成的、应当计入当期损益、会导致所有者权益增加、与所有者投入资本无关的经济利益的净流入。小企业的营业外收入包括：非流动资产处置净收益、政府补助、捐赠收益、盘盈收益、汇兑收益、出租包装物和商品的租金收入、逾期未退包装物押金收益、确实无法偿付的应付款项、已作坏账损失处理后又收回的应收款项、违约金收益等。小企业应设置"营业外收入"科目核算企业实现的各项营业外收入。

小企业在生产经营期间，固定资产清理所取得的收益，借记"固定资产清理"科目，贷记"营业外收入"科目（非流动资产处置利得）。

小企业出售无形资产，按实际取得的转让收入，借记"银行存款"等科目；按无形资产的账面余额，贷记"无形资产"科目；按应支付的相关税费，贷记"应交税费"等科目；按其差额，贷记"营业外收入"科目（非流动资产处置利得），或借记"营业外支出——非流动资产处置损失"科目。

小企业按照规定实行企业所得税、增值税（不含出口退税）、消费税、营业税等先征后返的，应当在实际收到返还的企业所得税、增值税、消费税、营业税等时，借记"银行存款"科目，贷记"营业外收入"科目。

确认的捐赠收益，借记"银行存款"、"固定资产"等科目，贷记"营业外收入"科目。

确认的盘盈收益，借记"待处理财产损溢——待处理流动资产损溢、待处理非流动资产损溢"科目，贷记"营业外收入"科目。

确认的出租包装物和商品的租金收入、逾期未退包装物押金收益、确实无法偿付的应付款项、违约金收益等，借记"其他应收款"、"应付账款"、"其他应付款"等科目，贷记"营业外收入"科目。

确认的已作坏账损失处理后又收回的应收款项，借记"银行存款"等科目，贷记"营业外收入"科目。

政府补助，是指小企业从政府无偿取得货币性资产或非货币性资产，但不含政府作为小企业所有者投入的资本。小企业收到与资产相关的政府补助，应当确认为递延收益，并在相关资产的使用寿命内平均分配，计入营业外收入。收到的其他政府补助，用于补偿本企业以后期间的相关费用或亏损的，确认为递延收益，并在确认相关费用或发生亏损的期间，计入营业外收入；用于补偿本企业已发生的相关费用或亏损的，直接计入营业外收入。

政府补助为货币性资产的，应当按照收到的金额计量。政府补助为非货币性资产的，政府提供了有关凭据的，应当按照凭据上标明的金额计量；政府没有提供有关凭据的，应当按照同类或类似资产的市场价格或评估价值计量。

确认的政府补助，借记"银行存款"、"递延收益"等科目，贷记"营业外收入"科目。

期末，应将"营业外收入"科目的余额转入"本年利润"科目，结转后该科目应无余额。

(二) 营业外支出的核算

营业外支出，是指小企业非日常生产经营活动发生的、应当计入当期损益、会导致所有者权益减少、与向所有者分配利润无关的经济利益的净流出。小企业的营业外支出包括：存货的盘亏、毁损、报废损失，非流动资产处置净损失，坏账损失，无法收回的长期债券投资损失，无法收回的长期股权投资损失，自然灾害等不可抗力因素造成的损失，税收滞纳金，罚金，罚款，被没收财物的损失，捐赠支出，赞助支出等。小企业设置"营业外支出"科目核算各种损失。"营业外支出"科目一般按各营业外支出项目设置明细科目。通常，小企业的营业外支出应当在发生时按照其发生额计入当期损益。

小企业确认存货的盘亏、毁损、报废损失，非流动资产处置净损失，自然灾害等不可抗力因素造成的损失，借记"营业外支出"、"累计摊销"等科目，贷记"待处理财产损溢——待处理流动资产损溢、待处理非流动资产损溢"、"固定资产清理"、"无形资产"等科目。

根据小企业会计准则规定，确认实际发生的坏账损失、长期债券投资损失，应当按照可收回的金额，借记"银行存款"等科目，按照应收账款、预付账款、其他应收款、长期债券投资的账面余额，贷记"应收账款"、"预付账款"、"其他应收款"、"长期债券投资"等科目，按照其差额，借记"营业外支出"科目。

根据小企业会计准则规定，确认实际发生的长期股权投资损失，按照可收回的金额，借记"银行存款"等科目，按照长期股权投资的账面余额，贷记"长期股权投资"科目，按照其差额，借记"营业外支出"科目。

支付的税收滞纳金、罚金、罚款，借记"营业外支出"科目，贷记"银行存款"等科目。

确认被没收财物的损失、捐赠支出、赞助支出，借记"营业外支出"科目，贷记"银行存款"等科目。

期末，将"营业外支出"的余额转入"本年利润"，结转后该科目无余额。

【例11-8】

(1) 永宏重庆公司通过银行转账，向希望工程捐款10 000元。账务处理如下：

　　借：营业外支出——捐赠支出　　　　　　　　　　　　　　10 000
　　　　贷：银行存款　　　　　　　　　　　　　　　　　　　　10 000

(2) 永宏公司由于自然灾害，遭受严重损失，扣除残值和保险公司赔款外净损失为5 000元，经主管部门批准转作非常损失。账务处理如下：

　　借：营业外支出——非常损失　　　　　　　　　　　　　　5 000
　　　　贷：待处理财产损溢　　　　　　　　　　　　　　　　　5 000

(3) 永宏公司将报废清理固定资产的净收益4 000元转作营业外收入。账务处理如下：

　　借：固定资产清理　　　　　　　　　　　　　　　　　　　4 000
　　　　贷：营业外收入——非流动资产处置净收益　　　　　　　4 000

(4) 期末，将发生的营业外收入和营业外支出转入"本年利润"科目。账务处理如下：

　　借：营业外收入　　　　　　　　　　　　　　　　　　　　4 000
　　　　贷：本年利润　　　　　　　　　　　　　　　　　　　　4 000
　　借：本年利润　　　　　　　　　　　　　　　　　　　　　15 000
　　　　贷：营业外支出　　　　　　　　　　　　　　　　　　　15 000

四、所得税费用的核算

小企业应当在利润总额的基础上，按照企业所得税法规定进行纳税调整，计算出当期应纳税所得额，按照应纳税所得额与适用所得税税率为基础计算确定当期应纳税额。小企业应当按照企业所得税法规定计算的当期应纳税额，确认所得税费用。小企业设置"所得税费用"科目核算其根据企业所得税法确定的应从当期利润总额中扣除的所得税费用。年度终了，小企业按照企业所得税法规定计算确定的当期应纳税税额，借记"所得税费用"科目，贷记"应交税费——应交企业所得税"科目。

【例11-9】

永宏青岛公司2×10年度有关会计资料如下：年度会计利润总额为200万元，全年营业收入为2 000万元；"管理费用"中列支的业务招待费25万元，广告费和业务宣传费350万元；"营业外支出"中列支的税收罚款1万元，公益性捐赠支出25万元；"投资收益"中有国债利息收入5万。该企业所得税税率为25%。

根据上述资料，对公司的企业所得税应纳税额进行计算及会计处理。

(1) 纳税调整项目及金额如下：

业务招待费25万元，扣除标准为10万元，纳税调整15万元（25-10）。

广告费和业务宣传费350万元，扣除标准300万元（2 000×15%），纳税调整50万元（350-300）。

"营业外支出"中列支的税收罚款1万元，纳税调整1万元。

公益性捐赠支出25万元，扣除标准24万元（200×12%），纳税调整1万元（25-24）。

"投资收益"中有国债利息收入5万，为免税收入，纳税调整-5万元（调减）。

应纳税所得额=200+15+50+1+1-5=262（万元）

应纳企业所得税=262×25%=65.5（万元）

(2) 企业所得税费用账务处理如下：

借：所得税费用　　　　　　　　　　　　　　655 000

　　贷：应交税费——应交企业所得税　　　　　655 000

五、本年利润的核算

(一) 科目设置

为了核算小企业本年实现的净利润或发生的净亏损，小企业应当设置"本年利润"科目,该科目的贷方余额代表本年实现的净利润,借方余额代表本年发生的净亏损。

(二)账务处理

1. 期末结转利润

会计期末,将"主营业务收入"、"其他业务收入"、"营业外收入"等科目的余额转入"本年利润"科目的贷方;将"主营业务成本"、"其他业务成本"、"营业税金及附加"、"销售费用"、"管理费用"、"财务费用"、"营业外支出"、"所得税费用"等科目的余额转入"本年利润"科目的借方;将"投资收益"科目的净收益(或净损失)转入"本年利润"科目的贷方(或借方)。

2. 年度终了的账务处理

年度终了,将本年收入和支出相抵后结出的本年实现的净利润转入"利润分配——未分配利润"科目,作如下账务处理:

借:本年利润

　　贷:利润分配——未分配利润

如为亏损,作相反分录。结转后"本年利润"科目应无余额。

第四节　利润分配

一、利润分配概述

小企业取得的净利润,应按规定进行分配。利润的分配过程和结果,不仅关系到投资者的合法权益是否得到保护,而且还关系到小企业能否长期、稳定地发展。小企业本年实现的净利润加上年初未分配利润即为可供分配的利润。

二、利润分配的顺序

小企业年度实现的利润在按税法规定弥补前 5 年内发生的尚未弥补完毕的亏损,并减去确认的应从当期利润总额中扣除的所得税费用后,按照以下顺序进行分配:

(1)弥补以前年度亏损。

(2)提取 10%法定公积金。法定公积金累计额达到注册资本 50%以后,可以不再提取。

(3)提取任意公积金。任意公积金提取比例由投资者决议。

(4)向投资者分配利润。小企业以前年度未分配的利润,并入本年度利润，在充分考虑现金流量状况后，向投资者分配。

小企业弥补以前年度亏损和提取盈余公积后，当年没有可供分配的利润时，不得向投资者分配利润，但法律、行政法规另有规定的除外。

提取法定盈余公积的基数为"可供分配的利润"中当年实现的部分。存在前 5 年内发生尚未弥补亏损的，提取法定盈余公积的基数为本年实现的净利润弥补以前年度尚未弥补的亏损后的数额。

三、利润分配的核算

1. 科目设置

设置"利润分配"科目核算小企业利润的分配（或亏损的弥补）和历年分配（或弥补）后的积存余额。利润分配科目下应分别设置以下明细科目：提取法定盈余公积、提取任意盈余公积、应付现金股利或利润、转作资本（或股本）的股利、盈余公积补亏、未分配利润等。

2. 账务处理

（1）用盈余公积补亏时：

    借：盈余公积

        贷：利润分配——盈余公积补亏

（2）提取盈余公积时：

    借：利润分配——提取法定盈余公积

             ——提取任意盈余公积

        贷：盈余公积——法定盈余公积

             ——任意盈余公积

（3）向股东分配现金股利时：

    借：利润分配——应付现金股利或利润

        贷：应付股利

（4）年度终了，将全年实现的净利润自"本年利润"转入该科目，借记"本年利润"，贷记"利润分配——未分配利润"；同时，将"利润分配"下的其他明细科目的余额转入"利润分配——未分配利润"明细科目。结转后，除"未分配利润"明细科目外，"利润分配"的其他明细科目应无余额。

"利润分配"科目年末余额，反映小企业历年积存的未分配利润（或未弥补亏损）。

【例 11-10】

永宏东丽股份有限公司股本为 1 000 万元，每股面值 1 元，2×08 年度年初未分配利润为 800 万元，当年实现净利润 500 万元。2×09 年 4 月 20 日股东大会批准的利润分配方案为：按照当年实现净利润的 10% 提取法定盈余公积，5% 提取任意盈余公积，按照每股 0.2 元向股东分配现金股利。公司于 2×09 年 6 月 20 日以银行存款支付了全部现金股利。该公司账务处理如下：

（1）2×08 年年度终了时，结转本年实现的净利润。

借：本年利润　　　　　　　　　　　　　　　　　5 000 000
　　贷：利润分配——未分配利润　　　　　　　　　　5 000 000

（2）提取法定盈余公积和任意盈余公积。

借：利润分配——提取法定盈余公积　　　　　　　500 000
　　　　　　——提取任意盈余公积　　　　　　　250 000
　　贷：盈余公积——法定盈余公积　　　　　　　　500 000
　　　　　　——任意盈余公积　　　　　　　　　250 000

（3）结转"利润分配"明细科目。

借：利润分配——未分配利润　　　　　　　　　　750 000
　　贷：利润分配——提取法定盈余公积　　　　　　500 000
　　　　　　——提取任意盈余公积　　　　　　　250 000

永宏东丽公司 2×08 年年底"利润分配——未分配利润"科目余额为：

$$800+500-75=1\ 225(万元)$$

即贷方余额为 1 225 万元，反映永宏东丽公司累计未分配利润为 1 225 万元。

（4）批准发放现金股利时。

$$应付现金股利=1\ 000×0.2=200(万元)$$

借：利润分配——应付现金股利　　　　　　　　　2 000 000
　　贷：应付股利　　　　　　　　　　　　　　　　2 000 000

（5）2×09 年 6 月 20 日，实际发放现金股利。

借：应付股利　　　　　　　　　　　　　　　　　2 000 000
　　贷：银行存款　　　　　　　　　　　　　　　　2 000 000

12

第十二章
财务报告

第一节 财务报表概述

财务报表是对小企业财务状况、经营成果和现金流量的结构性表述。其编制目标是向财务报表使用者提供与小企业财务状况、经营成果和现金流量等有关的会计信息，反映小企业管理层受托责任的履行情况，有助于报表使用者作出经济决策。

财务报表至少应当包括下列组成部分：资产负债表、利润表、现金流量表和附注。

一、财务报表的分类

财务报表可以按照不同的标准进行分类。

按财务报表编报期间的不同，可以分为中期财务报表和年度财务报表。其中，中期财务报表是以短于一个完整会计年度的报告期间为基础编制的财务报表，包括月报、季报和半年报等。

按财务报表编报主体的不同，可以分为个别财务报表和合并财务报表。个别财务报表是由企业在自身会计核算基础上对账簿记录进行加工而编制的财务报表，它主要用以反映企业自身的财务状况、经营成果和现金流量情况。合并财务报表是以母公司和子公司组成的企业集团为会计主体，根据母公司和所属子公司的财务报表，由母公司编制的综合反映企业集团财务状况、经营成果及现金流量的财务报表。小企业不涉及合并报表业务。

二、建筑施工企业财务报表的作用

财务报表是企业财务会计确认与计量最终结果的体现，投资者等使用者主要通过财务报表来了解企业当前的财务状况、经营成果和现金流量等情况，从而预测未来的发展趋势。因此，财务报表是向投资者等财务报表使用者提供决策有用信息的媒介和渠道，是沟通投资者、债权人、政府及其他利益相关者与企业管理层之间信息的桥梁和纽带。财务报表的作用主要表现如下：

（1）建筑施工企业通过对财务报表提供的各项指标进行全面的考核和分析，可以了解自身施工生产经营活动情况、财务状况、经营成果和现金流量的信息，检查、落实财务成本计划和有关方针政策的执行情况，总结企业在施工生产经营管理活动中取得的成绩和存在的问题，以便采取更为有效的措施，扬长避短，同时为建筑施工企业列报下一期的财务计划，进行财务决策提供科学的依据。

（2）建筑施工企业的投资者、债权人通过对财务报表的分析，可以了解建筑施工企业的偿债能力、盈利能力、营运能力以及增长能力的变化，为他们进行决策提供重要的依据。随着市场经济的不断发展，建筑施工企业与各利益相关者的经济联系越来越密切，企业广大投资者和债权人从维护自身利益出发，必然关心企业的经营状况，财务报表是他们了解企业的重要途径。

（3）财政、税务等政府部门及其他机构，通过财务会计报表提供的资料，可以了解建筑施工企业的资金使用情况，检查建筑施工企业对国家有关财务会计政策、法规、制度的执行情况以及建筑施工企业的税收执行情况，从而促使建筑施工企业遵纪守法，不断提高经营管理水平，同时也为国家经济管理部门进行宏观经济调控提供决策依据。

三、财务报表的编制要求

（一）遵循各项会计准则进行确认与计量

企业应当根据实际发生的交易和事项，遵循各项具体会计准则的规定进行确认和计量，并在此基础上编制财务报表。

（二）列报的一致性

可比性是会计信息质量的一项重要质量要求，目的是使同一企业不同期间和同一期间不同企业的财务报表相互可比。为此，财务报表项目的列报应当在各个会计期间保持一致，不得随意变更。这一要求不仅针对财务报表中的项目名称，还包括财务报表项目的分类、排列顺序等方面。

(三) 财务报表项目金额间的相互抵销

财务报表项目应当以总额列报,资产和负债、收入和费用不能相互抵销,即不得以净额列报。比如,小企业欠客户的应付款不得与其他客户欠本企业的应收款相抵销,如果相互抵销就掩盖了交易的实质。

(四) 比较信息的列报

小企业在列报当期财务报表时,至少应当提供所有列报项目上一可比会计期间的比较数据,以及与理解当期财务报表相关的说明。目的是向报表使用者提供对比数据,提高信息在会计期间的可比性,以反映小企业财务状况、经营成果和现金流量的发展趋势,提高报表使用者的判断与决策能力。

在财务报表项目的列报确需发生变更的情况下,小企业应当对上期比较数据按照当期的列报要求进行调整,并在附注中披露调整的原因和性质,以及调整的各项目金额。但是,在某些情况下,对上期比较数据进行调整不切实可行的,应当在附注中披露不能调整的原因。不切实可行,是指小企业在作出所有合理努力后仍然无法采用某项规定。

(五) 财务报表表首的列报要求

财务报表一般分为表首、正表两部分,其中,在表首部分小企业应当概括地说明下列基本信息:

(1) 编报企业的名称,如企业名称在所属当期发生了变更的,还应明确标明。

(2) 对资产负债表而言,须披露资产负债表日;而对利润表、现金流量表、所有者权益变动表而言,须披露报表涵盖的会计期间。

(3) 货币名称和单位,企业应当以人民币作为记账本位币列报,并表明金额单位,如人民币元、人民币万元等。

(六) 报告期间

企业至少应当按年编制财务报表。年度财务报表涵盖的期间短于一年的,应当披露年度财务报表的涵盖期间,以及短于一年的原因,并应当说明由此引起财务报表项目与比较数据不具可比性这一事实。

第二节 资产负债表

一、资产负债表的内容与结构

资产负债表是指反映企业在某一特定日期财务状况的会计报表。它反映企业在某一特定日期所拥有或控制的经济资源、所承担的现时义务和所有者对净资产的要求权。通过资产负债表，可以提供某一日期资产的总额及其结构，表明企业拥有或控制的资源及其分布情况；可以提供某一日期的负债总额及其结构，表明企业未来需要用多少资产或劳务清偿债务以及清偿时间；可以反映所有者所拥有的权益，据以判断资本保值、增值的情况以及对负债的保障程度。

此外，资产负债表还可以提供进行财务分析的基本资料，如将流动资产与流动负债进行比较，计算出流动比率，将速动资产与流动负债进行比较，计算出速动比率等，可以表明企业的变现能力、偿债能力和资金周转能力，从而有助于报表使用者作出经济决策。

资产负债表采用账户式结构，报表分为左右两方，左方列示资产各项目，反映全部资产的分布及存在形态；右方列示负债和所有者权益各项目，反映全部负债和所有者权益的内容及构成情况。资产负债表左右双方平衡，资产总计等于负债和所有者权益总计，即"资产＝负债＋所有者权益"。

此外，为了使使用者通过比较不同时点资产负债表的数据，掌握企业财务状况的变动情况及发展趋势，企业需要提供比较资产负债表。资产负债表还就各项目再分为"年初余额"和"期末余额"两栏分别填列。其具体格式如表12-1所示。

二、资产负债表的编制方法

（一）年初余额栏的填列方法

资产负债表"年初余额"栏内各项数字，应根据上年末资产负债表"期末余额"栏内所列数字填列。如果上年度资产负债表规定的各个项目的名称和内容同本年度不相一致，应对上年年末资产负债表各项目的名称和数字按照本年度的规定进行调整，填入表中"年初余额"栏内。

（二）期末余额栏的填列方法

资产负债表"期末余额"栏内各项数字，一般应根据资产、负债和所有者权益类科目的期末余额填列。结合《小企业会计准则》的规定和建筑施工企业的实际，资产负债表各项目的具体内容及填列方法如下。

（1）"货币资金"项目，反映小企业库存现金、银行存款、其他货币资金的合计数。本项目应根据"库存现金"、"银行存款"和"其他货币资金"科目的期末余额合计填列。

（2）"短期投资"项目，反映小企业购入的能随时变现并且持有时间不准备超过1年的股票、债券和基金投资的余额。本项目应根据"短期投资"科目的期末余额填列。

(3)"应收票据"项目,反映小企业收到的未到期收款也未向银行贴现的应收票据(银行承兑汇票和商业承兑汇票)。本项目应根据"应收票据"科目的期末余额填列。

(4)"应收账款"项目,反映小企业因销售商品、提供劳务等日常生产经营活动应收取的款项。本项目应根据"应收账款"的期末余额分析填列。如"应收账款"科目期末为贷方余额,应当在"预收账款"项目列示。

(5)"预付账款"项目,反映小企业按照合同规定预付的款项,包括根据合同规定预付的购货款、租金、工程款等。本项目应根据"预付账款"科目的期末借方余额填列。如"预付账款"科目期末为贷方余额,应当在"应付账款"项目列示。

属于超过1年期以上的预付账款的借方余额,应当在"其他非流动资产"项目列示。

(6)"应收股利"项目,反映小企业应收取的现金股利或利润。本项目应根据"应收股利"科目的期末余额填列。

(7)"应收利息"项目,反映小企业债券投资应收取的利息。小企业购入一次还本付息债券应收的利息,不包括在本项目内。本项目应根据"应收利息"科目的期末余额填列。

(8)"其他应收款"项目,反映小企业除应收票据、应收账款、预付账款、应收股利、应收利息等以外的其他各种应收及暂付款项。包括:各种应收的赔款、应向职工收取的各种垫付款项等。本项目应根据"其他应收款"科目的期末余额填列。

(9)"存货"项目,反映小企业期末在库、在途和在加工中的各项存货的成本。包括:各种原材料、在产品、半成品、产成品、商品、周转材料(包装物、低值易耗品等)等。本项目应根据"材料采购"、"在途物资"、"原材料"、"材料成本差异"、"工程施工"、"辅助生产"、"库存商品"、"委托加工物资"、"周转材料"等科目的期末余额分析填列。

(10)"其他流动资产"项目,反映小企业除以上流动资产项目外的其他流动资产(含1年内到期的非流动资产)。本项目应根据有关科目的期末余额分析填列。

(11)"长期债券投资"项目,反映小企业准备长期持有的债券投资的本息。本项目应根据"长期债券投资"科目的期末余额分析填列。

(12)"长期股权投资"项目,反映小企业准备长期持有的权益性投资的成本。本项目应根据"长期股权投资"科目的期末余额填列。

(13)"固定资产原价"和"累计折旧"项目,反映小企业固定资产的原价

（成本）及累计折旧。这两个项目应根据"固定资产"科目和"累计折旧"科目的期末余额填列。单独设置"临时设施"等科目对临时设施业务进行单独核算的，临时设施账面余额也应并入此项目填报。

（14）"固定资产账面价值"项目，反映小企业固定资产原价扣除累计折旧后的余额。本项目应根据"固定资产"科目的期末余额减去"累计折旧"科目的期末余额后的金额填列。

（15）"在建工程"项目，反映小企业尚未完工或虽已完工，但尚未办理竣工决算的工程成本。本项目应根据"在建工程"科目的期末余额填列。

（16）"工程物资"项目，反映小企业为在建工程准备的各种物资的成本。本项目应根据"工程物资"科目的期末余额填列。

（17）"固定资产清理"项目，反映小企业因出售、报废、毁损、对外投资等原因处置固定资产所转出的固定资产账面价值以及在清理过程中发生的费用等。本项目应根据"固定资产清理"科目的期末借方余额填列；如"固定资产清理"科目期末为贷方余额，以"－"号填列。

（18）"生产性生物资产"项目，反映小企业生产性生物资产的账面价值。本项目应根据"生产性生物资产"科目的期末余额减去"生产性生物资产累计折旧"科目的期末余额后的金额填列。建筑施工企业一般不涉及此项目。

（19）"无形资产"项目，反映小企业无形资产的账面价值。本项目应根据"无形资产"科目的期末余额减去"累计摊销"科目的期末余额后的金额填列。

（20）"开发支出"项目，反映小企业正在进行的无形资产研究开发项目满足资本化条件的支出。本项目应根据"研发支出"科目的期末余额填列。

（21）"长期待摊费用"项目，反映小企业尚未摊销完毕的已提足折旧的固定资产的改建支出、经营租入固定资产的改建支出、固定资产的大修理支出和其他长期待摊费用。本项目应根据"长期待摊费用"科目的期末余额分析填列。

（22）"其他非流动资产"项目，反映小企业除以上非流动资产以外的其他非流动资产。本项目应根据有关科目的期末余额分析填列。

（23）"短期借款"项目，反映小企业向银行或其他金融机构等借入的期限在1年内的、尚未偿还的各种借款本金。本项目应根据"短期借款"科目的期末余额填列。

（24）"应付票据"项目，反映小企业因购买材料、商品和接受劳务等日常生产经营活动开出、承兑的商业汇票（银行承兑汇票和商业承兑汇票）尚未到期的票面金额。本项目应根据"应付票据"科目的期末余额填列。

（25）"应付账款"项目，反映小企业因购买材料、商品和接受劳务等日常生产经营活动尚未支付的款项。本项目应根据"应付账款"科目的期末余额填列。如"应付账款"科目期末为借方余额,应当在"预付账款"项目列示。

(26)"预收账款"项目,反映小企业根据合同规定预收的款项。包括:预收的购货款、工程款等。本项目应根据"预收账款"科目的期末贷方余额填列;如"预收账款"科目期末为借方余额,应当在"应收账款"项目列示。

属于超过1年期以上的预收账款的贷方余额应当在"其他非流动负债"项目列示。

(27)"应付职工薪酬"项目,反映小企业应付未付的职工薪酬。本项目应根据"应付职工薪酬"科目期末余额填列。

(28)"应交税费"项目,反映小企业期末未交、多交或尚未抵扣的各种税费。本项目应根据"应交税费"科目的期末贷方余额填列;如"应交税费"科目期末为借方余额,以"一"号填列。

(29)"应付利息"项目,反映小企业尚未支付的利息费用。本项目应根据"应付利息"科目的期末余额填列。

(30)"应付利润"项目,反映小企业尚未向投资者支付的利润。本项目应根据"应付利润"科目的期末余额填列。

(31)"其他应付款"项目,反映小企业除应付账款、预收账款、应付职工薪酬、应交税费、应付利息、应付利润等以外的其他各项应付、暂收的款项。包括:应付租入固定资产和包装物的租金、存入保证金等。本项目应根据"其他应付款"科目的期末余额填列。

(32)"其他流动负债"项目,反映小企业除以上流动负债以外的其他流动负债(含1年内到期的非流动负债)。本项目应根据有关科目的期末余额填列。

(33)"长期借款"项目,反映小企业向银行或其他金融机构借入的期限在1年以上的、尚未偿还的各项借款本金。本项目应根据"长期借款"科目的期末余额分析填列。

(34)"长期应付款"项目,反映小企业除长期借款以外的其他各种应付未付的长期应付款项。包括:应付融资租入固定资产的租赁费、以分期付款方式购入固定资产发生的应付款项等。本项目应根据"长期应付款"科目的期末余额分析填列。

(35)"递延收益"项目,反映小企业收到的、应在以后期间计入损益的政府补助。本项目应根据"递延收益"科目的期末余额分析填列。

(36)"其他非流动负债"项目,反映小企业除以上非流动负债项目以外的其他非流动负债。本项目应根据有关科目的期末余额分析填列。

(37)"实收资本(或股本)"项目,反映小企业收到投资者按照合同协议约定或相关规定投入的、构成小企业注册资本的部分。本项目应根据"实收资本（或股本）"科目的期末余额分析填列。

（38）"资本公积"项目，反映小企业收到投资者投入资本超出其在注册资本中所占份额的部分。本项目应根据"资本公积"科目的期末余额填列。

（39）"盈余公积"项目，反映小企业（公司制）的法定公积金和任意公积金，小企业（外商投资）的储备基金和企业发展基金。本项目应根据"盈余公积"科目的期末余额填列。

（40）"未分配利润"项目，反映小企业尚未分配的历年结存的利润。本项目应根据"利润分配"科目的期末余额填列。未弥补的亏损，在本项目内以"－"号填列。

【例 12-1】

永宏北京工程公司 2×08 年 12 月 31 日的资产负债表（年初余额略）及 2×09 年 12 月 31 日的科目余额表分别如表 12-1 和表 12-2 所示。永宏北京工程公司 2×09 年度除计提固定资产减值准备导致固定资产账面价值与其计税基础存在可抵扣暂时性差异外，其他资产和负债项目的账面价值均等于其计税基础。假定永宏北京公司为增值税小规模纳税人，未来很可能获得足够的应纳税所得额用来抵扣可抵扣暂时性差异，适用的所得税税率为 25%。

表 12-1　　　　　　　　　　　　　　资产负债表　　　　　　　　　　　　会小企 01 表
编制单位：永宏北京工程公司　　　　　　2×08 年 12 月 31 日　　　　　　　　　　单位：元

资产	行次	期末余额	年初余额	负债和所有者权益	行次	期末余额	年初余额
流动资产：				流动负债：			
货币资金	1	1 406 300		短期借款	31	300 000	
短期投资	2	15 000		应付票据	32	200 000	
应收票据	3	246 000		应付账款	33	113 800	
应收账款	4	299 100		预收账款	34	840 000	
预付账款	5	100 000		应付职工薪酬	35	110 000	
应收股利	6	0		应交税费	36	36 600	
应收利息	7	0		应付利息	37	1 000	
其他应收款	8	5 000		应付利润	38	0	
存货	9	2 580 000		其他应付款	39	50 000	
其中：原材料	10	0		其他流动负债	40	1 000 000	
在产品	11	1 240 000		流动负债合计	41	2 651 400	
库存商品	12	0		非流动负债：			
周转材料	13	0		长期借款	42	600 000	

续表

资产	行次	期末余额	年初余额	负债和所有者权益	行次	期末余额	年初余额
其他流动资产	14	100 000		长期应付款	43	0	
流动资产合计	15	4 751 400		递延收益	44	0	
非流动资产:				其他非流动负债	45	0	
长期债券投资	16	0		非流动负债合计	46	600 000	
长期股权投资	17	250 000		负债合计	47	3 251 400	
固定资产原价	18						
减:累计折旧	19						
固定资产账面价值	20	1 100 000					
在建工程	21	1 500 000					
工程物资	22	0					
固定资产清理	23	0					
生产性生物资产	24	0		所有者权益(或股东权益):			
无形资产	25	600 000		实收资本(或股本)	48	5 000 000	
开发支出	26	0		资本公积	49	0	
长期待摊费用	27	0		盈余公积	50	100 000	
其他非流动资产	28	200 000		未分配利润	51	50 000	
非流动资产合计	29	3 650 000		所有者权益(或股东权益)合计	52	5 150 000	
资产总计	30	8 401 400		负债和所有者权益(或股东权益)总计	53	8 401 400	

表 12-2

科目余额表

2×09 年 12 月 31 日　　　　　单位:元

科目名称	借方余额	科目名称	贷方余额
库存现金	2 000	短期借款	50 000
银行存款	776 135	应付票据	100 000
其他货币资金	7 300	应付账款	113 800
短期投资	0	预收账款	840 000
应收票据	266 000	其他应付款	50 000
应收账款	598 200	应付职工薪酬	180 000
预付账款	100 000	应交税费	226 731
其他应收款	5 000	应付利息	0
材料采购	275 000	应付股利	32 215.85
原材料	45 000	一年内到期的非流动负债	0
周转材料	38 050	长期借款	1 160 000

续表

科目名称	借方余额	科目名称	贷方余额
工程施工	1 922 400	实收资本	5 000 000
材料成本差异	4 250	盈余公积	124 770.40
其他流动资产	100 000	利润分配（未分配利润）	180 817.75
长期股权投资	250 000		
固定资产	2 401 000		
累计折旧	−200 000		
工程物资	300 000		
在建工程	428 000		
无形资产	600 000		
累计摊销	−60 000		
其他非流动资产	200 000		
合　计	8 058 335	合　计	8 058 335

根据上述资料，编制永宏北京工程公司 2×09 年 12 月 31 日的资产负债表，如表 12-3。

表 12-3　　　　　　　　　　　　资产负债表　　　　　　　　　　会小企 01 表
编制单位：永宏北京工程公司　2×0 9 年 12 月 31 日　　　　　　　　单位：元

资产	期末余额	年初余额	负债和所有者权益	期末余额	年初余额
流动资产：			流动负债：		
货币资金	795 435	1 406 300	短期借款	50 000	300 000
短期投资	0	15 000	应付票据	100 000	200 000
应收票据	266 000	246 000	应付账款	113 800	113 800
应收账款	598 200	299 100	预收账款	840 000	840 000
预付账款	100 000	100 000	应付职工薪酬	180 000	110 000
应收股利	0	0	应交税费	226 731	36 600
应收利息	0	0	应付利息	0	1 000
其他应收款	5 000	5 000	应付利润	32 215.85	0
存货	2 284 700	2 580 000	其他应付款	50 000	50 000
其中：原材料	0	0	其他流动负债	0	1 000 000
在产品	1 922 400	1 240 000	流动负债合计	1 592 746.85	2 651 400
库存商品	0	0	非流动负债：		0
周转材料	0	0	长期借款	1 160 000	600 000
其他流动资产	90 000	100 000	长期应付款	0	0
流动资产合计	4 139 335	4 751 400	递延收益	0	0
非流动资产：			其他非流动负债	0	0
长期债券投资	0		非流动负债合计	1 160 000	600 000

续表

资产	期末余额	年初余额	负债和所有者权益	期末余额	年初余额
长期股权投资	250 000	250 000	负债合计	2 752 746.85	3 251 400
固定资产原价	2 401 000				
减：累计折旧	200 000				
固定资产账面价值	2 201 000	1 100 000			
在建工程	428 000	1 500 000			
工程物资	300 000	0			
固定资产清理	0	0			
生产性生物资产	0	0	所有者权益（或股东权益）：		
无形资产	540 000	600 000	实收资本(或股本)	5 000 000	5 000 000
开发支出	0	0	资本公积	0	0
长期待摊费用	0	0	盈余公积	124 770.40	100 000
其他非流动资产	200 000	200 000	未分配利润	180 817.75	50 000
非流动资产合计	3 919 000	3 650 000	所有者权益（或股东权益）合计	5 305 588.15	5 150 000
资产总计	8 058 335	8 401 400	负债和所有者权益（或股东权益）总计	8 058 335	8 401 400

第三节 利润表

一、利润表的内容与结构

利润表是反映小企业在一定会计期间的经营成果的会计报表。利润表的列报必须充分反映小企业经营业绩的主要来源和构成，有助于使用者判断净利润的质量及其风险，有助于使用者预测净利润的持续性，从而作出正确的决策。通过利润表，可以反映小企业一定会计期间的收入实现情况，如实现的营业收入、实现的营业外收入等；可以反映一定会计期间的费用耗费情况，如耗费的营业成本、营业税费、销售费用、管理费用、财务费用各有多少、营业外支出有多少等；可以反映小企业生产经营活动的成果，即净利润的实现情况，据以判断资本保值、增值情况。

此外，将利润表中的信息与资产负债表中的信息相结合，还可以提供进行财务分析的基本资料，反映小企业资金周转情况以及小企业的盈利能力和水平，便于报表使用者判断小企业未来的发展趋势，作出经济决策。

小企业利润表采用多步式结构，即通过对当期的收入、费用、支出项目按性质加以归类，按利润形成的主要环节列示一些中间性利润指标，分步计算当期净损益。

利润表以多步式结构主要反映以下内容：

（1）营业收入。由主营业务收入和其他业务收入组成。

（2）营业利润。营业收入减去营业成本（主营业务成本、其他业务成本）、营业税金及附加、销售费用、管理费用、财务费用、投资收益，即为营业利润。

（3）利润总额。营业利润加上营业外收入，减去营业外支出，即为利润总额。

（4）净利润。利润总额减去所得税费用，即为净利润。

此外，为了使报表使用者通过比较不同期间利润的实现情况，判断小企业经营成果的未来发展趋势，小企业需要提供比较利润表，利润表还就各项目再分为"本期金额"和"上期金额"两栏分别填列。其具体格式如表12-5所示。

二、利润表的编制方法

（一）年报与月报的报表格式

利润表"本年累计金额"栏反映各项目自年初起至报告期末止的累计实际发生额。该表"本月金额"栏反映各项目的本月实际发生额；在编报年度财务报表时，应将"本月金额"栏改为"上年金额"栏，填列上年全年实际发生额。如果上年该期利润表规定的各个项目的名称和内容同本期不相一致，应对上年该期利润表各项目的名称和数字按本期的规定进行调整，填入利润表"上期金额"栏内。

（二）利润表项目的填列方法

利润表各项数字一般应根据损益类科目的发生额分析填列，各项目的内容及具体填列方法如下：

（1）"营业收入"项目，反映小企业销售商品和提供劳务所实现的收入总额。本项目应根据"主营业务收入"和"其他业务收入"科目的发生额合计填列。

（2）"营业成本"项目，反映小企业所销售商品的成本和所提供劳务的成本。本项目应根据"主营业务成本"和"其他业务成本"科目的发生额合计填列。

（3）"营业税金及附加"项目，反映小企业开展日常生产活动应负担的消费税、营业税、城市维护建设税、资源税、土地增值税、城镇土地使用税、房产税、车船税、印花税和教育费附加、矿产资源补偿费、排污费等。本项目应根据"营业税金及附加"科目的发生额填列。

(4)"销售费用"项目,反映小企业销售商品或提供劳务过程中发生的费用。本项目应根据"销售费用"科目的发生额填列。

(5)"管理费用"项目,反映小企业为组织和管理生产经营发生的其他费用。本项目应根据"管理费用"科目的发生额填列。

(6)"财务费用"项目,反映小企业为筹集生产经营所需资金发生的筹资费用。本项目应根据"财务费用"科目的发生额填列。

(7)"投资收益"项目,反映小企业股权投资取得的现金股利(或利润)、债券投资取得的利息收入和处置股权投资和债券投资取得的处置价款扣除成本或账面余额、相关税费后的净额。本项目应根据"投资收益"科目的发生额填列;如为投资损失,以"－"号填列。

(8)"营业利润"项目,反映小企业当期开展日常生产经营活动实现的利润。本项目应根据营业收入扣除营业成本、营业税金及附加、销售费用、管理费用和财务费用,加上投资收益后的金额填列。如为亏损,以"－"号填列。

(9)"营业外收入"项目,反映小企业实现的各项营业外收入金额。包括:非流动资产处置净收益、政府补助、捐赠收益、盘盈收益、汇兑收益、出租包装物和商品的租金收入、逾期未退包装物押金收益、确实无法偿付的应付款项、已作坏账损失处理后又收回的应收款项、违约金收益等。本项目应根据"营业外收入"科目的发生额填列。

(10)"营业外支出"项目,反映小企业发生的各项营业外支出金额。包括:存货的盘亏、毁损、报废损失,非流动资产处置净损失,坏账损失,无法收回的长期债券投资损失,无法收回的长期股权投资损失,自然灾害等不可抗力因素造成的损失,税收滞纳金,罚金,罚款,被没收财物的损失,捐赠支出,赞助支出等。本项目应根据"营业外支出"科目的发生额填列。

(11)"利润总额"项目,反映小企业当期实现的利润总额。本项目应根据营业利润加上营业外收入减去营业外支出后的金额填列。如为亏损总额,以"－"号填列。

(12)"所得税费用"项目,反映小企业根据企业所得税法确定的应从当期利润总额中扣除的所得税费用。本项目应根据"所得税费用"科目的发生额填列。

(13)"净利润"项目,反映小企业当期实现的净利润。本项目应根据利润总额扣除所得税费用后的金额填列。如为净亏损,以"－"号填列。

【例 12-2】

永宏北京工程公司 2×09 年末有关损益类账户的累计发生额，如表 12-4 所示。

表 12-4 　　　　　　永宏北京工程公司损益类科目发生额

2×09 年 12 月 　　　　　　　　　　单位：元

会计科目	借方发生额	贷方发生额
主营业务收入		1 250 000
其他业务收入		0
投资收益		31 500
营业外收入		50 000
主营业务成本	750 000	
其他业务成本	0	
营业税金及附加	2 000	
管理费用	208 000	
财务费用	41 500	
营业外支出	19 700	
所得税费用	112 596	

根据表 12-4 的资料，编制永宏北京工程公司的利润表，如表 12-5 所示。

表 12-5 　　　　　　　　　　利润表　　　　　　　　会小企 02 表

编制单位：永宏北京工程公司 　　2×09 年 　　　　　　单位：元

项　目	本年累计金额	上期金额（略）
一、营业收入	1 250 000	
减：营业成本	750 000	
营业税金及附加	2 000	
其中：消费税		
营业税		
城市维护建设税		
资源税		
土地增值税		
城镇土地使用税、房产税、车船税、印花税		
教育费附加、矿产资源补偿费、排污费		
销售费用	0	
其中：商品维修费		
广告费和业务宣传费		

续表

项　目	本年累计金额	上期金额（略）
管理费用	208 000	
其中：开办费		
业务招待费		
研究费用		
财务费用	41 500	
其中：利息费用（收入以"－"号填列）		
加：投资收益（损失以"－"号填列）	31 500	
二、营业利润（亏损以"－"号填列）	280 000	
加：营业外收入	50 000	
其中：政府补助		
减：营业外支出	19 700	
其中：坏账损失		
无法收回的长期债券投资损失		
无法收回的长期股权投资损失		
自然灾害等不可抗力因素造成的损失		
税收滞纳金		
三、利润总额（亏损总额以"－"号填列）	310 300	
减：所得税费用	112 596	
四、净利润（净亏损以"－"号填列）	197 704	

第四节　现金流量表

一、现金流量表的内容与结构

现金流量表是以现金为基础编制的。这里的"现金"是指小企业的库存现金以及可以随时用于支付的存款和其他货币资金。

现金流量表，是反映小企业在一定会计期间现金流入和流出的报表。从编制原则上看，现金流量表按照收付实现制原则编制，将权责发生制下的盈利信息调整为收付实现制下的现金流量信息。便于信息使用者了解小企业净利润的质量。从内容上看，现金流量表被划分为经营活动、投资活动和筹资活动三个部分。每类活动又分为各具体项目，这些项目从不同角度反映小企业业务活动的现金流入与流出，弥补了资产负债表和利润表提供信息的不足。通过现金流量表，报表使用者能够了解现金流量的影响因素，评价小企业的支付能力、偿债能力和周转能力，预测小企业未来现金流量，为其决策提供有力依据。

小企业现金流量表的具体格式如表12-6所示。

二、现金流量表的编制方法

编制现金流量表时，一般是以利润表中的营业收入为起算点，调节与经营活动有关的项目的增减变动，然后计算出经营活动产生的现金流量。采用这种方法编报现金流量表，便于分析小企业经营活动产生的现金流量的来源和用途，预测小企业现金流量的未来前景。

（一）年报与月报的格式

现金流量表"本年累计金额"栏反映各项目自年初起至报告期末止的累计实际发生额。该表"本月金额"栏反映各项目的本月实际发生额；在编报年度财务报表时，应将"本月金额"栏改为"上年金额"栏，填列上年全年实际发生额。

（二）现金流量表项目的填列方法

1. 经营活动产生的现金流量

（1）"销售产成品、商品、提供劳务收到的现金"项目，反映小企业本期销售产成品、商品、提供劳务收到的现金。本项目可以根据"库存现金"、"银行存款"和"主营业务收入"等科目的本期发生额分析填列。

根据账户记录分析计算该项目的金额，通常可采用以下公式：

$$
\begin{aligned}
&\begin{array}{c}\text{销售产成品、商品、}\\\text{提供劳务收到的现金}\end{array} = \begin{array}{c}\text{当期销售商品、提供}\\\text{劳务收到的现金}\end{array} + \begin{array}{c}\text{当期收回前期的}\\\text{应收账款和应收票据}\end{array}\\
&\qquad + \begin{array}{c}\text{当期预收}\\\text{的账款}\end{array} - \begin{array}{c}\text{当期销售退回}\\\text{支付的现金}\end{array} + \begin{array}{c}\text{当期收回前期}\\\text{核销的坏账损失}\end{array}
\end{aligned}
$$

（2）"收到其他与经营活动有关的现金"项目，反映小企业本期收到的其他与经营活动有关的现金。本项目可以根据"库存现金"和"银行存款"等科目的本期发生额分析填列。

（3）"购买原材料、商品、接受劳务支付的现金"项目，反映小企业本期购买原材料、商品、接受劳务支付的现金。本项目可以根据"库存现金"、"银行存款"、"其他货币资金"、"原材料"、"库存商品"等科目的本期发生额分析填列。

根据账户记录分析计算该项目的金额，通常可采用以下公式：

$$
\begin{aligned}
&\begin{array}{c}\text{购买原材料、商品、}\\\text{接受劳务支付的现金}\end{array} = \begin{array}{c}\text{当期购买商品、接受}\\\text{劳务支付的现金}\end{array} + \begin{array}{c}\text{当期支付前期的}\\\text{应付账款和应付票据}\end{array}\\
&\qquad + \begin{array}{c}\text{当期预付}\\\text{的账款}\end{array} - \begin{array}{c}\text{当期购货退回}\\\text{收到的现金}\end{array}
\end{aligned}
$$

（4）"支付的职工薪酬"项目，反映小企业本期向职工支付的薪酬。本项目可以根据"库存现金"、"银行存款"、"应付职工薪酬"科目的本期发生额填列。

（5）"支付的税费"项目，反映小企业本期支付的税费。本项目可以根据"库存现金"、"银行存款"、"应交税费"等科目的本期发生额填列。

（6）"支付其他与经营活动有关的现金"项目，反映小企业本期支付的其他与经营活动有关的现金。本项目可以根据"库存现金"、"银行存款"等科目的本期发生额分析填列。

2. 投资活动产生的现金流量

（1）"收回短期投资、长期债券投资和长期股权投资收到的现金"项目，反映小企业出售、转让或到期收回短期投资、长期股权投资而收到的现金，以及收回长期债券投资本金而收到的现金，不包括长期债券投资收回的利息。本项目可以根据"库存现金"、"银行存款"、"短期投资"、"长期股权投资"、"长期债券投资"等科目的本期发生额分析填列。

（2）"取得投资收益收到的现金"项目，反映小企业因权益性投资和债权性投资取得的现金股利或利润和利息收入。本项目可以根据"库存现金"、"银行存款"、"投资收益"等科目的本期发生额分析填列。

（3）"处置固定资产、无形资产和其他非流动资产收回的现金净额"项目，反映小企业处置固定资产、无形资产和其他非流动资产取得的现金，减去为处置这些资产而支付的有关税费等后的净额。本项目可以根据"库存现金"、"银行存款"、"固定资产清理"、"无形资产"、"生产性生物资产"等科目的本期发生额分析填列。

（4）"短期投资、长期债券投资和长期股权投资支付的现金"项目，反映小企业进行权益性投资和债权性投资支付的现金。包括：企业取得短期股票投资、短期债券投资、短期基金投资、长期债券投资、长期股权投资支付的现金。本项目可以根据"库存现金"、"银行存款"、"短期投资"、长期债券投资"、"长期股权投资"等科目的本期发生额分析填列。

（5）"购建固定资产、无形资产和其他非流动资产支付的现金"项目，反映小企业购建固定资产、无形资产和其他非流动资产支付的现金。包括：购买机器设备、无形资产、建造工程支付的现金等现金支出，不包括为购建固定资产、无形资产和其他非流动资产而发生的借款费用资本化部分和支付给在建工程和无形资产开发项目人员的薪酬。为购建固定资产、无形资产和其他非流动资产而发生借款费用资本化部分，在"偿还借款利息支付的现金"项目反映；支付给在建工程和无形资产开发项目人员的薪酬，在"支付的职工薪酬"项目反映。本项目可以根据"库存现金"、"银行存款"、"固定资产"、"在建工程"、"无形资产"、"研发支出"、"应付职工薪酬"等科目的本期发生额分析填列。

3. 筹资活动产生的现金流量

（1）"取得借款收到的现金"项目，反映小企业举借各种短期、长期借款收到的现金。本项目可以根据"库存现金"、"银行存款"、"短期借款"、"长期借款"等科目的本期发生额分析填列。

（2）"吸收投资者投资收到的现金"项目，反映小企业收到的投资者作为资本投入的现金。本项目可以根据"库存现金"、"银行存款"、"实收资本"、"资本公积"等科目的本期发生额分析填列。

（3）"偿还借款本金支付的现金"项目，反映小企业以现金偿还各种短期、长期借款的本金。本项目可以根据"库存现金"、"银行存款"、"短期借款"、"长期借款"等科目的本期发生额分析填列。

（4）"偿还借款利息支付的现金"项目，反映小企业以现金偿还各种短期、长期借款的利息。本项目可以根据"库存现金"、"银行存款"、"应付利息"等科目的本期发生额分析填列。

（5）"分配利润支付的现金"项目，反映小企业向投资者实际支付的利润。本项目可以根据"库存现金"、"银行存款"、"应付利润"等科目的本期发生额分析填列。

【例 12-3】

沿用例 12-1 和例 12-2，永宏北京工程公司其他相关资料如下。

资料一：2×09 年度利润表有关项目的明细资料。

（1）管理费用的组成：职工薪酬 17 100 元，无形资产摊销 60 000 元，折旧费 20 000 元，支付其他费用 110 900 元。

（2）财务费用的组成：计提借款利息 11 500 元，支付应收票据贴现利息 30 000 元（不附追索权）。

（3）投资收益的组成：收到股息收入 30 000 元，与本金一起收回的短期投资收益 1 500 元。

（4）营业外收入的组成：处置固定资产净收益 50 000 元（其所处置固定资产原价为 400 000 元，累计折旧为 150 000 元，收到处置收入 300 000 元）。假定不考虑与固定资产处置有关的税费。

（5）营业外支出的组成：报废固定资产净损失 19 700 元（其所报废固定资产原价为 200 000 元，累计折旧 180 000 元，支付清理费用 500 元，收到残值收入 800 元）。

(6) 所得税费用的组成：当期所得税费用为 112 596 元。

资料二：资产负债表有关项目的明细资料。

(1) 本期收回短期投资本金 15 000 元，同时实现投资收益 1 500 元。

(2) 存货中施工成本的组成：职工薪酬 324 900 元，折旧费 80 000 元。

(3) 应交税费的组成：本期增值税贷方余额为 170 034 元，已交增值税 100 000 元；应交所得税期末余额为 20 097 元，应交所得税期初余额为 0。应交税费期末数中，应由在建工程负担的部分为 100 000 元。

(4) 应付职工薪酬的期初数中，无应付在建工程人员的部分，本期支付在建工程人员职工薪酬 200 000 元。应付职工薪酬的期末数中，应付在建工程人员的部分为 28 000 元。

(5) 应付利息均为短期借款利息，其中本期计提利息 11 500 元，支付利息 12 500 元。

(6) 本期用现金购买固定资产 101 000 元，购买工程物资 300 000 元。

(7) 本期用现金偿还短期借款 250 000 元，偿还一年内到期的长期借款 1 000 000 元；借入长期借款 560 000 元。

根据以上资料，采用分析填列的方法，编制永宏北京工程公司 2×09 年度的现金流量表。

永宏北京工程公司 2×09 年度现金流量表各项目金额，分析确定如下：

(1) 销售产成品、商品、提供劳务收到的现金＝主营业务收入＋其他业务收入＋应交税费（应交增值税贷方余额）＋（应收票据年初余额－应收票据期末余额）＋（应收账款年初余额－应收账款期末余额）＋（预收账款期末余额－预收账款年初余额）－当期计提的坏账准备－票据贴现的利息＝1 250 000[来自利润表]＋170 034[资料二(3)]＋（246 000－266 000）（来自资产负债表）＋（299 100－598 200）（来自资产负债表）＋（840 000－840 000）（来自资产负债表）－30 000 [资料一(2)]＝1 070 934（元）

(2) 购买原材料、商品、接受劳务支付的现金＝主营业务成本（本题中无其他业务资料）＋（应付账款年初余额－应付账款期末余额）＋（应付票据年初余额－应付票据期末余额）＋（预付账款期末余额－预付账款年初余额）＋（存货期末余额－存货年初余额）－当期列入施工成本的职工薪酬－当期列入施工成本的折旧费＝750 000（来自利润表）＋（113 800－113 800）（来自资产负债表）＋（200 000－100 000）（来自资产负债表）＋（100 000－100 000）（来自资产负债表）＋（2 284 700－2 580 000）（来自资产负债表）－324 900[资料二(2)]－80 000 [资料二(2)]＝149 800（元）

(3) 支付的职工薪酬＝施工成本、管理费用中职工薪酬＋（应付职工薪酬年初余额－应付职工薪酬期末余额）－［应付职工薪酬（在建工程）年初余额－应付职工薪酬（在建工程）期末余额］＝324 900［资料二(2)］＋17 100［资料一(1)］＋(110 000－180 000)（来自资产负债表）－(0－28 000)［资料二(4)］＝300 000（元）

(4) 支付的税费＝当期所得税费用＋营业税金及附加＋已交增值税金＋(应交所得税期初余额－应交所得税期末余额)＝112 596［资料一(6)］＋2 000（来自利润表）＋100 000［资料二(3)］＋(0－20 097)［资料二(3)］＝194 499(元)

(5) 支付其他与经营活动有关的现金＝销售费用＋其他管理费用＝0＋110 900［资料一(1)］＝110 900(元)

(6) 收回短期投资、长期债券投资和长期股权投资收到的现金＝短期投资贷方发生额＋与短期投资一起收回的投资收益＝15 000［资料二(1)］＋1 500［资料二(1)］＝16 500(元)

(7) 取得投资收益所收到的现金＝收到的股息收入＝30 000［资料一(3)］(元)

(8) 处置固定资产、无形资产和其他非流动资产收回的现金净额＝300 000［资料一(4)］＋(800－500)［资料一(5)］＝300 300(元)

(9) 购建固定资产、无形资产和其他非流动资产支付的现金＝用现金购买的固定资产、工程物资＋支付给在建工程人员的薪酬＝101 000［资料二(6)］＋300 000［资料二(6)］＋200 000［资料二(4)］＝601 000(元)

(10) 取得借款所收到的现金＝560 000［资料二(7)］(元)

(11) 偿还借款本金支付的现金＝250 000［资料二(7)］＋1 000 000［资料二(7)］＝1 250 000(元)

(12) 偿还借款利息支付的现金＝12 500［资料二(5)］(元)

根据上述数据，编制现金流量表（见表12-6）。

表 12-6　　　　　　　　　　　现金流量表　　　　　　　　　　会小企 03 表
编制单位：永宏北京工程公司　　　　　2×09 年　　　　　　　　　　单位：元

项　目	本年累计金额	上期金额（略）
一、经营活动产生的现金流量：		
销售产成品、商品、提供劳务收到的现金	1 070 934	
收到其他与经营活动有关的现金	0	
购买原材料、商品、接受劳务支付的现金	149 800	
支付的职工薪酬	300 000	
支付的税费	194 499	

续表

项　目	本年累计金额	上期金额（略）
支付其他与经营活动有关的现金	110 900	
经营活动产生的现金流量净额	315 735	
二、投资活动产生的现金流量：		
收回短期投资、长期债券投资和长期股权投资收到的现金	16 500	
取得投资收益收到的现金	30 000	
处置固定资产、无形资产和其他非流动资产收回的现金净额	300 300	
短期投资、长期债券投资和长期股权投资支付的现金	0	
购建固定资产、无形资产和其他非流动资产支付的现金	601 000	
投资活动产生的现金流量净额	−254 200	
三、筹资活动产生的现金流量：		
取得借款收到的现金	560 000	
吸收投资者投资收到的现金	0	
偿还借款本金支付的现金	1 250 000	
偿还借款利息支付的现金	12 500	
分配利润支付的现金	0	
筹资活动产生的现金流量净额	−702 500	
四、现金净增加额	−640 965	
加：期初现金余额	1 406 300	
五、期末现金余额	765 335	

第五节　报表附注

　　附注是对资产负债表、利润表、现金流量表等报表中列示项目的文字描述或明细资料，以及对未能在这些报表中列示项目的说明等。附注是财务报表的重要组成部分。小企业应当按照小企业会计准则规定披露附注信息，主要包括下列内容：

　　(1) 遵循小企业会计准则的声明。

　　小企业应当声明编制的财务报表符合小企业会计准则的要求，真实、完整地反映了小企业的财务状况、经营成果和现金流量等有关信息。

　　(2) 短期投资、应收账款、存货、固定资产项目的说明。

　　短期投资的披露格式如下：

项　目	期末账面余额	期末市价	期末账面余额与市价的差额
1. 股票			
2. 债券			
3. 基金			
4. 其他			
合　计			

应收账款按账龄结构披露的格式如下：

账龄结构	期末账面余额	年初账面余额
1 年以内（含 1 年）		
1 年至 2 年（含 2 年）		
2 年至 3 年（含 3 年）		
3 年以上		
合　计		

存货的披露格式如下：

存货种类	期末账面余额	期末市价	期末账面余额与市价的差额
1. 原材料			
2. 在产品			
3, 库存商品			
4. 周转材料			
5. 消耗性生物资产			
……			
合　计			

固定资产的披露格式如下：

项　目	原　价	累计折旧	期末账面价值
1. 房屋、建筑物			
2. 机器			
3. 机械			
4. 运输工具			
5. 设备			
6. 器具			
7. 工具			
……			
合　计			

（3）应付职工薪酬、应交税费项目的说明。

应付职工薪酬的披露格式如下：

应付职工薪酬明细表

会小企 01 表附表 1

编制单位： ___年___月 单位：元

项　目	期末账面余额	年初账面余额
1. 职工工资		
2. 奖金、津贴和补贴		
3. 职工福利费		
4. 社会保险费		
5. 住房公积金		
6. 工会经费		
7. 职工教育经费		
8. 非货币性福利		
9. 辞退福利		
10. 其他		
合　计		

应交税费的披露格式如下：

应交税费明细表

会小企 01 表附表 2

编制单位： ___年___月 单位：元

项　目	期末账面余额	年初账面余额
1. 增值税		
2. 消费税		
3. 营业税		
4. 城市维护建设税		
5. 企业所得税		
6. 资源税		
7. 土地增值税		
8. 城镇土地使用税		
9. 房产税		
10. 车船税		
11. 教育费附加		
12. 矿产资源补偿费		
13. 排污费		
14. 代扣代缴的个人所得税		
……		
合　计		

（4）利润分配的说明。

利润分配表
应交税费明细表

会小企 01 表附表 3

编制单位：　　　　　　　　_____年度　　　　　　　　　　　单位：元

项　目	行次	本年金额	上年金额
一、净利润	1		
加：年初未分配利润	2		
其他转入	3		
二、可供分配的利润	4		
减：提取法定盈余公积	5		
提取任意盈余公积	6		
提取职工奖励及福利基金*	7		
提取储备基金*	8		
提取企业发展基金*	9		
利润归还投资**	10		
三、可供投资者分配的利润	11		
减：应付利润	12		
四、未分配利润	13		

　*提取职工奖励及福利基金、提取储备基金、提取企业发展基金这 3 个项目仅适用于小企业（外商投资）按照相关法律规定提取的 3 项基金。
　**利润归还投资这个项目仅适用于小企业（中外合作经营）根据合同规定在合作期间归还投资者的投资。

（5）用于对外担保的资产名称、账面余额及形成的原因；未决诉讼、未决仲裁以及对外提供担保所涉及的金额。

（6）发生严重亏损的，应当披露持续经营的计划、未来经营的方案。

（7）对已在资产负债表和利润表中列示项目与企业所得税法规定存在差异的纳税调整过程。参见《中华人民共和国企业所得税年度纳税申报表》。

（8）其他需要说明的事项。

附录一　小型施工企业内部财务会计制度实用范本

范本一　公司会计工作基本规定

第一章　总　则

第一条　为加强公司的会计工作，发挥会计在公司经营管理和提高经济效益中的作用，特制定本规定。

第二条　公司会计部门的职能是：

（一）认真贯彻执行国家有关的会计、财务管理制度。

（二）建立健全财务管理的各种规章制度，编制财务计划，加强经营核算管理，反映、分析财务计划的执行情况，检查监督财务纪律。

（三）积极为经营管理服务，促进公司取得较好的经济效益。

（四）厉行节约，合理使用资金。

（五）合理分配公司收入，及时完成需要上交的税收及管理费用。

（六）对有关机构及财政、税务、银行部门了解，检查会计工作，主动提供有关资料，如实反映情况。

（七）完成公司交给的其他工作。

第三条　公司财务部由财务经理、会计、出纳和审计工作人员组成。

在没有专职财务经理之前，财务经理职责由指定会计兼任承担。

第四条　公司各部门和职员办理财会事务，必须遵守本规定。

第二章　会计工作岗位职责

第五条　总会计师负责组织本公司的下列工作：

（一）编制和执行预算、财务收支计划、信贷计划，拟订资金筹措和使用方案，开辟财源，有效地使用资金。

（二）进行成本费用预测、计划、控制、核算、分析和考核，督促本公司有关部门降低消耗、节约费用、提高经济效益。

（三）建立健全经济核算制度，利用财务会计资料进行经济活动分析。

（四）承办公司领导交办的其他工作。

第六条　主管会计的主要工作职责是：

（一）按照国家会计制度的规定，记账、复账、报账做到手续完备、数字准确、账目清楚，按期报账。

（二）按照经济核算原则，定期检查、分析公司财务、成本和利润的执行情况，挖掘增收节支潜力，考核资金使用效果，及时向总经理提出合理化建议，当好公司参谋。

（三）妥善保管会计凭证、会计账簿、会计报表和其他会计资料。

（四）完成总经理或主管副总经理交付的其他工作。

第七条　出纳的主要工作职责是：

（一）认真执行现金管理制度。

（二）严格执行库存现金限额，超过部分必须及时送存银行，不坐支现金，不认白条抵压现金。

（三）建立健全现金出纳各种账目，严格审核现金收付凭证。

（四）严格支票管理制度，编制支票使用手续，使用支票须经总经理签字后，方可生效。

（五）积极配合银行做好对账、报账工作。

（六）配合会计做好各种账务处理。

（七）完成总经理或主管副总经理交付的其他工作。

第八条　审计的主要工作职责是：

（一）认真贯彻执行有关审计管理制度。

（二）监督公司财务计划的执行、决算、预算外资金收支与财务收支有关的各项经济活动及其经济效益。

（三）详细核对公司的各项与会计有关的数字、金额、期限、手续等是否准确无误。

（四）审阅公司的计划资料、合同和其他有关经济资料，以便掌握情况，发现问题，积累证据。

（五）纠正会计工作中的差错弊端，规范公司的经济行为。

（六）针对公司会计工作中出现问题及产生的原因，提出改进建议和措施。

（七）完成总经理或主管副总经理交付的其他工作。

第三章　会计工作管理

第九条　会计年度自一月一日起至十二月三十一日止。

第十条　会计凭证、会计账簿、会计报表和其他会计资料必须真实、准确、完整，并符合会计制度的规定。

第十一条　会计工作人员办理会计事项，必须填制或取得原始凭证，并根据审核的原始凭证编制记账凭证。会计、出纳员记账，都必须在记账凭证上签字。

第十二条　会计工作人员应当会同总经理办公室专人定期进行财务清查，保证账簿记录与实物、款项相符。

第十三条　会计工作人员应根据账簿记录编制会计报表，上报总经理，并报送有关部门。会计报表每月由会计编制并上报一次。会计报表须经会计签名或盖章。

第十四条　会计工作人员对本公司实行会计监督。

财务工作人员对不真实、不合法的原始凭证，不予受理；对记载不准确、不完整的原始凭证，予以退回，要求更正、补充。

第十五条　会计工作人员发现账簿记录与实物、款项不符时，应及时向总经理或主管副总经理书面报告，并请求查明原因，作出处理。

财务工作人员对上述事项无权自行作出处理。

第十六条　会计工作应当建立内部稽核制度，并做好内部审计。

出纳人员不得兼管稽核、会计档案保管和收入、费用、债权和债务账目的登记工作。

第十七条　财务审计每季一次。审计人员根据审计事项实行审计，并做出审计报告，报送总经理。

第十八条　会计工作人员调动工作或者离职，必须与接管人员办清交接手续。

会计工作人员办理交接手续，由总经理办公室主任、主管副总经理监交。

第四章　支票管理

第十九条　支票由出纳员或总经理指定专人保管。支票使用时须有"支票领用单"，经总经理批准签字，然后将支票按批准金额封头，加盖印章，填写日期、用途、登记号码，领用人在支票领用簿上签字备查。

第二十条　支票付款后凭支票存根，发票由经手人签字、会计核对（购置物品由保管员签字）、总经理审批。填写金额要无误，完成后交出纳人员。出纳员统一编制凭证号，按规定登记银行账号，原支票领用人在"支票领用单"及登记簿上注销。

第二十一条　会计人员月底清账时凭"支票领用单"转应收款，发工资时从领用工资内扣还，当月工资扣还不足，逐月延扣以后的工资，领用人完善报账手续后再作补发工资处理。

第二十二条　对于报销时短缺的金额，会计人员要及时催办，到月底按第二十一条规定处理。

凡一周内收入款项累计超过 10 000 元或现金收入超过 5 000 元时，会计或出纳人员应报告总经理。凡与公司业务无关款项，不分金额大小，由承办人报告总经理。

第二十三条　凡 1 000 元以上的款项进入银行账户两日内，会计或出纳人员报告总经理。

第二十四条　公司会计人员支付（包括公私借用）每一笔款项，不论金额大小，均须由总经理签字。若总经理外出，应由会计人员设法通知，同意后可先付款后补签。

第五章　现金管理

第二十五条　公司可以在下列范围内使用现金：
（一）职员工资、津贴、奖金；
（二）个人劳务报酬；
（三）出差人员必须携带的差旅费；
（四）结算起点以下的零星支出；
（五）总经理批准的其他开支。
前款结算起点定为 1 000 元，结算规定的调整，由总经理确定。

第二十六条　除本规定第二十五条外，会计人员支付个人款项，超过使用现金限额的部分，应当以支票支付；确需全额支付现金的，经会计审核，总经理批准后支付现金。

第二十七条　公司固定资产、办公用品、劳保、福利及其他工作用品必须采取转账结算方式，不得使用现金。

第二十八条　日常零星开支所需库存现金限额为 2 000 元。超额部分应存入银行。

第二十九条　会计人员支付现金，可以从公司库存现金限额中支付或从银行存款中提取，不得从现金收入中直接支付（即坐支）。

因特殊情况确需坐支的，应事先报经总经理批准。

第三十条　会计人员从银行提取现金，应当填写《现金领用单》，并写明用途和金额，由总经理批准后提取。

第三十一条　公司职员因工作需要借用现金，需填写《借款单》，经会计审核，交总经理批准签字后方可借用。超过还款期限即转应收款，在当月工资中扣还。

第三十二条　符合本规定第二十五条的，凭发票、工资单、差旅费单及公司认可的有效报销或领款凭证，经手人签字，会计审核，总经理批准后由出纳支付现金。

第三十三条　发票及报销单经总经理批准后，由会计审核，经手人签字，金额数量无误，填制记账凭证。

第三十四条　工资由会计人员依据总经理办公室及各部门每月提供的核发工资资料代理编制职员工资表，交主管副总经理审核，总经理签字，会计人员按时提款，当月发放工资，填制记账凭证；进行账务处理。

第三十五条　差旅费及各种补助单（包括领款单），由部主任签字，会计审核时间、天数无误并报主管副总经理复核后，送总经理签字，填制凭证，交出纳员付款，办理会计核算手续。

第三十六条　无论何种汇款，会计人员都须审核《汇款通知单》，分别由经手人、部主任、总经理签字。会计审核有关凭证。

第三十七条　出纳人员应当建立健全现金账目，逐笔记载现金支付。账目应当日清月结，每日结算，账款相符。

第六章　会计档案管理

第三十八条　凡是本公司的会计凭证、会计账簿、会计报表、会计文件和其他有保存价值的资料，均应归档。

第三十九条　会计凭证应按月、按编号顺序每月装订成册，标明月份、季度、年起止、号数、单据张数，由会计及有关人员签名盖章（包括制单、审核、记账、主管），由总经理指定专人归档保存，归档前应加以装订。

第四十条　会计报表应分月、季、年报，按时归档，由总经理指定专人保管，并分类填制目录。

第四十一条　会计档案不得携带外出，凡查阅、复制、摘录会计档案，须经总经理批准。

第七章　处罚办法

第四十二条　出现下列情况之一的，对会计人员予以警告并扣发本人月薪1～3倍：

（一）超出规定范围、限额使用现金的，或超出核定的库存现金金额留存现金的；

（二）用不符合财务会计制度规定的凭证顶替银行存款或库存现金的；

（三）未经批准，擅自挪用或借用他人资金（包括现金）或支付款项的；

（四）利用账户替其他单位和个人套取现金的；

（五）未经批准坐支或未按批准的坐支范围和限额坐支现金的；

（六）保留账外款项或将公司款项以会计人员个人储蓄方式存入银行的；

（七）违反本规定条款认定应予处罚的。

第四十三条　出现下列情况之一的，会计人员应予解聘。

（一）违反财务制度，造成财务工作严重混乱的；

（二）拒绝提供或提供虚假的会计凭证、账表、文件资料的；

（三）伪造、变造、谎报、毁灭、隐匿会计凭证、会计账簿的；

（四）利用职务便利，非法占有或虚报冒领、骗取公司财物的；

（五）弄虚作假，营私舞弊，非法谋私，泄露秘密及贪污挪用公司款项的；

（六）在工作范围内发生严重失误或者由于玩忽职守致使公司利益遭受损失的；

（七）有其他渎职行为和严重错误，应当予以辞退的。

第八章　附　则

第四十四条　本规定由总经理办公会负责解释。

第四十五条　本规定自发布之日起生效。

范本二　公司现金管理制度

为加强现金管理，规范现金结算行为，杜绝各种不合理占用损失，根据《现金管理暂行条例》，结合公司实际，制定本制度。

第一条　现金的收取范围。

（一）个人购买公司的物品或接受劳务；

（二）个人还款、赔偿款、罚款及备用金退回款；

（三）无法办理转账的销售收入；

（四）不足转账起点的小额收入；

（五）其他必须收取现金的事宜。

第二条　现金的使用范围。

（一）职工工资、奖金、津贴；

（二）各种劳保、福利费以及对职工个人的其他支出；

（三）支付企业外部个人的劳动报酬；

（四）向个人收购农副产品的价款；

（五）出差人员必须随身携带的差旅费；

（六）票据结算起点（1 000元）以下的零星支出；

（七）向股东支付红利；

（八）按规定允许使用现金的其他支出。

第三条　库存现金的限额。

（一）财务部门要结合现金结算量和与开户行的距离合理核定库存现金限额。

（二）库存限额以不超过两天的开支额为限，具体数额由财务部向主办银行提出申请，主办银行核定。

（三）核定后的库存现金限额，出纳员必须严格遵守，若发生意外损失，超限额部分的现金损失由出纳员承担赔偿责任。

（四）需要增加或减少库存现金限额的，应申明理由，请主办银行重新核定。

第四条　现金收付业务的规定。

（一）现金收付必须坚持收有凭、付有据，堵塞由于现金收支不清、手续不全等导致的支出漏洞。

（二）财务部门的出纳职能具有垄断性。除财务部门或受财务部门委托外，任何单位或个人都不得代表公司接受现金或与其他单位办理结算业务。

（三）出纳员在收取现金时，应仔细审核收款单据的各项内容，收款时坚持当面点清，认真鉴别钞票的真伪，防止假币和错收。若发生误收假币或短款，由出纳员承担一切损失。

（四）现金收讫无误后，要在收款凭证上加盖现金收讫章和出纳员个人章，并及时编制会计凭证。

（五）对于需支付现金的业务，会计人员必须审查现金支付的合法性与合理性，对于不符合规定或超出现金使用范围的支付业务，会计人员不得办理。

（六）办理现金付款时，会计人员应认真审查原始凭证的真实性与正确性，审查是否符合公司规定的签批手续，审核无误后，填制现金付款凭证。

（七）出纳人员必须根据审核无误、审批手续齐全的付款凭证支付现金，并要求经办人员在付款凭证上签上自己的名字。

（八）支付现金后，出纳员要在付款凭证上加盖现金付讫章和出纳员个人章，并及时处理有关账务。

（九）不准以白条抵充库存现金。现金收支要做到日清月结，不得跨期、跨月处理账务。

（十）每天收入的现金，应及时足额送存银行，不得坐支。

（十一）任何部门和个人，都不得以任何理由公款私借。个人因公借款，按《职工借款管理制度》规定办理。

（十二）出纳人员因特殊原因不能及时履行职责时，须由财务部负责人指定专人代办有关业务，不得私自委托。

（十三）非现金出纳代收现金时，要及时登记"现金收付款项交接簿"，办理交接手续。"现金收付款项交接簿"要同现金日记账一起保管归档。

（十四）严禁会计人员将公款携至自己家中存放保管。

（十五）因业务需要，在企业外部收取大量现金的，应及时向公司财务部和公司负责人汇报，并妥善处置，任何人不得随意带回。否则，发生损失由责任人赔偿。

（十六）因对外采购地点不确定、交通不便、银行结算不便、生产经营急需或特殊情况必须使用大额现金的，由使用部门向财务部提出申请，经财务负责人及总经理同意后，准予支付现金。

（十七）财务部负责人应定期监盘库存现金。

范本三　公司备用金及暂借款管理制度

▌第一章　总　则

第一条　为了加强对备用金及暂借款的管理，保证公司资金的安全和财务成果的真实，依据企业会计制度的有关规定，结合我公司的实际情况，特制定本办法。

第二条　本制度所称的备用金，是指拨付（借支）给公司内部有关业务与职能管理部门人员，用于日常业务零星开支的备用款项。

第三条　本制度所称的暂借款，是指因生产经营工作的需要，由业务经办人员暂时以借款的形式申请支付的各种款项，包括押金、保证金及其他临时性的请款。

▌第二章　备用金的管理

第四条　对备用金的使用实行定额管理办法，即对经批准使用备用金的个人，由公司财务部门会同主管经理根据业务需要事先核定备用金定额，并编制定额备用金使用人员名单，再由使用部门（或个人）按核定的金额填制定额备用金申请单，一次从财务部门内领出款项。

第五条　对下列经济业务开支，可申请使用定额备用金：

（一）经常性、因公出差的业务人员（不包括项目部施工人员）的差旅费用。

（二）司机人员的出差费用（包括油料、过路费等）

（三）办公室报账人员的日常办公费用等支出。

（四）其他经批准使用定额备用金的备用款项。

第六条　对使用定额备用金的业务人员，平时报销不销账、不再办理请款（借款），使用后凭审核后的发票等凭证实际金额向财务部门领取现金；每年的12月25日前，备用金的使用人必须办理清算手续，逾期不办理报销或退款手续的，财务部门将从本人工资性收入中如数扣回，并将取消其使用定额备用金的资格。对准许继续使用备用金的人员，可于次年的1月1日后办理备用金的审批手续。由于工作变动或业务内容发生变化，备用金的使用人员应及时办理退还手续。

第三章 暂借款的管理

第七条 因生产经营工作需要，需预先支付有关款项的业务，可由业务经办人员办理暂借款手续，由业务经办人员填制暂借款申请单，经部门和单位领导同意后，到财务部门办理借款手续，借款人应在该项业务完毕后的 10 日以内，到财务部门办理报销冲账或退款手续，逾期不办理报销或退款手续的，财务部门将从本人工资性收入中如数扣回。

第八条 个人因公出差申请临时借款，应同时提交因公出差派遣单，详细填写出差原因及出差费用预算，经财务部门审核后办理借款手续。差旅费的报销应附出差派遣单，并以此为依据计算有关出差补助等费用。

第九条 涉及押金、保证金等款项的支付，由业务经办人员办理暂借款，业务完毕后 10 日内到财务部门办理冲销手续。

第十条 暂借款的支付应坚持先冲（还）旧账后请新账的原则，旧账不清，不得办理新的借款，由于特殊原因不能在规定的时间办理完旧账的冲销手续的，经批准办理延期报销手续后，方能办理新的借款。

第四章 项目部的备用金及暂借款的管理

第十一条 项目部应严格按照定额备用金的使用范围支付备用金，对超过定额备用金范围的款项，应按暂借款办理借款手续。项目部人员工作变动或工程完工，应主动退回定额备用金，工地财务人员不得无故挂账或将定额备用金划转公司（分公司）本部。

第十二条 项目部应加强对暂借款的管理，严格按照公司有关管理规定和手续办理暂借款的支付，对各种工资性费用的发放，必须按照公司有关工资费用发放的有关规定进行，一律不得以暂借款的形式进行支付；对超过公司规定标准的大额经营活动费用的支付，一律在××（地名）办理，未经批准，项目部不得代支。

第十三条 项目部工作人员因工作变动或工程完工，必须清理完其借支的款项，对无故不办理清账手续的，公司内部各单位（项目部）不得再向其借款，有关借款从其工资性收入中扣回。

第十四条 项目会计人员应及时清查有关借款，不得长期挂账或无故将工地的备用金及暂借款划转公司（分公司）本部。

第五章 清查及责任追究制度

第十五条 财务部门应对备用金及暂借款进行明细核算，并建立定期与不定期相结合的清查与对账制度，防止备用金及暂借款被挪用或滥用，保证公司资产的安全完整。对长期占用暂借款不办理报销的，应分项提出处理意见，报公司有关部门或单位进行处理。

第十六条 对无特殊的原因引起项目部备用金或暂借款数额过大，或违规支付借款或借款逾期无法及时追回的，将对有关项目会计人员或相关人员进行处理。

第十七条 对无法追回的备用金和暂借款，借款单位（部门）应作出书面报告，该笔账款的审批人应作出专项说明，有关损失按照公司有关坏账损失的处理程序进行处理，并追究有关责任人员的经济及行政责任。

第六章 附 则

第十八条 本制度从发布之日起施行，原有关备用金管理方面的制度与本制度相抵触的，以本制度为准。

第十九条 本制度由公司资产财务部负责解释。

范本四　零用金管理细则

第一条　有关零用金的设置划分如下：

（一）公司本部由财务部负责各单位的零星支付。

（二）工地总务组负责设置零用金管理人员，尽可能由原有办理总务人员兼办，必要时再行研讨设置专人办理。

第二条　零用金额暂定为工地每月经常保持 5 万元，将来视实际状况或减或增，再行研办。

第三条　零用金借支程序如下：

（一）各单位零星费用开支，如需预备现金，应填具零用金借（还）款通知单，交零用金管理人员，即凭单支给现金。

（二）零用金之暂支，不得超过 1 000 元，特别事故者应由企业部经理核准。

（三）零用金之借支，经手人应予一星期内取得正式发票或收据，加盖经手人与主管之费用章后，交零用金管理人冲转借支。如超过一星期尚未办理冲转手续时，得将该款转入经手人私人借支户，并于当月发薪时一次扣还。

第四条　零用金保管及作业程序如下：

（一）零用金之收支应设立零用金账户，并编制收支日报，送呈经理核阅。

（二）零用金每星期应将收到之发票或收据，编制零用支出传票结报一次，送交财务部。

（三）财务部收到零用金支出传票后，应于当天即行付款，以期保持零用金总额与周转。

（四）财务部收到零用金支付传票，补足零用金后，如发现所附单据有疑问，可直接通知各部经手人办理补正手续。

（五）零用金账户应逐月清结。

第五条　零用金应由保管人出具保管收据，存财务部，如有短少，概由保管人员负责赔偿。

第六条　本细则经批准后实施。

范本五　暂借款管理办法

第一章　总　则

第一条　为提高公司资金使用效益，减少资金占用，特制定本办法。

第二章　管理范围

第二条　暂借款是指因特殊用途的临时性借款。包括：

（一）差旅费借款；

（二）零星购物借款；

（三）其他临时性借款。

第三章　借款程序和标准

第三条　对因公出差。

（一）需借支差旅费时，应填写请款单，注明预借金额；

（二）经各级主管审查、审核、签批后，到财务部领款；

（三）财务部以请款单为借款依据、报销差旅费审核依据。

第四条　对零星购物借款。

（一）由采购部门作出书面采购计划；

（二）经各级主管审查、审核、签批；

（三）到财务部领款；

（四）财务部以采购请款单为借款依据。

第五条　一般零星购物借款限额为 2 000 元，采购主管可领取定额借款（备用金），定额标准由各部门经理拟订，报总经理批准。

第六条　对个人临时性借款。

（一）一般不予借给，特殊情况经批准可借给；有借款尚未还清者，一律不准再借。

（二）借款人填写借款单，注明个人用途。

（三）经各级主管签批。

（四）财务部以请款单作为借款还款依据。

第七条 个人借款一般不超过其 2 个月工资额，超过时须有公司担保人。

第八条 暂借款可使用现金、支票或汇票支付，视不同情况和公司财务规定确定。对经常性借款人员，经批准可办理信用卡。

第九条 暂借款还款、报销期限。

（一）对出差人员，在返回公司 5 天内报销差旅费；

（二）对领用备用支票、汇票结算的采购，使用后 5 天内报销；

（三）对领用备用金的部门、个人，定期（不定期）报销；

（四）对个人借款，最长不超过 2 个月还款。

第十条 借款人应按规定期限及时报销或还款。

第四章 监督和处罚

第十一条 借款人应严格按照借款用途使用借款，不得挪作它用；否则，应按情节轻重追究责任。

第十二条 财务部门定期、不定期清理暂借款。对逾期未还、未报者，发送报销催办单，通知当事人；仍未改进者，扣除工资和采取其他措施。

第五章 附 则

第十三条 本办法由财务部解释、修订，经总经理批准颁行。

范本六　公司支票管理办法

为加强本公司财务管理制度，保障货币资金安全，特制订本办法。

第一条　业务人员因需用支票，领用时应事先将支票登记好，填写收款单位、支票用途、支票号码、预计用款金额等，由经手人在挂支单上签字或盖章。财会人员在签发支票时，必须填写好日期、抬头、用途，金额大、小写。

第二条　借用支票时，财会人员应根据经济合同或业务性质，确定资金使用限额，领用支票人员必须在规定的资金限额内严格掌握使用。遇到特殊情况需要超过使用限额时，要事先与财会人员联系，经财会人员同意后才能使用。否则造成银行"空额"影响用款或发生银行罚款时，由使用人负责。

第三条　借用支票人员办理完业务回到企业后，应持货票填制挂支单，并于当日进行清理，由于客观原因当日不能清理时，应及时向财会人员报告实际使用数额，以便掌握资金。

第四条　"使用限额"当日有效。如当日未能使用而次日需继续使用时，须与财会人员重新核定限额。

第五条　支票开好后，业务人员必须将存根数字和支票票面数字核对相符。支票存根必须按规定填写单位名称、金额、款项用途。

第六条　财会人员要及时清理所借支的支票，发现逾期挂支时，要及时查询，发现问题及时上报。

第七条　为防止支票丢失或被盗，对未用完的支票，业务人员必须于当日交回企业财会部门注销。

第八条　空白支票和支票印鉴，必须设专人分开负责保管。支票必须随签发、随盖章，不得事先盖章备用，严防支票遗失和被盗。

第九条　财会部门要建立严格的支票管理制度。必须指定专人负责支票的购买及使用，并建立支票登记本，按照支票号码逐一进行登记。对已签发出的支票，要及时催报注销，并定期核对。发现丢失短少，必须及时查找，并向领导汇报。

第十条　业务人员每次借用支票一般不超过两张，特殊情况最多不得超过5张，已用的支票应于当日将支票存根和原始凭证一并交回财会部门。遇特殊情况当日报账有困难的，最多不得超过3天。财会部门接到交回的支票存根时，要核对号码，及时注销。财会部门对借出的支票有权随时督促报账。

第十一条 借用支票人员必须对所借支票予以妥善保管，不得随便乱改。保管和签发支票要按规定办理，否则发生支票丢失而使企业遭受损失的，要追究当事人的责任，并根据情况赔偿部分或全部经济损失。

第十二条 借用支票人员一旦发现支票丢失被盗，应立即查找，及时向领导汇报，并向财会、保卫部门反映，迅速到银行办理挂失手续，向公安部门报案。

第十三条 签发支票时，支票用途项内容要填写真实、齐全，字迹要清晰，不得更改大小写金额，为避免签发空头支票，财会人员应准确地控制银行存款余额，及时正确地记载账务，定期与银行对账单进行核对，发现问题及时解决。

第十四条 严格结算办法，必须做到：

（一）不准签发空头支票；

（二）不准签发远期或空期支票；

（三）不准将支票出租、出借或转让给其他单位和个人使用；

（四）不准将支票做抵押；

（五）不准签发印鉴不全、印鉴不符的支票。

第十五条 支票使用要求。

（一）支票金额起点为 1 000 元。

（二）支票的提示付款期限自出票日起 10 日（自签发的次日算起，到期日遇假日顺延），但中国人民银行另有规定的除外。

（三）签发支票应使用碳素墨水填写，没有按规定填写，被涂改冒领的，由签发人负责。

（四）不得更改支票大小写金额和收款人姓名，其他内容如有更改，必须由签发人加盖预留银行印鉴。

第十六条 过期、作废支票要按号粘贴在原始凭证序号中，妥善保管，不准将支票乱扔乱放。

范本七　发票使用管理办法

　　为加强本企业发票管理工作，保证公司财产安全以及各项经营活动的正常进行，根据《中华人民共和国发票管理办法》、《中华人民共和国发票管理办法实施细则》，结合本公司具体情况，制定本办法。

　　第一条　本单位对外销售商品、提供服务以及从事其他经营活动并收取款项的，应当向付款方开具发票；

　　第二条　本单位购买商品、接受劳务以及从事其他经营活动支付款项，应当向收款方取得发票。取得发票时，不得要求变更品名和金额。不得接受或填开与实际经济业务内容不符的发票。

　　第三条　开具发票应当按照规定的时限、顺序，逐栏、全部联次一次性如实开具，并加盖单位发票专用章（或财务专用章）。开具后的发票存根联应当按照顺序号装订成册（注：发票专用章不得由出纳保管）。

　　第四条　发票的填写必须字迹清楚，不得涂改，如填写有误，应另行开具发票，并在误填的发票上注明"误填作废"。

　　第五条　本单位必须按发票管理规定，正确使用发票。不得填开大头小尾的发票，不得转借、转让发票，不得代其他单位开发票。

　　第六条　任何单位和个人不得转借、转让、代开发票，未经税务机关批准，不得拆本使用发票，不得自行扩大专业发票使用范围。

　　第七条　《增值税专用发票使用规定》按国家税务总局 1993 年国税发 150 号文件执行。

　　第八条　本单位必须指定专责办税人员负责发票的购买及使用，并建立发票登记本，按照发票种类、名称、字轨号码、联次逐一进行登记，并定期向主管税务机关报告。

　　第九条　应当按照税务机关的规定存放和保管发票及发票专用章（财务专用章），不得擅自损毁。已经开具的发票存根联和发票登记簿，应当保存五年。

范本八　差旅费报销标准及管理办法

　　为了保证出差人员工作与生活的需要，本着节约开支、负担公平的原则，结合公司实际，特对差旅费报销标准及管理制度进行如下修订。

　　第一条　出差人员的住宿费实行限额凭据报销的办法，按出差的实际住宿天数计算报销。伙食补助费实行包干办法，按出差的自然天数计发。

　　第二条　工作人员出差的住宿费开支标准。

　　机关管理人员到项目部出差，由项目经理部安排住宿工地。

　　管理人员到分公司、项目所在地以外的地方出差，住宿费开支标准如下：

　　（一）中层管理人员及以下，一般地区 100 元/人·天，特殊地区 140 元/人·天。

　　（二）公司领导层副职（含高级职称及副总工程师、副总经济师等同级管理人员）180 元/人·天。

　　以上所列均为各标准段的上限，财务部门依据出差人员住宿发票核实报销数额，超过规定的限额部分自理；节省部分按节约金额的 50% 计发给个人，予以奖励。

　　出差人员由接待单位免费接待或住在亲友家，无住宿费发票的，一律不予报销住宿费。

　　特殊地区是指：北京市、上海市、广州市、深圳市、珠海市、厦门市海口等一线城市。

　　第三条　临时出差人员、管理人员出差伙食补助费和市内交通费开支标准。

　　（一）出差伙食补助费，不分途中和住勤，也不分地区，每人每天补助 20 元。

　　管理人员到项目部出差，出差天数在 10 天以内（含 10 天）的，每人每天补助 20 元，超过的部分按项目部人员施工补助标准执行。

　　（二）工作人员出差期间，乘坐除出租车以外的其他交通工具，凭车票实报实销，无车票的，每人每天补助市内交通费 10 元；特殊情况乘坐出租车的，经主管领导审批后予以报销，报销上限为 20 元/人·天。自带交通工具或接待单位提供交通工具的出差人员，不执行此规定。

　　第四条　出差人员乘坐飞机将从严控制，出差路途较远或出差任务紧急的，经总经理批准方可乘坐飞机；对出差人员经批准乘坐飞机者，其乘坐往返机场的专线客车费用，可在出差人员市内交通费报销范围之外凭据报销。

第五条 职工因公出差，乘坐朝发夕至列车的，原则上不允许乘坐卧铺，乘坐卧铺的，按硬座标准报销；

第六条 乘坐火车，从晚8时至次日晨7时之间，在车上过夜6小时以上的，或连续乘车时间超过12小时的，可购同席硬席卧铺票，公司级领导可购同席火车软席卧铺票。

具备乘坐卧铺条件而未乘坐的，硬座补助标准如下：

（一）乘坐特快列车的，按特快列车硬席座位票价的50％计发；

（二）乘坐新型空调特快列车和新型空调直达特快列车（"Z"字头）的，分别按新型空调特快列车和新型空调直达特快列车硬席座位票价的30％计发；

（三）乘坐火车慢车和直快列车的，分别按慢车和直快列车硬席座位票价的60％补助；

（四）乘坐动车组列车的，视同乘坐火车卧铺席位，不计发硬座补助费。

符合乘坐火车软席卧铺条件的，如果改乘硬席座位，也按本条规定的硬席座位票价的比例发给；但改乘硬席卧铺的，不执行本规定，也不发给软卧和硬卧票价的差额。

项目部施工人员，因个人原因往返的差旅费不予报销。

合同工出差、需乘坐火车的，原则上不允许乘坐卧铺，乘坐硬座的按票价实报实销，已乘坐卧铺的按硬座票价标准报销，给予伙食补助20元/天。

第七条 乘坐长途客车的，车票注明始发站与终点站（中途有换乘的地点连续），按票面金额报销；未标明起始、终点地点的车票，按0.2元/公里的标准予以核定报销。

夜间乘坐长途汽车、轮船最低一级舱位（轮船）超过6小时的，每人每夜按第三条第1款规定的标准，加发一天伙食补助费。

第八条 工作人员外出参加会议，会议期间的伙食补助费、住宿费，应由主持召开会议单位统一支付，由主持召开会议单位开具票据按实报销，会议期间的伙食补助费不予计发，仅计发往返路途期间的伙食补助费。

第九条 职工工休、探亲、婚、丧假差旅费，须向财务提供公司相关部门核批的工休、探亲、婚、丧假假条，需乘坐火车的，按最近距离硬座标准报销火车费及相应的长途汽车费，绕道的扣除绕道车费。

对已达到公司规定的探亲假条件、资格，因特殊情况和工作需要坚守工作岗位的职工，经公司领导同意其家属反探亲的情形，按单人探亲假标准报销车费。特殊情况须经公司领导审核批准。

对在异地施工的职工回公司办理计划生育类证明，所发生的差旅费按硬座标准报销。

对在异地施工的职工回公司参加由公司统一组织报名的与职称相关的考试，按出差标准报销差旅费。

对新分配、新招聘的大学毕业生、专业管理人员和技术人员到公司报到的差旅费，按硬座标准报销，绕道的扣除绕道车费，无其他补贴。

对新招收的农村合同工，按硬座标准报销车费及相应的长途汽车费，长途汽车费按第七条规定的标准报销，无其他补贴。

第十条 自带交通工具或接待单位提供交通工具出差的人员，途中每人每天补助 20 元，路上发生的就餐费用自理。

第十一条 工作人员公司内部工作调动的交通费、住宿费、伙食补助费，按以上有关规定执行，工作人员调动工作，不得乘坐飞机。

工作人员调动工作的行李、家具等托运费，不分工作人员和家属，每人在不超过 500 千克范围内按实报销，超过部分由个人自理。个人的书籍、仪器运费，凭据报销。行李、家具等包装费用，均由个人自理。

第十二条 工作人员趁出差或调动工作之便，事先经单位领导批准就近回家省亲办事的，其绕道车、船费，扣除出差直线单程车、船费，多开支的部分由个人自理。

职工出差期间，因游览或非因工作需要的参观而开支的一切费用，均由个人自理。

第十三条 以下几种情况不适用本规定：

（一）实行经营承包管理办法的市场部门、事业部人员不适用本规定。

（二）管理人员出差项目时间超过 10 天的，按项目部管理办法执行。

（三）项目施工人员的外地施工津贴，属于职工薪金范畴，按人力资源部关于劳资方面的有关规定执行。

第十四条 出差国外的管理人员，其报销、补贴标准，参照行政事业单位出差人员差旅费报销、补贴标准执行。

第十五条 本规定解释权、修改权归公司资产财务部。

第十六条 本规定自发布之日起执行，公司在此之前有关差旅费报销的规定同时废止。

范本九　公司费用开支标准

第一章　出差补贴标准

第一条　出差是指公司员工受公司主管负责人派遣，在公司办公所在地城市以外的地区履行公务，并根据本制度的规定享受相应标准的出差补贴、伙食补贴和交通补贴。在公司办公所在地城市市内履行公务，不享受出差补贴、伙食补贴和交通补贴。

第二条　公司员工出差，应严格履行报批手续，未经批准，不得自行出差，自行出差或因私出差所发生的旅差费，均由其本人自行承担，公司不予报销。

第三条　公司各部门应严格控制出差人数，并考虑其完成任务的期限，确定合理出差日期，逾期出差，应向上一级主管负责人报告，对因公出差人员，按相应标准报销出差费用。

第四条　公司员工外地出差，不得乘坐飞机、火车软卧车厢和轮船头等舱。

第五条　出差补贴实行全额包干制，具体包干标准见下表（单位：元/日）：

级别/出差地点		京、津、穗、深、珠、厦	其他省会城市	一般地级城市	县级城市及以下
部门经理	住宿标准	240	200	160	120
	伙食补贴	80	60	50	40
	交通补贴	60	50	40	30
	合　计	380	310	250	190
主　管	住宿标准	200	160	120	100
	伙食补贴	60	50	40	30
	交通补贴	50	40	30	20
	合　计	310	250	190	150
一般员工	住宿标准	160	120	100	80
	伙食补贴	50	40	30	20
	交通补贴	40	30	20	10
	合　计	250	190	150	110

第六条　宾馆或酒店标准：

级　别	宾馆或酒店标准	客房标准
经　理	三星级	标准客房
主管及以下人员	无星级	标准客房

备注：

（一）除本制度另有规定外，公司其他任何员工不得住标准客房以外的各类特色房、普通套房和豪华套房等高标准客房。

（二）考虑到全国各地住宿实际情况的不同，为避免因住宿标准制订过低，给住宿带来困难，不利于工作开展，给公司形象带来负面影响及增加个人负担，个人单独出差实际住宿费高于第五条规定包干住宿标准的，如住本条上表规定的标准及以下客房的，将被视为合理住宿，允许按实报销；公司员工应尽量选择低星级的宾馆或酒店住宿，以减少开支。

第七条　出差人员的住宿费在住宿标准内据实报销，超支部分自理，规定标准内节约部分，按 60％返还。公司员工出差无住宿发票的，按实际住宿天数，每人每天按照包干总额的 40％给予补助。但参加包括住宿、市内交通与生活费用在内的会议和由邀请方承担费用的会议，不享受任何补助。

第八条　出差人员当日有招待费发票的，当日不计算伙食补贴；当日有出租车票的，当日不计算交通补贴。招待费发票日期栏必须填写清楚并说明招待事由，招待费发票未注明日期的，一张招待费发票视同一天发生招待费，并不予计算伙食补贴；出租车票必须注明往返地点及用车事由，出租车票无日期的，且出租车票数量超过出差天数 2 倍及以上的，出差期间不予计算交通补贴。

第九条　出差人员的交通补贴、伙食补贴天数，按出差自然天数减去一天计算，即算头不算尾；住宿补贴，按实际住宿天数计算。

第十条　出差人员超标准乘坐交通工具，须事先请示总裁同意，飞机票、软卧火车票、头等舱轮船票须经总裁签字同意方可报销。

第十一条　公司员工出差夜间（指晚 8 时至次日凌晨 7 时）连续乘坐硬坐火车超过 8 小时以上的，可给予夜间乘车补贴，补贴标准为票价的 50％。

第十二条　长途交通票据如果遗失，须写出书面报告，且有 1 人以上同行人员或有关人员签字证明，经部门经理签署意见，报总监或主管副总裁、财务总监、总裁审批后，按票价的 50％报销。

第十三条　公司员工随同主管及以上级人员一同出差，其住宿标准可按主管及以上级人员相应标准执行；公司员工随同副总裁及以上级人员一同出差，原则上不予发放伙食补贴和交通补贴。

第十四条　司机带车出差且当天不能返回的，实行每天住宿、生活补贴包干，不享受交通补贴，标准参见一般员工包干标准。

第十五条　公司员工出差途中，经批准可绕道回家探亲，其绕道车船费扣除直线单程车、船费后全部自负，在家期间不享受伙食补贴、住宿补贴和交通补贴。

公司员工在私房（家）所在地或父母所在地出差，不享受住宿补贴，伙食补贴减半发放，交通补贴仍按标准发放。

第十六条　公司员工在出差地因病住院期间，按标准发给伙食补贴，不发住宿补贴和交通补贴，住院超过 1 个月的，停发伙食补贴。

第十七条　出国人员差旅费的报销严格按照财政部、外交部财行［2001］73 号文件执行。

　第二章　市内交通费标准

第十八条　市内交通费是指公司员工在公司所在地办理公务所发生的交通费（包括公共汽车、地铁等市内公共交通工具费用，不包括出租车费用），公司员工上下班或因私所发生的交通费不在此列。

第十九条　公司员工市内办理公务，一般只能乘坐公共汽车和地铁等市内公共交通工具，原则上不得乘坐出租车，特殊情况下需要乘坐出租车的，事先必须取得公司主管领导的批准，报销出租车费用时，必须在出租车票背面注明往返地点及用车事由。

第二十条　公司员工市内办理公务，报销市内交通费和出租车费（特殊情况），每月限额 200 元（不分行政级别），超支部分自理。

第二十一条　报销的市内交通费严格界定为办理公务所发生的交通费，不得将个人上下班交通费混同报销，如经发现，将追缴当次报销的所有市内公共交通费，第二次发现，将予以通报批评，第三次发现，将移交人力资源部处理。

　第三章　通讯费标准

第二十二条　通讯费是指因公使用通讯工具而发生的费用，包括移动电话等。通讯费一律实行凭票限额包干报销制。

第二十三条　移动电话是指入网电话，充值卡不予报销。使用移动电话的员工，其裸机的购置费及上户费等一律由使用者本人负担。

第二十四条　通讯费报销标准：

部　　门	级　别	每月限额
营销部门	经　理	400 元
	主　管	300 元
	业务员	200 元
综合部门	经　理	300 元
	主　管	200 元
	特别岗位	200 元

以上标准包括外地出差发生的漫游费，限额以下凭通讯费发票据实报销，差额不补，超支月份不弥补不足月份的通讯费。

综合部门特别岗位人员须由部门上报，经总裁批准确定。

第二十五条　享受通讯费报销标准的人员，必须保持 24 小时（含节假日）通讯畅通。

第四章　员工教育经费标准

第二十六条　员工教育所需经费，企业按工资总额的 2.5％提取的额度内掌握开支。

第二十七条　教育经费开支范围。

（一）公务及业务费：教员的办公、差旅费、教学用具的维修费，教师教学实验和购置讲义、资料等费用。

（二）兼课酬金：聘请兼职教师的兼课酬金。企业有一技之长专业性强者的授权奖励及标准，由企业人力资源部制定报批。

（三）设备购置费：培训中心购置一般用具、仪器、用书、电器设备等所需费用。

（四）代培训费：由公司选派人员到院校或外单位代为培训所支付的培训费。

（五）员工教育经费：由公司人力资源部根据培训需要，拟订开支计划，经总经理批准后方可开支。

第五章　宣传广告费标准

第二十八条　宣传广告费的开支范围：宣传公司企业的印刷品、年历、赠品、大型演出活动的赞助开支，报刊、杂志等媒体的广告宣传、电视广告制作及播放开支等。

第二十九条 宣传广告要注重效果及其评估，广告费的开支要有透明度和有力的监管措施。总经办必须参与询价谈价、评估结算的全过程，当客观条件不便参与时，可委托或授权其他部门人员参与，任何情况下不得将策划设计、询价、结付均由一人经手完成，否则追究总经办和审批人的责任。

第三十条 宣传广告费的总量控制在全年主营业务收入的 2% 的范围内。

第六章 办公用品费标准

第三十一条 办公用品应提倡节约精神。公司各部门用于办公所需的文具、纸张、笔墨、计算器具、账册、凭证以及其他办公用品，每月采购计划和领用计划报领导审批后，统一交由采购部门购进，由仓库保管，各部门按月领用。凡办公用品，除个别零星急需购买外，各部门不得自行采购。

第三十二条 公司总经理级可以配备手提式电脑，特殊部门，确有工作需要的，经申请批准后，可以购领。

第三十三条 各部门领用办公用品，必须经领导批准，经部门负责人签字后，方可到仓库领用。

第三十四条 各成员企业确定单独核算，财务部门对办公用品在管理费用中列支，并按部门设立账户。

第七章 员工福利费

第三十五条 对员工福利费，公司按不超过工资薪金总额的 14% 的比例掌握使用，其开支范围包括：
（一）公司集体福利活动开支；
（二）员工宿舍、饭堂的设备设施购置及维修；
（三）员工医疗费；
（四）用于员工其他方面的福利及设施开支。

第八章 业务招待费标准

第三十六条 公司机关的对外接待、业务招待，必须坚持"小额、必需、适当、节约"的原则，根据接待性质实行分管领导负责制。

第三十七条 除特殊原因由公司领导批准外，其他招待、接待就餐一律安排在公司所属宾馆。就餐费用每月汇总报销一次，费用清单报公司办公室，根据规定包干限额标准审核登记后，报分管领导审批，按照《机关经费管理办法》规定办理报销。

第三十八条 因工作需要确需进行招待的，由各业务部门负责人报请分管领导批准后到公司办公室开具就餐通知单，并写明招待原因、来宾单位和招待人数，按通知单就餐。

第三十九条 各业务部门在办理招待时，不得擅自提高招待标准，不得以招待名义赠送烟酒及土特产，确需馈赠的，必须报公司分管领导批准后方可执行。

第四十条 节假日、休息日到机关加班人员的就餐应自行解决，不得以任何理由要求安排就餐。

第四十一条 因特殊原因来不及办理就餐手续的，就餐前必须电话报请分管领导批准，同意后通知公司办公室安排，其书面手续由业务部门事后及时补办。

第四十二条 各职务权限每次开支最高标准。

董事及以上级：实报实销。

总经理：2 000元以下/次。

副总、总助、总监级：500元以下/次。

部门经理：200元以下/次。

第九章 其他费用规定

第四十三条 其他费用包括邮电费、水电费、小车费、报刊费等，这些费用的开支应大力动员公司全体员工积极厉行节约。

第四十四条 邮电费的开支做到通话时长话短说，杜绝用公司电话闲谈及打信息台。手机原则上不配置，手机话费限额包干，超支自付，手机话费原则补贴标准为：

董事以上：实报实销。

总经理：400元/月。

副总经理、总监、总助：300元/月。

部门经理：200元/月，需报批。

其他主管级：100元/月，需报批。

特殊岗位和情况由总经理确定，财务部直接在工资中支付，不再填列报销单据。

第四十五条 水电费的开支。必须加强管理，防止浪费，能实行定额管理的，尽量实行定额管理，节约奖励，超额自付，以提高员工节约用水用电的自觉性。

第四十六条 小车费的开支。小车费包括油料款、修理费、路桥费、路费及保险费等。车辆必须严格按照有关规定进行管理和支付费用，降低车辆费用开支。

第四十七条 报刊费的开支。公司订购报刊、杂志的开支，需总经理批准，订购时应以业务相关报刊、杂志为主，娱乐性的为辅，并尽量共用，提高利用率。随着公司不断发展，应努力筹办内部报刊，以增强企业文化，提高企业凝聚力。

范本十　费用开支管理办法

■ 第一章　总　则

第一条　为进一步完善财务管理，严格执行财务制度，实现公司的规范化管理，特制定本办法。

■ 第二章　借款审批及标准

第二条　出差人员借款，必须先到财务部领取"借款凭证"，填写好后，先经部门经理同意，再由主管领导批准，最后经财务经理审核后，方予借支，前次借支出差返回时间超过三天无故未报销者，不得再借款。

第三条　外单位、个人因私借款，填写"借款凭证"后，一律报财务总监审批，经财务经理审核后，方予借支。凡职工借用公款者，在原借款未还清前，不得再借。

第四条　其他临时借款，如业务费、周转金等，审批程序同第二条第一款。

第五条　试用人员借支差旅费或临时借款，须由正式员工具担保书或签认担保方能办理，若借款人未能偿还借款，担保人应负有连带责任。

第六条　各项借款金额 3 000 元以内，按上述程序办理；超过 3 000 元以上的，需报请财务总监审批。

第七条　借款出差人员回公司后，三天内应按规定到财务部报账，报账后结欠部分金额或三天内不办理报销手续的人员欠款，财务部门有权在该出差人员当月工资中扣回。

■ 第三章　出差开支标准及报销审批

第八条　住宿公司部门副经理以上人员，平均每天不能超过 80 元；主办业务不能超过 60 元，业务员不能超过 45 元。高层领导因工作需要住宿费超过 80 元标准的，经财务部总监批准后可予报销。

第九条　出差补助。按出差起止时间每天补助 30 元。

第十条　市内短途交通费。控制在人均每天 30 元以内，凭票据报销。

第十一条　其他杂费。如存包裹费、电话费，杂项费用控制在人均每天

10 元以内，凭单据报销。

第十二条 车船票。按出差规定的往返地点、里程，凭票据核准报销。

第十三条 根据出差人员事先整理好的报销单据，先由主管会计对单据全面审核，同时按出差天数填上住勤补贴，然后由部门经理签认，报有关各线主管领导批准，财务经理审核后，方能报销。

第十四条 出差坐飞机，需由部门经理批准，连续三个月亏损单位人员出差，一律不准乘坐飞机（特殊情况报上一级领导批准）。

第四章 业务招待费标准及审批

第十五条 总公司本部各业务部的业务招待费，控制在各部门完成的营业收入的 2.5‰之内，由部门经理掌握；总公司本部的各行政职能部门，按总公司分配下达指标使用，由财务部经理掌握；下属公司根据完成的营业收入，控制在 4‰内，由经理掌握开支，超过部分一律在年终利润分配留成公益金中予以扣除。

第十六条 属指标内的业务招待费，报销单据必须有税务部门的正式发票，数字分明，先由经手人签名，注明用途，部门经理加签证实，再报财务经理审核，然后由各线主管领导审批，方能付款报销。

第十七条 超指标外的业务招待费，一般不予开支，如有特殊情况，须经总经理审核加签，董事长批准，方能报销。

第五章 其他费用开支标准及审批

第十八条 属生产经营性的各项费用，2 000 元以内的，凭税务部门的正式发票，先由经办人和部门经理签名后，报分管领导批准，然后送财务经理审核报销。超过 2 000 元以上的，须报财务总监批准。

第十九条 属非生产经营性的各项费用，2 000 元以内的，第十八条款执行，2 000 元～5 000 元的，报财务总监批准，超过 5 000 元的，报董事长批准。

第六章 补充说明

第二十条 如经费开支审批人出差在外，则应由审批人签署指定代理人，交财务部备案，指定代理人可在审批人出差期间行使相应的审批权力。

范本十一　项目经费管理规定

第一条　为使项目经费管理流程更加透明简捷，提高项目经费划拨效率，特制定本规定。

第二条　本规定适用项目经费申请、审批、审批流程。取消《公司备用金管理规定及具体流程》、《关于大额费用支出报批流程》。

第三条　项目经费（备用金）额度标准由经理办公会依据各项目具体情况制定。

第四条　项目经费（备用金）支出审批标准：

项目经理资金支配权限：月单笔单项5 000元以下；工程管理部部长资金支配权限：月单笔单项5 000元（含5 000元）以上、50 000元以下。

第五条　项目经费（备用金）5 000元以下支出审批流程：

（一）项目经费5 000元以下支出审核审批流程遵从工程管理部管理。

（二）临时性款项需要公对公付款，按"第五条"管理规定执行。

（三）各项目部项目经费由经费经办人结清上一项目经费款项后，于进场前按公司规定项目经费额度制作"付款申请"注明"借支"，报工程部审核，经理审批。经费额度外支出，按本规定"第五条"执行。

（四）每月25日（年度末最后一个月为31日），各项目部将本项目经费支出票据规范整理完毕邮寄至公司，工程管理部审核，经理审批。于每月1日前交由计财部组织款项按支付时点拨款。

（五）计财部依据经理审批后费用报销单金额进行拨款支付。

项目经费支付时点：

1. 合格票据支付时点为每月2日；

2. 不合格票据支付时点为每月10日；

3. 员工工资支付时点为每月10日。

4. 各项目部于每月3日及11日进行相关款项查询，若款项未到账应及时通知计财部进行查询。

5. 项目部收款后及时根据所收款项金额开具收款收据，随当月邮寄资料邮寄公司。

第六条　项目经费5 000元以上支出及项目相关合同执行款项支出审批流程：

（一）凡项目经费支出5 000元以上，未签订合同，项目经理或经办人制作"付款申请"注明付款事由、收款方收款信息，报工程管理部审核，经理审批后交由计财部办款。

（二）凡符合合同约定执行款项，由项目部或经办人制作"付款申请"，合同约定制作"计价结算单"的，项目部或经办人制作"计价结算单"一并报工程管理部审批，50 000 元以下，计财部复合无误即可办款。50 000 元以上，计财部通报经理后办款。

（三）凡未按合同约定执行款项，且无变更协议的，项目部及经办人制作"付款申请"时需注明合同变更原因，报工程管理部审核，经理审批后交由计财部办款。

项目部、经办人主张申请付款时注意：（1）一次性支付款项及末次付款，需收款方开具发票，计财部付款前审核发票。（2）分期付款，每次付款须向收款方收取收据。计财部付款前审核收据原件或复印件。

（四）计财部见审批后"付款申请"、发票或收据，24 小时内支付款项。

（五）计财部收到完整付款资料后若不能及时付款，应将相关原因及时通知项目部或经办人。

（六）项目部或经办人在提出"付款申请"后 24 小时内未接到任何不能付款通知情况下，在及时查款，若未收款则及时通知计财部进行查询。

第七条 特殊款项支付：

（一）项目经费（备用金）当月额度不足，由项目部或经办人及时制作"付款申请"注明借支及借支原因，报工程管理部审核，经理审批。

（二）项目费用票据不能及时邮寄审核，由项目部或经办人及时制作"付款申请"注明借支，借支原因为短期经费周转，报工程管理部，经理审批；

（三）计财部依据审批后"付款申请"24 小时内进行拨款，同时告知项目部及经办人。

（四）项目部及经办人接到付款通知后及时查款，若未收到款项应及时告知计财部进行查询。

（五）项目部及经办人收款后，开具收款收据随当月票据一并邮寄至计财部。

（六）计财部在转月补付项目经费（备用金）时，若未收到备用金额度增加通知，于拨付款项同时扣除已支付短期周转经费款项，将项目部及经办人经费额度调整为标准额度。

第八条 本规定从颁布之日起施行。

范本十二　业务招待费管理规定

为保证企业业务招待费的合理使用，提高效能，增加透明度，培养勤俭自律的工作作风，特制定本制度。

第一条　业务招待费是指企业为业务经营的需要而支付的各种交际应酬费，列入管理费用账户。

第二条　业务招待费公司由计财部在年度预算中按照国家财经制度规定的计算标准（销售额的 5‰）并结合公司实际情况，计算出年度总额并将年度总额进行分配。

第三条　各项目部业务招待费由计财部于月末结账后制定下月预算标准。

第四条　每月 1 日前，计财部通知各项目部当月费用标准。

第五条　各项目部使用业务招待费金额 200 元以下由部门经理批准，金额 200～500 元（含）的由公司主管副总批准，500 元以上由总经理批准。

第六条　业务招待人员原则上应事先填写业务招待申请单，报批准人批准后可施行。特殊情况必须向批准人提前口头声明，获准后方可施行，事后必须补办手续，否则财务部不予报销。

第七条　业务招待费的使用遵循勤俭节约、效能优先的原则，应能免则免、能省则省。所有员工一律不准使用公款大吃大喝。

第八条　业务招待费的使用严禁超支（超出预算标准）。

第九条　招待来宾能在公司食堂用餐则不许出外就餐。中午一般不得喝白酒。

第十条　用餐完毕，原则上不允许到营业性酒吧、歌舞厅、洗浴等娱乐场所消费。确需如此则由批准人批准后方可施行，否则财务不予报销。

第十一条　业务招待人员在招待任务完成之后须及时（24 小时之内）凭请款单和招待费用的正式发票（必须由批准人和经手人背签）到计财部办理报销手续。收据和白条一律拒绝报销。

第十二条　计财部负责对业务招待费使用情况进行全程监督，如发现严重违反本规定行为有权直接向公司总经理报告。

第十三条　每会计月度，财务将本月业务招待费使用及占预算总额的比例等情况，统计成表呈报总经理。

第十四条　违反本规定者所用业务招待费一律自理，不予报销。

第十五条　本规定自颁布之日起施行。

范本十三 财产管理办法

第一条 所谓财产，是指资产负债表上所列属于固定资产科目者，其有关事务处理依照本办法规定办理。

第二条 本公司财产管理由财务部统筹管理并委托使用单位保管，依其性质，划分如下：

（一）土地。

（二）房屋及建筑设备：办公室、厂房、酸洗间、仓库、宿舍、护堤、水道、围墙、停车场、道路。

（三）交通及运输设备：小轿车、客货车、推高机、起重机、机车、手推车、台车。

（四）机器设备：连续式铸造钢板设备、钢铁热轧设备、钢铁冷轧及冷压成型设备、金属热处理设备。

（五）电气设备：输电、配电、变电设备、照明设备。

（六）空气调节设备：冷气机、抽送风机、电扇。

（七）事务设备：机具设备（计时机、复印机、打字机、计算机、电话机、对讲机、扩音机、油印机等）、家具设备（写读家具、储放家具、坐息家具）、通讯设备。

（八）供水设备：水塔、储水池、过滤设备、抽水机、马达、给水配管设备。

（九）其他设备：防护设备（清防警卫、医疗）、装潢设备、康乐设备。

第三条 财产保管部门应会同财务部每年定期盘点，但对新置者每月对账一次，其盘盈或盘亏应确实办理增值或减损。

第四条 由购入而取得的不动产，应即办理所有权移转登记，其有关产权的登记与变更登记及税法规定事宜与减损报废的报备，均由财务部另行规定办理。

第五条 各项工程修造，不论金额多少，均应编列预算表，并送财务部备查复核，其紧急处理者，仍应补办手续。

第六条 有关不动产出租或租入，均应事先订立契约书，并会财务部复核，转呈总经理核准后，才能办理。

第七条 资本支出与费用支出划分之标准如下：

（一）支出结果能获得其他资产者属资本支出，否则应列为费用支出。

（二）资产因扩充、换置、改良而能增加其价值或效能者，属资本支出，否则，为费用支出。

（三）支出结果所获得的固定资产，其耐用年限在两年以上，且其金额在五万元以上者，属资本支出；其耐用年限不及两年或其效用仅及本期者，属费用支出。

（四）凡为维持财产的原始使用效能所需的维护费用，作为费用支出。

第八条 财产支出核决权限，依内购核决权限表的规定办理。

第九条 固定资产的折旧，采用平均法，并以账面价值为准，其折旧耐用年限依所得税规定。

第十条 使用年限届满的固定资产，仍继续使用者，不得折旧，但主要或重要生产设备得予调整以往旧额，并继续折旧。

第十一条 有关固定资产设账，财务部于总分类账设置"土地"、"房屋及建筑"、"机器设备"、"电气设备"、"空气调节设备"、"事务设备"、"供水设备"、"其他设备"，机械与各项设备之"备抵折旧"等科目，设置财产目录卡（附表十一），并于各负责管理部门设置同式财产目录表，详细记录负责保管人及移动情况，并经使用人签认留存。财务部门与管理部门于每年会同盘点时，互相核对双方登记卡表所载内容是否相符，如有不符，应即查明更正。

第十二条 本办法经呈准公布实施，修改时亦同。

范本十四 资产内部控制办法

第一条 资产的保管与账簿的记载，应由不同人员分别负责。

第二条 资产的保管，应明确指派人员负责，以免责任混淆。

第三条 有形资产应加防护，以免私自或不当使用。

第四条 应随时核对零用金与库存现金，并维持最少额度。

第五条 各项支出的核决与支付，应分责办理。

第六条 应尽可能以支票支付，支票的签发与保管，皆应有严密的控制。

第七条 已签章的付款支票，不得由该支票签章人或核决人领取或寄交。

第八条 有关现金、存货或其他流动资产收发的单据，应事先印妥、连续编号。

第九条 负责现金、有价证券及其他贵重资产处理责任的人员，需要有充分保证。

第十条 上项人员应采取轮调、轮休，并指派他人暂代其职务。

第十一条 各项付款凭据一经支付，应即加盖支付印戳销案，防止重复请款。

第十二条 存于内部保险箱或银行保管箱的有价证券等贵重物品，应由两人以上共同保管。

第十三条 倘人员编制许可，下列职责应予分立，避免集中于一人：出纳与账务员，财务主管与会计主管，采购与验收，销货与仓储，薪工计算与支付，收款与账务，装运与仓储，订货与仓储，等等。

第十四条 信用授与、折让折扣、客户赠品、招待等，皆应严格管理。

第十五条 定期进行资产的全面盘点，包括原物料、在制品、成品、用品、固定资产等（以每年一次为宜）。

第十六条 单据开具应尽可能一次复写，并避免涂改。

第十七条 尽可能订立各项工作的书面手册，以避免误会，促进效率。

范本十五　企业存货管理办法

第一章　总　则

第一条　单位应当建立存货业务的岗位责任制，明确相关部门和岗位的职责权限，确保办理存货业务的不相容岗位相互分离、制约和监督。

（一）采购申请与采购预算的编制人员实行分离；

（二）采购预算的编制与复核、审批人员实行分离；

（三）采购与验收、保管业务人员实行分离；

（四）采购、保管、使用及接受劳务的部门或主管这些业务的人员与账务记录人员实行分离；

（五）付款审批人、执行人与记录应付款账目的人员实行分离。

第二章　存货采购

第二条　单位应建立和完善采购决策程序和审批控制制度。重要及大宗物资采购，实行单位负责人集体审议联签制度和招（议）标采购制度。对不具备招（议）标采购条件的材料物资，实行比价、比质采购，并建立由单位主管领导及生产、技术、物资、财会部门负责人等共同参加的集体决策制度。物资采购由单位物资管理部门归口办理，并实行分级分权管理。

第三章　存货验收

第三条　采购物资到达后，物资管理部门应及时通知验收员或有关生产、技术、仓库保管人员对所购物资的数量、质量、性能及供货时间进行验收，并出具验收记录，验收人、交料人在验收记录上签章。验收合格后，由仓库保管人员填写验收单，交料人、管库员在收料单上签章。

一切材料物资，未经验收合格，不得入库和使用。

第四条　单位应当建立存货的储备保管制度。仓库保管人员根据验收单、收料单登记材料物资卡片或材料物资保管明细账。

　　第五条　采购人员和物资管理部门负责人对购货发票或账单进行审核，经审核无误签字后，连同验收单、收料单交财会部门存货核算人员审核：

　　（一）物资采购是否按照经批准的物资采购预算、合同或协议进行；

　　（二）购货发票内容是否真实、合法、完整；

　　（三）验收单、收料单内容填制是否完整，签章是否齐全；

　　（四）对直达线上料或直达施工现场的物资是否按规定办理验收和入库手续。

第四章　存货储存与保管

　　第六条　单位应当建立和落实存货储存和保管责任制度。一切材料物资的收入、发出、保管和实物核对，必须由仓库保管人员或指定专人及时办理，仓库保管人员应对存货的完好性、安全性负责。

　　第七条　仓库保管人员根据入库单、出库单，及时登记材料卡片；财会部门存货核算员每月定期审核收、发料单，并登记材料总分类账和明细分类账；每月末，财会部门与仓库保管部门要对账、卡、物结余和收、发情况进行核对，要形成核对记录，并由仓库保管人员和财会部门存货核算员签字。

第五章　存货发出与领用

　　第八条　单位应当建立和执行有权领料人制度、定额（限额）发料制度、先旧后新制度、以旧换新制度。

　　第九条　仓库保管人员在发出材料物资之前，必须审核领料单、调拨单。

　　（一）对使用一般领料单的，管库员在检查领料单填写内容是否完整齐全、有无经有权批准人签章后予以发料。

　　（二）对使用限额领料单的，应先检查领用的品种是否属于限额领料规定的范围和限额内，并严格按定额（限额）发料，超过定额（限额）领料的，必须经有权批准人在领料单上签字、批准后，仓库保管人员方能发料；

　　（三）仓库保管人员发出材料物资时，应在领料单上填写实发数和材料单价并签章，同时要求收料人在领料单上签章，及时登记材料物资卡片。

　　第十条　对生产中不需用的材料，生产部门的领用人员必须及时填制存货交接单，交仓库保管人员办理退料入库手续；月末，对已领未使用但次月需继续使用的存货，办理"假"退料核算。

第六章　周转材料

第十一条　单位应建立、健全周转材料收、发、领、退的管理责任制度，加强周转材料的管理。

（一）施工部门根据施工组织设计，提报工程年度周转材料需要品种及数量，监督周转材料使用，鉴定拆除、回收、报废的在用周转材料。

（二）物资部门负责管理在库、在用周转材料，办理周转材料的领用、回收、报废等事项，建立周转材料卡片，并及时登记有关动态，按月提供周转材料使用情况表，定期对周转材料进行盘点，保证物卡相符。

（三）财会部门对在用周转材料进行明细分类核算，监督在用周转材料动态，每月与物资部门核对账目，保证账卡相符。

第七章　在用低值易耗品

第十二条　低值易耗品入账时，由专职管理人员根据经办人提供的发票，填写一式三份低值易耗品登记单，注明日期、部门、品名、数量、单价、金额，经办人签字后，管理员留存一联，一联附发票后交财会部门报销，一联交班组低值易耗品管理员留存。

第十三条　使用人如需低值易耗品，经本部门负责人批准后，向保管部门或管理部门申请领用，保管或管理部门根据其授权权限或计划发放，然后填制领用单，由发放人和领用人签名，并在备查簿上予以登记，作为保管部门进行数量管理的依据。财会部门根据领用单核算。

第十四条　在用低值易耗品由使用人或指定人员负责保管与管理，未经保管人同意，他人不得动用；其他部门或个人要借用时，应办理借用手续；物品交接，必须由双方在交接凭证上签章；建立领借、使用、维修、检查、清点等制度，以防止损坏、丢失。

在用低值易耗品保管人离职时，低值易耗品管理员应收回其所保管的物品，确保账、卡、物核对相符，否则，通知劳动人事部门不予办理离职手续。

第十五条　对工具、备品等在用低值易耗品报废注销时，由使用人或保管人提出申请，必要时应组织鉴定，按规定办理批准手续。

（一）对在用低值易耗品的报废，应由鉴定小组或专门人员负责进行鉴定并编制物品注销记录，经单位领导批准后方可注销。

（二）对于丢失、损坏和其他原因短少的物品，应分析原因和责任，按列销批准权限规定办理。属于个人责任的，由过失人赔偿，赔偿金额按使用年限折算。

范本十六　固定资产管理制度

第一章　总　则

第一条　为规范公司固定资产管理，统一固定资产折旧政策，保证资产安全、完整，根据《企业会计准则》和相关管理办法，结合公司实际，制定本制度。

第二条　本细则所称固定资产，是指同时具备以下特征的有形资产：为生产商品、提供劳务、出租或经营管理而持有；使用年限超过一年；单位价值在2 000元以上（另有特殊规定的除外）。未作为固定资产管理的设备、工具、器具等，作为低值易耗品管理。

第三条　本细则适用于公司所属各单位。

第二章　固定资产计价

第四条　企业购置不需要安装即可使用的固定资产，按实际支付的买价，加上支付的场地整理费、包装费、运输费、安装费、装卸费、专业人员服务费、交纳的有关税费等，作为入账价值。

第五条　自行建造的固定资产，按建造该项资产达到预定可使用状态前所发生的必要支出，作为入账价值。

第六条　投资者投入企业的固定资产，按投资各方确认的价值，作为入账价值。

第七条　融资租入的固定资产，按租赁开始日租赁资产的原账面价值与最低租赁付款额的现值两者中较低者，作为入账价值。

融资租赁资产占企业资产总额比例等于或低于30％的，在租赁开始日，企业可按最低租赁付款额，作为固定资产的入账价值。

第八条　为购建固定资产而专门借入的款项所发生的借款利息、折（溢）价、汇兑差额及辅助费用，属于固定资产达到使用状态前的，应计入固定资产价值；在达到使用状态后发生的，确认为当期费用。

第九条　企业对固定资产进行改建、扩建，按原固定资产的账面价值，加上改建、扩建而使该项资产达到预定可使用状态前发生的支出，减去改建、扩建过程中发生的收入，作为入账价值。

第十条　企业接受的债务人以非现金资产抵偿债务方式取得的固定资产，或以应收债权换入固定资产的，按应收债权的账面价值加上应支付的相关税费，作为入账价值。涉及补价的，按以下原则，确定受让的固定资产的入账价值。

（一）收到补价的，按应收债权的账面价值减去补价，加上应支付的相关税费作为入账价值。

（二）支付补价的，按应收债权的账面价值加上支付的补价和应支付的相关税费作为入账价值。

第十一条　以非货币性交易换入的固定资产，按换出资产的账面价值加上应支付的相关税费作为入账价值。涉及补价的，按以下规定确定换入固定资产的入账价值。

（一）收到补价的，入账价值＝换出资产的账面价值－补价÷换出资产公允价值×换出资产的账面价值＋应支付的相关税费。

（二）支付补价的，应以换出资产的账面价值加上应支付的相关税费和补价作为入账价值。

第十二条　接受捐赠的固定资产，应按以下规定确定其入账价值。

（一）捐赠方提供了有关凭据的，按凭据上标明的金额加上应支付的相关税费作为入账价值。

（二）捐赠方没有提供有关凭据的，按如下顺序确定其入账价值。

1. 同类或类似固定资产存在活跃市场的，按同类或类似固定资产的市场价格估计的金额，加上应支付的相关税费，作为入账价值；

2. 同类或类似固定资产不存在活跃市场的，按该接受捐赠的固定资产的预计未来现金流量现值，作为入账价值。

（三）如受赠的为旧的固定资产，按照上述方法确认的价值，减去按该项资产的新旧程度估计的价值损耗后的余额，作为入账价值。

第十三条　盘盈的固定资产，按同类或类似固定资产的市场价格，减去该项资产的新旧程度估计的价值损耗后的余额，作为入账价值。

第十四条　经批准无偿调入的固定资产，按调出单位的账面价值加上发生运输费、安装费等相关费用，作为入账价值。

第三章　提取折旧的固定资产范围

第十五条　不需计提折旧的情况：一是已提足折旧仍继续使用的固定资

产；二是按规定单独估价作为固定资产入账的土地，除了以上两种情况，其他所有固定资产需计提折旧。

第十六条 进入更新改造过程而停止使用的固定资产，因转入在建工程，不计提折旧。待其达到预定可使用状态组成固定资产后，再按本细则计提折旧。

第十七条 已全额计提减值准备的固定资产，不再计提折旧。

第十八条 以融资租赁方式租入的固定资产和以经营租赁方式租出的固定资产，应当计提折旧；以融资租赁方式租出的固定资产和以经营租赁方式租入的固定资产，不计提折旧。

第十九条 已达到预定可使用状态的固定资产，如果尚未办理竣工决算的，应当按照估计价值暂估入账，并计提折旧；待办理了竣工决算手续后，再按照实际成本调整原来的暂估价值，同时调整原已计提的折旧额。

第二十条 企业对未使用、不需用的固定资产，也应计提折旧，计提的折旧计入当期管理费用（不含更新改造和因大修理停用的固定资产）；因进行大修理而停用的固定资产计提的折旧，计入当期费用。

第四章 固定资产折旧方法

第二十一条 企业应按月计提固定资产折旧，当月增加的固定资产，当月不计提折旧，从下月开始计提折旧；当月减少的固定资产，当月照提折旧，从下月起停止计提折旧。

第二十二条 固定资产残值率为 5%，各单位应按标准留足固定资产残值。

第二十三条 公司规定除盾构、TBM 掘进机、造桥机按工作量法计提折旧外，其他固定资产的折旧方法均采用直线法，即平均年限法，按固定资产类别，确定不同折旧年限（见附表）。

（一）平均年限法计算公式如下：

$$固定资产年折旧率＝（固定资产原值－预计净残值）÷固定资产原值$$
$$÷规定的固定资产折旧年限$$
$$＝（1－预计净残值率）÷规定的固定资产折旧年限$$
$$固定资产月折旧率＝固定资产年折旧率÷12$$
$$固定资产月折旧额＝固定资产原价×固定资产月折旧率$$

为简化计算，企业可采用分类折旧率计提折旧：

$$某类固定资产年折旧率＝(1－预计净残值率)÷12$$

（二）工作量法，又称生产数量法，计算公式如下：

$$每一工作量折旧额＝固定资产原价×(1－净残值率)÷预计总工作量$$

$$某项固定资产月折旧额＝该项固定资产当月的工作量×每一工作量折旧额$$

第二十四条　发生减值的固定资产折旧的计提。

应当按照该项固定资产的账面价值（即固定资产原价减去累计折旧和已计提的减值准备）以及尚可使用年限，重新按平均年限法计提折旧。

因计提固定资产减值准备而调整固定资产折旧率和折旧额时，对未计提固定资产减值准备前已计提的累计折旧不作调整。

第二十五条　计提固定资产折旧同时需计提减值准备的，应按照计提折旧在先、计提减值准备在后的顺序。

第五章　固定资产的后续支出

第二十六条　与固定资产有关的后续支出，如果使可能流入企业的经济利益超过了原先的估计，如延长了固定资产的使用寿命，或使产品质量实质性提高，或者使产品成本实质性降低，则应当计入固定资产账面价值，其增计后的金额不应超过该固定资产的可收回金额。除此以外的后续支出，应当确认为当期费用，不再通过预提或待摊的方式核算。具体处理方法如下：

（一）固定资产修理费用，应当直接计入当期费用。

（二）固定资产改良支出，应当计入固定资产账面价值，其增计后的金额不应超过该固定资产的可收回金额。

（三）固定资产装修费用，符合上述原则可予资本化的，应当在"固定资产"科目下单设"固定资产装修"明细科目核算，并在两次装修期间与固定资产尚可使用年限两者中较短的期间内，采用合理的方法单独计提折旧。如果在下次装修时，该项固定资产相关的"固定资产装修"明细科目仍有余额，应将该余额一次全部计入当期营业外支出。

（四）融资租赁方式租入的固定资产发生的固定资产后续支出，比照上述原则处理。发生的固定资产装修费用，符合上述原则可予资本化的，应在两次装修期间、剩余租赁期与固定资产尚可使用年限三者中最短的期间内，采用合理的方法单独计提折旧。

（五）经营租赁方式租入的固定资产发生的改良支出，应单设"经营租入固定资产改良"科目核算，并在剩余租赁期与租赁资产尚可使用年限两者中较短的期间内，采用合理的方法单独计提折旧。

第二十七条 对因执行本办法，对固定资产大修理费用的核算方法由原来预提或待摊方式改为一次性直接计入发生当期费用的，其原为固定资产大修理发生的预提或待摊费用余额，应继续执行原有的会计政策，直至冲减或摊销完毕为止；自执行本办法后新发生的固定资产后续支出，按第二十六条的原则处理。

第六章 固定资产的管理

第二十八条 固定资产管理的体制实行公司、子（分）公司和项目部三级管理。公司工程技术部为公司固定资产归口管理部门，对固定资产进行实物管理，财务部进行账务管理。各子（分）公司可根据实际情况确定固定资产的归口管理部门。

第二十九条 各单位固定资产的购建严格按《固定资产投资计划管理实施细则》执行。由各单位按照职责权限在计划内购建固定资产，严格执行计划项目的内容，控制投资总规模。

第三十条 各单位应当建立完整的固定资产记录，包括固定资产卡片、总账、明细账、台账等，财务部门要配备专（兼）职人员，经办固定资产的会计核算工作。对固定资产的购建、出售、清理、报废等，应及时办理会计手续，设置固定资产明细账进行核算。

第三十一条 固定资产的处置权限。已到规定使用年限，并提足折旧需要报废的固定资产，由各单位的使用部门会同财务部门到现场核对实物，查对报废的固定资产与固定资产报废申请单中所列的编号、名称、型号规格一致，按照规定程序自行处置。各单位应于年度终了前，将报废的固定资产情况汇总报公司固定资产归口管理部门及财务部备案。

非正常损坏的固定资产，由各单位使用部门会同财务部门查明固定资产非正常损坏的情况及责任，写出书面报告。单台固定资产原值在 150 万元以上（含）时经董事会批准，单台固定资产原值在 150 万元以下时经总经理办公会批准。然后，子公司报主管税务机关审批后进行所得税前扣除，同时抄报公司固定资产归口管理部门及财务部；分公司报公司，由公司汇总后统一报主管税务机关审批后进行纳税抵扣。

第三十二条 为确保固定资产的真实完整，对固定资产应实行永续盘存制。应当定期或者至少每年实地盘点一次。对盘盈、盘亏、毁损的固定资产，应当查明原因，按照资产处置权限，在期末结账前处理完毕。

如盘盈、盘亏、毁损的固定资产，在期末结账前尚未经批准的，在对外提供财务会计报告时应按上述规定进行处理，并在会计报表附注中作出说明；如果其后批准处理的金额与已处理的金额不一致，应按其差额，调整会计报表相关项目的年初数。

第七章 固定资产减值准备

第三十三条 应当计提减值准备的情况按照《企业会计准则——固定资产》执行。

固定资产减值，是指固定资产的可回收金额低于其账面价值。

当出现下列情况时，应当计算固定资产的可回收金额以确定资产是否发生减值：

（一）固定资产市价大幅下跌，其跌幅大大高于因时间推移或正常使用而预计的下跌。

（二）固定资产陈旧过时或发生实体损害。

（三）固定资产使用方式发生重大不利变化。

（四）同期市场利率发生重大变动以及所处的经营环境等发生重大改变。

如果固定资产发生上述减值，应当按照可回收金额低于账面价值的差额计提固定资产减值准备并计入当期损益。

当存在下列情况之一时，应当按照该项固定资产的账面价值全额计提固定资产减值准备：

（一）长期闲置不用，在可预见的未来不会再使用，且已无转让价值的固定资产。

（二）由于技术进步等原因，已不可使用的固定资产。

（三）虽然固定资产尚可使用，但使用后产生大量不合格品的固定资产。

（四）已遭毁损，以至于不再具有使用价值和转让价值的固定资产。

（五）其他实质上已经不能再给企业带来经济利益的固定资产。

已全额计提减值准备的固定资产，不再计提折旧。

第三十四条 如果已计提减值准备的固定资产价值又得以恢复，按固定资产恢复后的账面价值以及尚可使用年限，重新计算确定折旧率和折旧额。已计提减值准备的固定资产价值转回时，应增加固定资产的账面价值，但增加的账面价值不得超过已计提的减值准备。

第八章　附　则

　　第三十五条　执行本办法以前已提取的累计折旧，不作追溯调整。

　　第三十六条　本办法后附目录表中未涉及的资产项目，其折旧年限由各单位参照相近资产项目确定。

　　第三十七条　本办法确定的固定资产预计使用年限、预计残值、折旧方法等，不得随意变更。确需变更的，应由公司批准后执行，并按规定在会计报表附注中进行披露。

　　第三十八条　本办法由财务部解释。

　　第三十九条　本办法自发布之日起执行。

　　附件：固定资产目录及折旧年限和残值率表（略）

范本十七　企业固定资产管理办法

第一章　总　则

第一条　建立和完善固定资产业务岗位责任制和内部牵制制度，对不相容职务的岗位和人员的职责必须加以适当分离。

（一）购建申请与购建计划编制人员实行分离；

（二）购建计划的编制与计划的复核、审批人员实行分离；

（三）购建预算编制与审核人员实行分离；

（四）采购与验收、保管人员实行分离。

第二条　要建立固定资产使用管理制度，对在用固定资产建立管理、使用、保管、保养和维修责任制，实行定岗、定人、定位管理。财会部门根据技术或管理部门提供的有关变动资料，及时办理固定资产的增减动态和使用状态的变更手续，正确进行会计核算，定期对固定资产进行账账、账卡及账实核对。

第二章　固定资产（设备）购置

第三条　公司或有权购置的单位根据批准的计划，由使用、技术、设备管理、合同管理、纪检、财会等部门组成采购小组。由合同管理部门组织对固定资产的质量、数量、价格、设计（技术）要求及验收标准等合同条款认真审查，财会部门重点审查结算方式、结算时间等条款。具备招标条件的，按规定进行招标采购。

第四条　设备管理与使用部门（单位）共同组成验收组，根据购置计划和合同，点收固定资产数量，验收质量和安装调试情况，编写验收报告，并填制"新建（购置）固定资产验收交接记录"。

财会部门根据验收报告，与合同、购置计划核对后，按照合同规定履约结算。

第五条　固定资产管理部门根据验收记录汇集整理技术档案，登记固定资产保管台账；财会部门根据复核后的计划、合同、发票、银行结算凭证、验收交接记录等凭据，编制有关凭证，确定固定资产价值，登记固定资产明细账，填制"固定资产登记簿"；固定资产管理部门和财会部门共同填制"固定资产卡片"并分别保管，同时交使用部门保管。

第三章　固定资产折旧

第六条　固定资产一般应当按照规定的范围采用分类折旧率计提折旧。财会部门应按月（季）计提折旧，编制固定资产折旧分配表，经财会主管审核后，办理转账，计列相关成本费用。

第四章　固定资产盘点

第七条　在年度财务会计报告编制前，要组织固定资产管理部门、保管使用部门和财会部门组成联合清查小组，对固定资产进行全面盘点清查。

第八条　盘点清查中发现盘盈盘亏时，应查明原因、落实责任，清查小组负责编写"固定资产盘盈、盘亏理由书"。

固定资产盘盈，按审批权限报经批准后，由财会部门会同技术、管理部门按同类或类似固定资产重置完全价值确定计价，建立卡片，登记有关账项。

固定资产盘亏，除按审批权限报请批准列销有关账项外，要按税法规定报批。

范本十八　物资设备管理办法

第一章　总　则

第一条　为规范××市二环改扩建工程项目物资设备管理，保证工程质量，满足工期要求，控制建设投资，根据国家和股份公司有关物资设备工作的方针、政策、法规和制度等相关规定，结合××市二环改扩建工程项目的特点制定本办法。

第二条　本办法适用于××市二环改扩建工程项目（以下简称"二环项目"），本办法所称物资设备是二环项目建设所用的材料、构配件和设备，××市二环改扩建工程指挥部（以下简称"指挥部"）设备物资处是本项目物资设备工作的归口管理部门。

第三条　各工程承包单位根据本办法，制定项目部物资设备管理实施细则，并报指挥部设备物资处核备。

第二章　物资设备采购供应管理

第四条　二环项目物资设备分为指挥部控制的物资设备（以下简称"甲控物资"）和工程承包单位自行采购的物资设备（以下简称"自购物资"）。

第五条　采购物资设备应坚持"优质、可靠、低成本"的原则，要满足设计对其材质、规格和型号的要求，物资设备采购单项合同估算价在50万元人民币以上的必须进行招标。

第六条　甲控物资的管理。

（一）甲控物资的范围：

1. 盘条、圆钢、螺纹钢，型钢，钢绞线，油料；

2. 预拌混凝土；

3. 支座、伸缩缝；

4. 照明设施；

5. 其他由指挥部认定的物资设备。

（二）甲控物资的费用纳入工程承包合同，工程承包单位按照合同约定承担价格风险。

（三）施工合同签订后，各工程承包单位在开工后一个月内编制甲控物资采购计划（附表1略）报至指挥部设备物资处，由指挥部设备物资处组织汇总甲控物资采购计划，指挥部工程技术处和计划合同处负责审核。

（四）指挥部统一组织甲控物资的招标采购，包括招标、评标及组织各工程承包单位按招标确定的价格和交货条件与中标供应商签订供货合同。合同签订后副本2份报指挥部设备物资处和计划合同处备案。

（五）工程承包单位必须保证甲控物资的质量符合设计文件和合同的要求，并负责甲控物资的组织供应、质量监控等工作。

（六）监理单位和工程承包单位共同对甲控物资的规格、质量、数量、检验报告、合格证书、质量保证承诺（包括产品质量保证期和产品缺陷召回、经济损失责任赔偿的承诺等）、外观质量等进行检查，对内在质量进行抽检；属于行政许可或强制认证的，应检查行政许可或强制认证证书，并将检查结果报指挥部设备物资处备案。检查不合格的物资设备不得用于本工程。

（七）甲控物资由各工程承包单位进行计量验收，由指挥部代为支付甲控物资费用，该项费用从计量支付中扣除。

（八）指挥部不负责甲控物资的具体组织供应工作，不设立统一仓储基地，但必要时可对甲控物资进行协调，在各厂家之间或各工程承包单位之间进行调剂。

第七条 自购物资的管理。

自购物资由工程承包单位负责招标采购、供应组织、资金结算和质量监控等工作，工程承包单位负责签订自购物资的采购合同，并承担价格风险。

自购物资中对工程质量、安全、造价和长期运营等有重大影响的，工程承包单位在物资设备的选型和采购中须自觉接受指挥部和监理单位的监督、检查。

工程承包单位必须保证自购物资的质量符合设计文件和合同的要求，保证自购物资的供应，并及时结算物资设备款。

工程承包单位对自购物资的规格、质量、数量、检验报告、合格证书、质量保证承诺（包括产品质量保证期和产品缺陷召回、经济损失责任赔偿的承诺等）、外观质量等进行检查，对内在质量进行抽检；属于行政许可或强制认证的，应检查行政许可或强制认证证书。工程承包单位自检后，由监理单位对自购物资进行抽检，检查不合格的物资设备不得用于本工程。

第三章 合格物资设备供应商管理

第八条 甲控物资和工程承包单位自购的重要物资设备由工程承包单位负

责合格供应商的调查、认定和建册，并报指挥部设备物资处备案。

第九条 合格供应商的资格评价内容。

（一）供应商法人资格、营业执照（年审有效）；

（二）生产许可证（特殊行业产品还应具有国家权威部门出具的资质证书、入网许可证、行政许可或强制认证证明）；

（三）供应商的生产能力、供货履约能力和售后服务能力；

（四）质量体系、环境体系、职业健康与安全认证证书；

（五）其他文件。

第十条 工程承包单位物资设备部门负责对合格供应商进行评估（附表3略），每半年评估一次，对不符合条件的物资设备供应商予以除名，被除名的供应商2年内不得进入合格供应商名录（附表4略）。

第四章 物资设备质量管理

第十一条 所有物资设备由各工程承包单位负责收货，工程承包单位须设立材料/设备存放场（库）保证物资设备的仓储，发生丢失或损毁等由工程承包单位负责。

第十二条 各工程承包单位应建立健全物资设备质量跟踪追溯制度，落实物资设备采购供应的质量责任，指挥部不定期组织对各项目部物资设备工作进行检查。

第十三条 各工程承包单位要建立健全质量责任制，坚决杜绝不合格物资设备进入施工现场。未经检验或检验不合格的，严禁使用。重要设备应实行驻厂监造。

第十四条 本工程项目所涉及的新型物资设备和非标设备（如龙门吊、移动模架等），应按规定进行设计验算并通过技术鉴定或审批，明确质量验收标准。未经鉴定、批准或无质量验收标准的，不得用于本工程。

第十五条 监理单位必须按规定对进场的物资设备进行检查，对涉及结构安全的物资设备应进行见证取样。

第五章 物资设备现场管理

第十六条 各工程承包单位物资设备管理部门是各项目部物资设备采购与供应业务的主体，物资设备管理人员要严格执行国家政策、法规和企业的有关规章制度，遵守职业道德，严守物资纪律，全面了解工程承包合同的相关内容，并根据工程任务情况，协助做好现场的规划与安排；要积极参与当地的市场调查，及时掌握市场动态和物资设备市场行情，努力钻研业务，不断更新知识，提高自身业务素质和管理水平。

第十七条 项目部物资设备管理部门要以保障供应为中心，以强化管理为重点，以提高效益为目标，做到采购供应制度化、业务程序规范化和物资设备管理标准化，重点做好物资设备计划管理、采购供应管理、验收发放管理、仓储运输管理及核算核销、统计分析等方面的物资设备管理工作。

第十八条 项目部物资设备计划管理。

物资设备计划是物资设备采购和供应的依据，是做好项目部各项物资设备管理工作的基础，严禁无计划采购。物资设备计划应包括物资设备名称、计量单位、数量、质量等级、需用时间、技术标准、配套产品和随货技术资料等内容，特殊的物资设备必须加以备注说明。

项目部物资设备计划的编制应本着统筹兼顾、先重点后一般、分期分批、留有余地的原则，防止计划偏大造成物资浪费或计划偏小造成停工待料，物资设备采购计划应按照规定程序进行审批。因工程合同或设计变更而造成物资设备用量增减时，物资设备计划应随之变更，如已签订供货合同或协议的，应及时通知供应单位进行调整。

第十九条 项目部物资设备采购供应管理。

项目部物资设备招标采购要严格执行企业制定的物资设备招标采购管理办法或规定，要坚持质量优先、价格合理以及公开、公平、公正和诚实信用的原则。对具备招标条件的物资设备，在选择招标对象时应优先考虑系统内符合招标要求的单位。对于不具备招标条件的物资设备采购，要遵循"货比三家、质量达标、价格从优"的原则，在比质比价的基础上，选择质优价廉的产品进行采购。项目部要根据采购物资设备对工程质量和成本的影响程度，对不同类别的物资设备供应商进行分级管理，通过调查和评估形成合格供应商名册，并对之进行动态管理。

所有的物资设备采购都应签订物资设备购销合同，所签订的合同应符合《中华人民共和国合同法》的规定，做到内容严谨、权责明确。

项目部物资设备供应要遵循保证重点、兼顾一般的原则，合理确定物资设备采购批量和进场时间，确保施工生产的顺利进行，要尽量组织直达运输，努力降低流通费用。

第二十条 项目部物资设备发放管理。

项目部应在规定的时间内对进场的物资设备进行外观质量、数量和票据的验收，并填写相关的验收记录和检试状态标识内容，以实现可追溯性；对于必须进行检验和试验的进场物资，应按照有关要求进行检验和试验。

物资设备发放要遵循先进先出、存新发旧的原则，应按照物资设备计划核定的数量限额发放；对于未经检验的产品、验证不合格的产品或检验不合格的产品应做好标识、单独存放，并按照规定进行处理。

第二十一条 项目部物资设备仓储管理。

各项目部在设置料场、料棚和库房时，应因地制宜、合理布局，做到物资收发与施工生产不相互干扰，并根据物资设备的特点和搬运、仓储要求，对物资设备进行分区分类保管存放，重点做好防锈、防腐、防火、防潮、防爆、防盗等工作，库存物资设备应按照企业有关规定进行标识，定期盘点，做到账卡物相符。

对于大宗材料（如钢材）的料场或料库应靠近加工场地；水泥、砂子、碎石应靠近混凝土搅拌机（站）或砂浆场所，避免远距离搬运，尽量减少二次损耗；对于易燃易爆、有毒有害等危险品的库房，应远离居住区应保持一定的安全距离。

工程竣工前，应按照计划严格控制进料，避免工程竣工后造成积压和浪费。

第二十二条 项目部物资设备核算与统计管理。

项目部物资设备核算与统计以工程物资设备收、发、存过程中形成的记录、台账、统计表等基础资料为核算依据，通过分类、汇总等方法形成各种统计资料。

物资设备统计工作要坚持实事求是的原则，不虚增、不少计，做到数据真实、准确，要与工程计量同步，真实反映工程成本。

第二十三条 项目部物资设备内业资料管理。

文件和资料的管理（包括但不限于市场调查情况记录、供应商调查表、采购合同、验收记录、理化试验记录、检验报告及合格证、工程项目施工计划安排、采购资金安排、与财务部门的对账资料、工程技术和合同部门提供的预算单价、物资设备数量等资料）；

物资设备业务凭证的管理（包括但不限于项目部物资设备采购计划、接收记录单、点验单、限额发料单、台账、物资设备清点及盘点记录等资料）；

核算和统计资料的管理（主要包括物资设备收支存报表、物资设备消耗统计分析表等）；

其他资料的管理（主要包括检查及整改情况记录表、业务学习和培训记录等资料）。

第六章　附　则

第二十四条　本办法由××市二环改扩建工程项目设备物资处负责解释。

第二十五条　本办法自下发之日起实施。

范本十九　财务盘点制度

第一条　目的。

为求存货及财产盘点的正确性，盘点事务处理有所遵循，并加强管理人员的责任，以达到财产管理的目的，特制定本办法。

第二条　盘点范围。

（一）存货盘点：指原料、物料、在制品、制成品、商品、零件保养材料、外协加工料品、下脚品。

（二）财务盘点：指现金、票据、有价证券、租赁契约。

（三）财产盘点：指固定资产、保管资产、保管品等的盘点而言。

1. 固定资产：包括土地、建筑物、机器设备、运输设备、生产器具等资本支出购置者。

2. 保管资产：凡属固定资产性质，但以费用报支的杂项设备。

3. 保管品：以费用购置者。

第三条　盘点方式。

（一）年中、年终盘点。

1. 存货：由资材部门或经管部门会同财务部门于年（中）终时，实施全面总清点一次。

2. 财务：由财务科与会计科共同盘点。

3. 财产：由经管部门会同财务部门于年（中）终时，实施全面总清点一次。

（二）月末盘点。

每月末，所有存货由经管部门及财务部门实施全面清点一次（经管项目在500项以上时，采取重点盘点）。

（三）月份检查。

由检核部门（总经理室）或财务部门照会其部门主管后，会同经管部门，作存货随机抽样盘点。

第四条　人员的指派与职责。

（一）总盘人：由总经理担任，负责盘点工作的总指挥，督导盘点工作的进行及异常事项的裁决。

（二）主盘人：由各事业部主管担任，负责实际盘点工作的推动及实施。

（三）复盘人：由总经理室视需要指派及事业部经管部门的主管（含科长、厂长、处长），负责盘点监督之责。

（四）盘点人：由各事业部财务经管部门指派，负责点计数量。

（五）会点人：由财务部门指派（人员不足时，间接部门支援），负责会点并记录，与盘点人分段核对、确实数据工作。

（六）协点人：由各事业部财务经管部门指派，负责盘点时的料品搬运及整理工作。

（七）特定项目按月盘点及不定期抽点的盘点工作，亦应设置盘点人、会点人、抽点人，其职责亦同。

（八）监点人：由总经理室派员担任。

第五条 盘点前准备事项。

（一）盘点编组。

由财务部门主管于每次盘点前，事先依盘点种类、项目编排"盘点人员编组表"，呈总经理核定后，公布实施。

（二）经管部门将应行盘点的财务及盘点用具，预先准备妥当；所需盘点表格，由财务部门准备。

1. 存货的堆置，应力求整齐、集中、分类，并置标示牌。

2. 现金、有价证券及租赁契约等，应按类别整理并列清单。

3. 各项财产卡依编号顺序，事先准备妥当，以备盘点。

4. 各项财务账册应于盘点前登记完毕，如因特殊原因无法完成时，应由财务部门将尚未入账的有关单据（如缴库单、领料单、退料单、交运单、收料单等）利用"结存调整表"一式两联，将账面数调整为正确的账面结存数后，第一联送经管部门，第二联财务部门自存。

（三）盘点期间已收到料而未办妥入账手续的原、物料，应另行分别存放，并予以标示。

第六条 年中、年终全面盘点。

（一）财务部门呈报总经理，经核准后，签发盘点通知，并负责召集各事业部的盘点负责人召开盘点协调会后，拟订盘点计划表，通知各有关部门，限期办理盘点工作。

（二）盘点期间除紧急用料外，暂停收发料，至于各生产单位于盘点期间所需用料的领料，材料可不移动，但必须标示出。

（三）年中、年终盘点，原则上应采取全面盘点方式，如确因事情特殊，无法办理时，应呈报总经理核准后，改变方式进行。

（四）盘点应尽量采用精确的计量器，避免用主观的目测方式，应确定每项财物数量后，再继续进行下一项，盘点后不得更改。

（五）盘点物品时，会点人均应依据盘点人实际盘点数，翔实记录于"盘点统计表",并应每小段核对一次,无误者,于该表上互相签名确认后,将该表编列同一流水号码,各自存一联,备日后查核;若有出人者,必需再重点。盘点完毕,盘点人应将"盘点统计表"汇总编制"盘存表"一式两联,第一联由经管部门自存,第二联送财务部门,供核算盘点盈亏金额。

第七条 不定期抽点。

(一) 由总经理室视实际需要,随时指派人员抽点;可由财务部门填具"财务抽点通知单",呈报总经理核准后办理。

(二) 盘点日期及项目,以不预先通知经营部门为原则。

(三) 盘点前,应由会计部门利用"结存调整表"将账面数先行调整至盘点的确实账面结存数,再行盘点。

(四) 不定期抽点,应填列"盘存表"。

第八条 盘点报告。

(一) 财务部门应依"盘存表"编制"盘点盈亏报告表"一式三联,送经管部门填列差异原因的说明及对策后,送回财务部门汇总转呈总经理签核,第一联送经管部门,第二联财务部门自存作为账项调整的依据,第三联转送总经理室。

(二) 不定期抽点,应于盘点后一星期内将"盘点盈亏报告表"呈报上级核示。年中、年终盘点,应由财务部门于盘点后两星期内将"盘点盈亏报告表"呈报上级核示。

(三) 盘点盈亏金额,平时仅列入暂估科目,年终时始以净额转入本期营业外收入的盘点盈余或营业外支出的盘点亏损。

第九条 现金、票据及有价证券盘点。

(一) 现金、银行存款、零用金、票据、有价证券、租赁契约等项目,除年中、年终盘点时应由财务部门会同经管部门共同盘点外,平时总经理室或财务部门至少每月抽查一次。

(二) 现金及票据的盘点,应于盘点当日上班未行收支前或当日下午结账后办理。

(三) 盘点前,应先将现金存放处封锁,并于核对账册后开启,由会点人员与经管人员共同盘点。

(四) 会点人依实际盘点数翔实填列"现金(票据)盘点报告表"一式三联,经双方签认后呈核,第一联经管部门存,第二联财务部门存,第三联送总经理室。

(五) 有价证券及各项所有权状等应确实核对认定,会点人依实际盘点数翔实填列"有价证券盘点报告表"一式三联,经双方签订后呈核。第一联存经管部门，第二联存财务部门，第三联送总经理室。如有出入，应即呈报总经理批。

第十条　存货盘点。

（一）存货的盘点，以当月最末一日进行为原则。

（二）存货，原则上采取全面盘点，如因成本计算方式无须全面盘点，或实施上有困难者，应呈报总经理核准后，才能改变盘点方式。

第十一条　其他项目盘点。

（一）外协加工料品：由各外协加工料品经办人员会同财务人员共同赴外盘点，其"外协加工料品盘点表"一式三联应由代加工厂商签认。第一联存经管部门，第二联财务部门存查，第三联送总经理室。

（二）销货退回的成品，应于盘点前办妥退货手续，含验收及列账。

（三）经管部门将新增加土地、房屋的所有权的影印本，送财务部门核查。

第十二条　注意事项。

（一）所有参加盘点工作的盘点人员，对于本身的工作职责及应行准备事项，必须深入了解。

（二）盘点人员盘点当日一律停止休假，并须依时间提早到达指定的工作地点，向该组复盘人报到，接受工作安排。如有特殊事故而找好代理人，应经事先报备核准，否则以旷职论处。

（三）所有盘点财务都以静态盘点为原则，因此盘点开始后应停止财物的进出及移动。

（四）盘点使用的单据、报表内所有栏位若遇修改处，均须经盘点人员签认方能生效，否则应追究其责。

（五）所有盘点数据必须以实际清点、磅秤或换算的确实资料为据，不得以猜想数据、伪造数据记录之。

（六）盘点人员超时工作时间，报加班或经主管核准，可以轮流编排补休。

（七）盘点开始至工作终了期间，各组盘点人员均受复盘人指挥监督。

（八）盘点终了，由各组复盘人向主盘人报告，经核准后才能离开岗位。

第十三条　盘点工作奖惩。

（一）盘点工作事务人员要依照本办法的规定，切实遵照办理。表现优异者，经由主盘人签报，各嘉奖一次，以资奖励。

（二）违反本办法的，视其违反情节的轻重，由主盘人签报人事部门议处。

第十四条　账载错误处理。

（一）账载数量如因漏账、记错、算错、未结账或账面记载不清者，记账人员应视情节轻重予以申诫以上处分，情况严重者，应层呈总经理议处。

（二）账载数字如有涂改未盖章、签章、签证等凭证可查，凭证未整理难以查核或有虚构数字者，一律由直接主管签报总经理议处。

第十五条 赔偿处理。

财、物料管理人员、保管人有下列情况者，应送总经理议处或赔偿相同的金额：

（一）对所保管的财物有盗卖、掉换或化公为私等营私舞弊者；

（二）对所保管的财物未经报准而擅自移转、拨借或损坏不报告者；

（三）未尽保管责任或由于过失致使财物被窃、损失或盘亏者。

第十六条 本办法制定后，层呈董事长核准后实施，修改时亦同。

范本二十　企业债权债务管理办法

第一条　单位应当建立债权业务的岗位责任制，明确相关部门和岗位的职责权限，确保办理债权业务的不相容岗位相互分离、制约和监督。

（一）接受客户、提供劳务订单与批准付款方式、赊销人员实行分离；

（二）发票填制与复核、出库检查人员实行分离；

（三）管库与收入确认、记账人员实行分离；

（四）票据保管与接受、承兑人员实行分离；

（五）收款人员与债权账簿的记录人员实行分离。

第二条　单位应加强应收债权确认环节的控制，保证应收债权的真实性。

（一）应收账款的确认。在销售商品、产品或提供劳务的行为已经完成，与交易相关的收入确认时形成的债权。

（二）应收票据的确认。因销售商品、产品或提供劳务等收到的票据形成的债权，其确认与应收账款确认相同。

（三）预付款项的确认。按照规定签订合同或协议，并经单位负责人授权批准，按合同规定预付给供货方货款总额一定额度的货款，确认为预付款项。

（四）其他应收款的确认。发生的非购销活动的应收债权为其他应收款，包括各种赔款、存出保证金、备用金及应向职工收取的各种垫付款项等。财会部门应根据单位授权批准权限审批相关责任部门提供的原始凭证和资料，经审核无误后确认。

第三条　单位应当建立债务业务的岗位责任制，明确相关部门和岗位的职责权限，确保办理债务业务的不相容岗位相互分离、制约和监督。

（一）采购、验收与保管、账簿记录人员实行分离；

（二）接受劳务的部门或主管这些业务的人员与审批人、账簿记录人员实行分离；

（三）应交税金的计算、提取、申办和付款人员实行分离；

（四）付款申请人、审批人、付款人与债务账簿的记录人员实行分离；

（五）票据申请人、审批人与办理票据人员实行分离。

第四条　公司应定期对所属单位之间的债权债务进行分析，并组织清理。

范本二十一　农民工工资支付程序

第一条　合同、预算管理部门。

（一）将不得拖欠农民工工资作为规范条款纳入合同内容，签订并严格履行经济合同，监督外部劳务队伍及时与劳务作业人员签订劳动合同。

（二）与外部劳务队伍签订代发工资协议，并将用工人员名单、身份证件及号码报合同、预算、财务部门存档。

（三）公司项目管理部、企业发展部作好监督指导工作，发现问题，及时纠正。

第二条　财务管理部门。

（一）根据代发工资协议，由外部劳务队伍按与劳务作业人员约定的期限提供农民工工资支付清单（劳务队伍负责人签字）。

（二）分公司（项目部）财务部门在与其结算的工程款内支付，并按合同约定支付余款。

（三）公司财务部做好付款的监督指导工作。

第三条　对已签订分包合同，未约定代发工资的，本次一并补齐代发工资协议，并严格执行上述条款；今后对未提供农民工工资支付清单的，财务部门不得支付工程款。

第四条　本规定自发布之日起执行。

范本二十二 公司财务审批办法

第一章 总 则

第一条 为建立健全公司内部会计控制制度，明确公司各级管理者的财务审批权限和审批范围，保证公司财务管理工作有序进行，特制定本办法。

第二条 本办法所称的财务审批，分为财务报销审批、资金支付审批及其他重大财务事项审批三个方面。

第二章 财务报销的审批

第三条 日常性成本费用开支的报销审批。

（一）差旅费的报销。

1. 在公司规定的差旅费开支标准以内的，由业务部门负责人审核后，经该部门分管经理（分公司经理）审批报销。

2. 超过公司规定的差旅费开支标准的，不得报销。情况特殊确需报销的，需提出专项说明，报公司经理特别批准后予以报销。

（二）业务招待费。

1. 无论公司、分公司或项目部的业务招待费，均应严格控制，确保年业务招待费用总额控制在《关于规范业务招待费使用支出的通知》（公司 2003 第 079 号文件）允许的范围之内。

2. 业务招待费开支应遵循事先申请制度，实际开支一律由业务部门负责人审定后，经该部门分管经理审核并报经理（或分公司经理）批准后予以报销；

3. 公司直属项目部的业务招待费，在原规定范围内的（项目营业收入的 0.25%）由项目经理审核报销，超出部分不能报销，特殊情况需要提供书面材料，经公司经理审批后予以报销。

4. 业务招待费包括招待餐饮费、娱乐费、礼品费等。

（三）电话费。

1. 电话费按公司文件《关于调整移动电话费报销标准的通知》（公司 2004 第 39 号）规定标准报销，统一归口到公司综合管理部进行管理。

2. 在公司规定的开支标准以内，由公司综合管理部审定，并经公司分管经理审批后予以报销。

3. 超过公司规定标准的，不得报销。特殊情况下确需报销的，需由本人提出专项说明，经公司经理特别批准后予以报销。

4. 项目经理的电话费，在公司规定的标准以内，在项目部报销。

5. 对各分公司，按公司文件《关于调整移动电话费报销标准的通知》（公司 2004 第 39 号）精神，结合自身实际制定的报销标准，报公司综合管理部、资产财务部备案，按规定标准报销。

（四）办公费用。

1. 公司（分公司）日常办公用品，由公司综合管理部（分公司办公室）统一管理，经主管经理审批后统一报销；对金额在 1 000 元以上（含 1 000 元）的大宗办公用品采购，须由使用单位或个人事先申请，经分管经理审批后方可购买报销。

2. 类似办公桌椅、移动硬盘等可循环使用的低值易耗品，以及各种专业书籍，除按正常手续审批外，应由相应台账管理员办理入、出账后予以报销。

（五）其他管理费用（间接费用）。

1. 1 000 元以内的，由业务部门负责人审核后，经该部门分管经理（或分公司经理）审批报销。

2. 超过 1 000 元的，由业务部门负责人审定后，经该部门分管经理审核并报经理（或分公司经理）批准后予以报销。

第四条 项目经理部发生的各项现场管理费用的报销。

（一）在责任成本范围和公司有关开支标准以内，由项目经理审批予以报销。

（二）超过责任成本范围和公司有关开支标准的，不得报销。特殊情况下确需报销的，由项目经理审核并经公司经理特别批准予以报销。

（三）项目部发生的大额（指 3 000 元以上，含 3 000 元）、特殊的经营活动费用，须经公司经理特别批准方能报销。

第五条 其他成本费用报销的审批。

（一）公司、分公司、项目部发生的机械使用费、其他直接费等成本费用的报销，依据成本的责任归属和管理的范围，分别由公司分管经理、分公司经理、项目经理审批。

（二）项目工资性费用审批报销，仍按照公司劳资部门和项目成本管理的有关规定执行。

（三）对外分包成本，实行由公司（或分公司）统一管理、审计结算的管理办法，其成本开支的管理按照公司关于对外分包管理的有关办法执行。

第六条 物资采购的报销审批。

（一）项目部物资采购的报销审批。

项目部物资采购的报销，仍沿用《××公司项目财务管理办法》的相关规定执行。

（二）公司物资管理中心采购材料物资的报销。

1. 公司物资管理中心的采购应建立在价格审定的基础上，实行采购与订价相分离、采购部门与价格审定部门相分离的办法，公司应建立采购价审查的专门部门和人员，对采购价格进行认定，并作为报销的凭据之一。

2. 物资管理中心采购材料物资的报销，由物资管理中心负责人审核、分管经理审批；数额较大（1万元以上，含1万元）的，需经公司经理审批后方可报销。

（三）分公司采购报销的审批。

分公司材料采购，原则上由分公司物资供应部门统一采购；由于项目的实际情况，委托项目部采购的，应依据物资供应部门的量价审批表，由分公司经理、项目经理批准后予以报销。

（四）固定资产采购报销的审批。

公司固定资产的采购报批、报销审核，仍执行原相关管理办法。

第三章 资金支付（请款）的审批

第七条 ××地区发生日常性的资金支付的审批。

（一）××地区项目部的资金支付（含请款、下同），1万元以内（含1万元），由项目部申请、工程管理部审核、分管经理审批；超过1万元的由公司经理批准。

（二）公司机关的资金支付，1 000元以内的由公司分管经理批准，超过1 000元（含1 000元）的，还须经公司经理批准。

第八条 ××地区的货款、分包款、租赁运输费等款项支付的审批。

（一）郑州地区项目部的资金支付在5万元以内（不含5万元），由项目部申请、工程管理部审核、分管经理批准；超过5万元的经公司经理批准后支付。

（二）所有对外款项的支付，须由公司资金管理部门进行审核和统一协调。

第九条 ××以外的项目部的对外款项的支付。

按照公司项目财务管理办法的相关规定执行。

第十条 在上述第五条和第六条的报销时如涉及直接支付资金，其支付金额超过了上述有关资金支付的审批权限时，应按资金支付的审批权限履行相应的审批手续。

第四章 其他重大财务事项的审批

第十一条 对外融（筹）资，包括借款、票据的贴现等涉及的财务费用支出，由公司资产财务部统一进行管理。

第十二条 大额的融（筹）资和债务重组、重大资产的处置和损失的处理等重大财务事项，由公司经理办公会议审批；属总公司规定的重大事项，还需上报总公司批准。

第五章 附 则

第十三条 本办法从发布之日起执行，原财务规定和办法与本管理办法有冲突的，按本办法执行。

范本二十三　公司财务审批和支付制度

为完善财务规章制度，健全会计核算、根据有关会计法规和财经纪律，制定本制度：

第一条　对工程款项的拨付，必须由工程技术部门根据实际完成的工程量，编制"工程款项拨付通知单"，经总经理审核同意，由财务部门核实后凭工程材料发票拨付工程进度款项。对于首次拨付的工程进度款项的，支付时必须由工程项目部提高该工程项目的合同正本（复印件）以及相关的文件、资料。

第二条　物资性支出：工程材料、周转材料、固定资产等必须根据物资划分标准办妥相关入库、验收手续，并入库单、原始凭证，经财务部门审核无误后报送总经理审批同意，办理支付手续。

第三条　费用性支出：小额发票如车票、过桥过路费、交际费、小额办公费用等，报销人应使用凭证粘贴单加以汇总，不同开支性质的不能混合黏贴（如差旅费中不能混入交际费），并由会计（审计）员复核盖章，交主管领导批准后支付；差旅费、通讯费等必须对照公司内部开发标准加以审核支付；保险费、租赁费等必须由经办人对照合同加以复算支付；贷款信息、票据贴现利息等必须由主管会计根据相关借据、贴现合同进行复算，相符的由主管会计签名后支付。

第四条　工资及福利行支出：公司行政人员工资，根据办公室编制的工资清单，由主管会计根据其提供的考勤纪录和有关考核资料进行审核，经总经理审批发放；工程项目部的工资 由其统计员根据靠近纪录和工程进度情况编制工资清单，根据公司对项目部的考核方法，经项目经理核准，报总经理审批，发放时由各领取人签名、不得代签，否则财务部门有权拒付，福利支付比照上述规定执行。

第五条　公司职员因工作需要借用现金，需填写《借款单》，并注明用途，经会计审核，交总经理批准签字后方可借用。公出完毕，借款人在办理有关报销手续后，收回该借款或借款余额，应应开收据或退还借据副本，借款收据原件必须浮在记账凭证上，不得退还；逾期为交回的，在当月或以后月份工资中扣还。

第六条　从外单位取得的原始凭证如有遗失，应取得原签发单位盖有公司公章的证明，并注明原来凭证的号码、日期、金额和内容等，由总经理批准后，才能作为付款的原始凭证。如果有确实无法取得证明的，如火车票、轮船票、飞机票等凭证，由当事人写出详细情况，经部门负责人证明，代做原始凭证。

　　第七条　办理经过上级或有关部门批准的经济业务，应将批准的文件作为付款原始凭证附件，如果批准的文件要单独归档，应取得该文件的复印件。

　　第八条　所有用于会计核算的原始凭证必须按规定的方法更正，一律不得使用涂改液或其他修正液。

范本二十四　工程项目财务管理办法

第一章　总　则

第一条　项目部财务管理的目的在于通过对资金、成本、收入、利润的管理，达到以较少的投入获得最大的经济效益。

第二条　项目部财务管理的基本任务就是认真履行财务管理的职责，做好工程项目全员、全方位、全过程的会计核算和各项财务收支计划及各项考核工作，合理地使用资金，有效地利用各种资产，努力提高经济效益。

第三条　项目部财务管理的基本原则是：建立健全内部财务管理制度，完善内部经济责任制，推行责任成本管理，严格执行国家规定的各项财务开支范围和标准。努力降低项目工作成本，确保公司资产的保值、增值，如实反映财务状况，按规定计提缴纳税金、管理费及其他应交款项，接受公司财务部、审计部的监督检查。

第四条　项目部财务管理的作用：抓好项目部财务管理，可以大力促进施工管理、计划管理、技术管理、设备管理、质量安全管理，使全员参与全过程、全方位的管理，从而保证项目部各项指标的落实。

第二章　项目部财务管理的基础工作

第一节　项目原始记录管理制度

第五条　认真审核原始记录。

项目部的原始记录是反映项目部生产经营活动的原始资料，是进行财务预测、财务管理、会计核算和计划分析的重要依据。

无论是外部取得还是内部自制的原始记录，每一种都要审核其客观性、真实性的经济业务的发生及完成情况。都必须明确有关单位、部门及人员的经济责任。都必须具备以下七项基本内容：

1. 原始记录的名称（如发票、收据、派工单、材料点验单、材料明细单、发料单等）；

2. 填制的时间；

3. 接受单位的名称；

4. 经济业务的内容；

5. 经济业务的实物数量、单价和金额等；

6. 填制单位的公章和填制人姓名；

7. 经办人签字或盖章。

第六条　按要求整理好原始记录。

为了保证项目原始记录能够正确、及明、清晰地反映项目部经济业务活动的真实情况，提高项目会计核算的质量，并真正具备法律效力，要按公司统一印制的"单据报销粘存单"粘贴原始单据，使原始记录的格式和内容统一、规范。原始记录的七项内容不得缺少，否则，就不能成为具有法律效力的书面证明。做到内容真实、完整，数据准确，字迹清晰，填报及时。

第七条　加强原始记录的保管。

1. 对应作为记账凭证附件的原始记录，要随同记账凭证装订保管。

2. 对数量过多的原始记录如收发料单等，可以单独装订保管，但封面上要注明记账凭证的日期、编号和种类。同时，在记账凭证上也应注明"附件另订"以及原始记录名称和编号。

3. 各种经济合同、存出保证金收据以及涉外文件等重要原始记录，应另编目录，单独登记保管。

第二节　项目计量验收管理制度

项目部的计量工作有两项内容：一是材料物资计量；二是工程计量，即验工计价。

第八条　材料物资的计量——具体由材料室负责。

1. 材料室应配备专人和设备（计量器具），做好各种计量，检测手段的日常维修、校正工作，保证正确无误。

2. 对各种物资的收发、领退、内部调拨等各个环节都必须进行严格的计量验收工作，建立验量、验价和验质相结合的计量验收管理制度（具体规定由材料室制定）。

3. 对一切物资采购、保管中的合理损耗要建立审批制度，报项目经理审批。

4. 建立必要的检查考核办法。

第九条　工程计量的管理——具体由计财部负责。

1. 根据承发包合同等有关规定，做好计量原始资料的收集、汇总工作，及时取得监理的签认。

2. 根据合同管理办法中对工程计量的依据、计量的时间、计量原始资料、计量的工程程序、计量的要求、支付的程序、工程预付款、材料预付款的支付与抵扣等的相关规定严格执行。

3. 要建立计量档案，以计量所附的各种原始资料，如计量单、工程量确认单、材料供应发票、试验资料等均应及时整理归档保管。

4. 要建立有关工程设计变更、索赔资料收集、汇总、上报的工作制度，有关责任部门要明确工程设计变更、索赔的范围与区别，变更、索赔的原则、程序、处理时限、资料提报要求等内容，保证索赔的有效性，防止错、漏和因超时限而丧失索赔的权利。要建立工程变更、索赔台账。

5. 项目部所有管理人员都应认真学习和研究与项目有关的合同、计量规模规范和工作程序等文件资料，保证计量的及时、完整、准确。

第三节　项目部材料管理制度

第十条　材料管理的内容。

材料是指构成工程项目实体或有助于工程项目施工的原材料、辅助材料、构配件等，包括主要材料、其他材料、机械配件、结构件周转材料、地材、半成品等。材料的管理就是对上述材料物资储备量预测、采购供应和保管以及耗用全过程的管理与控制。具体由物质部负责，计财部配合。

第十一条　材料储备量的预测。

材料室应根据工程进度和资金的使用情况，预计、测算一定时期内材料储备资金的需要量。预测的原则是主要材料从详，一般材料从简。

第十二条　材料采购的管理与控制。

材料采购的管理是材料管理的首要环节，主要应做好以下几步工作。

1. 编制计划。

项目部领导应组织技术、材料、工程、预算等部门编制年、季、月的材料采购计划，确定合理储备数额。编制的依据是工程预算、施工图纸、施工组织设计和物资消耗定额，并根据实际施工进度、设计变更、材料实际消耗量等情况及时调整采购计划。计划的制定要做到实事求是、依据合理、数据准确、提供及时，按照责任成本核算的要求分工点、部位进行编制。

2. 组织采购。

计财部按计划筹集资金，物资部按项目经理批准的材料采购计划组织，在市场采购材料时，要坚持"货比三家"和"比质、比价、比运距、比优惠条件"，先算后买，以最大限度地降低材料的实际成本。

3. 材料点验。

物资部要严格材料的点验入库手续，夜间要尽可能安排材料人员值班，与保安一同点验。仓库管理人员、采购员要"验质、验量、验品种、验发票"，点收入库并填写"材料点验单"和"材料采购接收单"。由材料主管和质量检查工程师签字后连同发票一同交财务部门进行结算。仓库管理人员发现数量、质量、品种不符，应立即通知计财部门停止付款，并及时报告项目经理和材料部门负责人，查明原因，向供货单位交涉、索赔。

第十三条　库存材料的管理与控制。

1. 库存材料的管理与控制，一方面是对数量的管理与控制，另一方面是对金额的管理与控制。从数量上管理控制，就是要合理确定各种材料的储备量，做到既能保证施工需要，又不因超储积压造成浪费和多占用资金。从金额上管理控制，就是要科学制定和认真执行库存定额。

2. 入库材料的计价采用实际成本入账。项目部取得的各种存货的实际成本，按照我国《企业会计准则》和《施工、房地产企业会计制度》，具体规定如下：

（1）存货由市场上购入，其实际成本由买价、运杂费（运输费、装卸费、保险费、包装费、仓储费等）、运输途中的合理损耗、入库前的整理挑选费用、购入材料负担的税金和采购保管费等组成。

（2）存货由建设单位供应，其实际成本由双方签定的合同确定价和运至工程所在地的运杂费组成。

（3）存货由项目部自制和自建，其实际成本为制建存货所耗用的人工费、材料费、机构使用费和其他费用等发生的制造成本。

（4）存货由委外单位加工，其实际成本由加工所耗费的材料费、实际支付的加工费、装卸费、运输费和保险费组成。

（5）存货由内部单位调拨，其实际成本由企业实际调拨价、运杂费、装卸费组成。

（6）清查盘盈的存货，按取得同类存货的实际成本或按市场价计价。

本项目部存货的核算成本采用实际成本计价，不得改变。

第十四条　材料消耗的管理与控制。

材料消耗的管理与控制，一要抓好现场消耗定额的测定和执行；二要严格按照责任预算中确定的材料消耗数量实行限额发料。即物资部门根据责任预算确定的材料消耗量扣减国家规定的材料节约率和成本降低率填制限额领料单，物资保管员根据限额领料单进行发料。领料单上必须有领料人、发料人的签字盖章以明确责任。超限额领料要讲明原因，经项目生产经理批准后执行。剩余材料应及时办理退库手续。

项目竣工后，剩余材料应及时清点登记造表，财务账与物资账核对、物资账与实物核对，发生盘盈、盘亏或毁损的，按有关规定处理。项目有后续工程的剩余材料要盘点清楚，价值重估后转入新项目使用，增值或减值部分作冲减或增加原项目成本处理。工程完工后，剩余材料应通过公司工程部调拨给其他项目使用，料款可根据两个项目都签认的"剩余材料转场清点表"通过内部银行转账。

第十五条 周转材料的管理。

周转材料是指在项目施工过程中能多次反复使用，并基本保持原实物形态而逐渐转移其价值的周转性材料，如模板、脚手架、安全网等。

周转材料的申请、采购、自制，必须由技术、材料、预算部门审核，项目经理批准。对大型或异型钢模板的加工、采购、租赁，需报请公司工程部批准。

工程部应根据施工组织设计，提报项目需用周转材料的品种及数量，监督周转材料使用。鉴定拆除、回收、报废的在用周转材料。

物资部应根据批准的数量和品种组织采购、加工或租赁，建立健全周转材料的收、发、领、退的管理制度，对在用、在库的周转材料，均要建账、建卡、造册登记，由使用部门负责保管。

计财部按物资部室提报的周转材料动态。每月与物资部门核对账目，保证账卡相符。

工程完工后现场拆除，回收的周转材料，要经物资部、工程部鉴定，估计成色、确定实际损耗，对损坏的进行修复、保养，对报废、丢失的周转材料要分析原因，物资部按规定提出处理意见，经项目经理批准，交计财部增减有关工程成本。

第十六条 低值易耗品的管理。

低值易耗品是指使用报限较短、价值较低、容易损坏、达不到固定资产标准的各种用具物品，如家具、器具、工人使用的工具等。项目部物资部应建立、健全低值易耗品的收发、领退、保管、损坏、赔偿、摊销的管理制度，对低值易耗品要建账、建卡、造册登记，由使用者负责保管。办公桌椅由综合办公室建账管理，由使用者签字领取并保管。

财务部门按物资部门提报的低值易耗品使用情况表一次推销，计入工程成本。财务部门和使用部门均要建立低值易耗品台账。对保管或使用低值易耗品者在离职时要办理交接手续，未移交者不得离职。

低值易耗品的申请、采购、自制，必须经计财部审核，项目经理批准。对非生产性低值易耗品要严加控制，必须添置的应按规定报经批准，方可购置或自制。

第十七条　地材的管理。

地材是指在当地采购的用于工程施工的沙子、石子等材料。

1. 地材的购置。

合同的签订由材料室牵头，预算、技术、工程等部门参加，遵照"三比一算"（比单价、比运费、比重量、算成本）的原则，选定料源，进行有关指标的测试，符合标准地确定价格和供货方及结算办法，并签订购货合同。

2. 地材的进料、领发。

（1）地材的进料，应根据工程进度需要，分期分批组织进料，并尽可能降低进料成本，减少中间环节，减少储备数量，压减储备期限。进料时必须严格点验制度。由保管员和采购员进行点验，填制点验单。验收时应过磅或量方。

（2）项目应建立"露天料库"，设专职保管员对进场的地材进行标准化管理。

（3）物资部应建立地材台账。依据进料单、发料单登记收入、支出、结存情况，期末实地盘点后及时调整支出数，台账的期末数应与财务部门的账面数相一致；领用时，由物资部根据施工任务单填制限额领料单，保管员依据领料单发料，发料时计量要力求准确。领料时必须由领料人、保管人签字。

第十八条　设备的管理。

设备一般按实际成本法记账，需要安装设备的实际成本和安装费用或有需要安装设备的实际成本，构成已完成分部工程或者单项工程的价值。

项目部受建设单位委托购入的设备应将所购设备的买价及运杂费等，向建设单位清算。

第十九条　项目部固定资产及其他物品的管理。

项目部固定资产是指用于项目生产经营活动中的主要设备物品（包括施工机械、运输设备、生产设备、仪器及试验设备），凡使用年限在一年以上的，无论其价值大小，都应列作固定资产管理。不属于项目生产经营主要设备的各种物品，若其价值在 2 000 元以上，使用年限超过两年的也应列作固定资产管理。不同时具备这两个条件的，一般应列作低值易耗品管理。

项目部对购入或上级调入的各项固定资产，只有使用权，而无所有权，接受上级的统一调配，以上交折旧费、大修费或融资租赁费的形式，履行相应的管理义务和责任。项目部的计算机、复印机、打字机及办公管理用品、用具由综合办公室建立台账进行管理。

第二十条　存货清查制度。

为了保证项目各项资产的完整和会计报表的真实性，项目部物资、计财部门必须每半年对各种存货及物资进行定期清查盘点。

清查应采取实物清点及账物核对的方法。清查中盘盈、盘亏、毁损的要填制"存货清点单"并及时查明原因，非正常的物资浮多、缺少、贬值、报废损失的处理，应报批公司工程部。

盘盈存货应按取得同类存货的实际成本或按市价计价，冲减工程成本。

盘亏、毁损的存货按照规定程序批准转销后，属人为原因造成的，应根据情节、后果按有关规定处理；属于其他原因造成的，基损失的价值扣除过失人或保险公司赔偿及残值后，计入存货采购成本；属于非常损失的，扣除残值后，计入营业外支出。

第四节　项目会计档案标准化管理制度

第二十一条　会计档案。

会计档案是指会计凭证、会计账簿和会计报表等会计核算专业资料，它是记录和反映经济业务的重要史料和证据，是企业档案的重要组成部分。

第二十二条　会计档案标准化管理的要求。

1. 项目部要规范会计档案管理，重点从立卷、归档、保管、借阅等方面加强管理，避免档案的丢失等现象的发生。

2. 项目部每年形成的会计档案，计财部应按照归档的要求，按时将会计凭证、账簿、会计报表及其他会计资料装订成册。

3. 形成的会计档案暂由项目部计财部门负责保管，在项目竣工决算后报公司财务部，一次移交公司档案室归档管理。

第二十三条　会计档案的保管期限。

项目部形成的会计档案在装订成册时要按照《会计档案管理办法》确定各类会计档案的保管期限，注明保管期限的超始日期。企业会计档案的保管期限见表1。

表1　　　　　　　　　企业会计档案保管期限表

序号	档案名称	保管期限	备　注
一	会计凭证类		
1	原始凭证、记账凭证和汇总凭证	15 年	
	其中：涉及外事和对私改造的会计凭证	永久	
2	银行存款余额调节表	3 年	
二	会计账簿类		
3	日记账	15 年	

续表

序号	档案名称	保管期限	备　注
	其中：现金和银行存款日记账	25 年	
4	明细账	15 年	
5	总账	15 年	包括日记总账
6	固定资产卡片	固定资产报废清理后保存 5 年	
7	辅助账簿	15 年	
8	涉及外事和对私改造的会计账簿	永久	
三	会计报表类		包括各级主管部门的汇总会计报表
9	主要财务指标快报	3 年	包括文字分析
10	月、季度会计报表	5 年	包括文字分析
11	年度会计报表（决算）	永久	包括文字分析
四	其他类		
12	会计移交清册	15 年	
13	会计档案保管清册	25 年	
14	会计档案销毁清册	25 年	

第五节　项目会计电算化管理制度

第二十四条　会计电算化的作用及要求。

会计电算化是现代会计工作的必然要求，是促进会计基础工作规范化和提高经济效益的重要手段和有效措施。

项目部的财务机构必须实现会计电算化，配备电脑，使用统一的财务应用软件。财会人员要持有会计电算化等级证书，并根据财政部发布的《会计电算化工作规范》的有关规定，结合项目部特点进行管理。

第二十五条　会计电算化内部管理制度的主要内容。

会计电算化内部管理制度的主要内容包括：会计电算化岗位责任制、会计电算化操作管理制度、计算机硬软件和数据管理制度、电算化会计档案管理制度等。

1. 会计电算化岗位责任制。项目部的财务人员应熟悉电算程序和软件操作，负责审核及进行数据分析，随时满足项目经理及公司财务部对财务数据的需要。

2. 会计电算化操作管理制度。项目部电算化操作管理制度主要规定了操作人员对会计软件操作的工作内容和权限，严格管理操作密码，杜绝非本岗位人员操作会计软件；会计数据录入前应经过审核；及时登记每次操作的有关记录；操作完毕应及时退出会计软件等。

3. 计算机硬软件及数据管理制度。包括计算机硬件的保养、维护，软件修改的审批手续、数据的备份及安全保密措施，计算机硬软件出现故障进行排除时保证数据完整性的措施，防止计算机病毒的措施等。

4. 电算化会计档案管理制度。电算化会计档案包括存储在机内的会计数据，以其他磁性介质或光盘存储的会计数据和计算机打印出来的会计数据等形式。财务主管要负责管理，做好防磁、防潮和防尘工作，重要数据应备份双份，最好用刻录机制成光盘保存。应将档案存放在不同的地点，建立定期检查、定期复制制度，以防会计档案丢失，并随同其他会计档案一起及时归档及移交。

第三章　项目部资金的管理制度

为加强项目资金管理，规范项目资金运作，提高资金使用效率，特制定本办法。

项目资金管理的基本原则：集中管理、统一使用、以收定支、加快周转、开源节流、提高效益。

项目资金管理实行"收支两条线"管理办法。即项目工程款回收后全额转入公司账户，项目各项支出由公司按计划统一支付，零星支出实行定额备用金制度。对远离公司所在地单独开设银行账户的项目，则由公司根据审定的资金需用计划划拨给项目，由项目按计划支付。

第一节　项目资金管理职责

第二十六条　各级财务部门是本单位项目资金管理的职能部门，负责本单位项目资金回收及使用的日常工作，向本单位负责人负责，并接受上级主管部门的检查、监督。

第二十七条　项目经理部是项目资金管理的直接责任单位，负责项目工程款回收与项目资金收支计划的编制。

1. 项目经理是项目工程款回收第一责任人，领导和管理项目资金工作，对项目资金回收、合理使用负责。

2. 项目内业技术员（或预算员、统计员）负责在合同规定时间内完成对业主报量及工程进度款的申报，并催促业主在规定时间内审定，为项目回收工程款提供可靠依据。

3. 项目预算员负责编制和办理工程预结算、索赔、变更及签证等工作，协助项目内业技术员办理每月工程进度款和向业主报量的核对工作。

4. 项目成本员负责按月编制资金收支计划，并办理收取工程款相关手续。

第二十八条 公司预算部门应及时解决涉及工程合同条款的争议问题，协助项目办理工程预结算、索赔、变更签证、工程进度款申报工作。

第二十九条 公司财务部门应及时收集了解业主资金动态信息，提供业主欠款有关数据，协助项目收取工程款，并平衡审定项目资金收支计划。

第二节 银行账户管理

第三十条 为实现项目资金集中管理，各单位应加快信息化建设，逐步实现异地零距离资金管理，减少银行开户个数，避免资金沉淀，提高资金使用效率。

第三十一条 银行账户实行集中管理。项目原则上不得开设银行账户，远离公司所在地300公里以上或因特殊原因确需单独开户的项目，应报公司批准，并于次月5日向公司报告账户使用情况。

第三十二条 对开设银行账户的项目，其账户由公司统一管理，并委托项目进行日常管理工作，严禁将银行账户出租、出借。公司财务部门应定期对项目银行账户使用情况进行检查监督。

第三十三条 银行账户预留印鉴实行分开保管制度。单位财务专用章由财务部门负责人保管，人名章由本人或被授权委托人保管，严禁一人保管支付款项所需的全部印章。

第三十四条 项目单独开设的银行账户，工程竣工后必须及时予以注销，预留银行印鉴章交公司财务部门统一保管。

第三节 工程款回收管理

第三十五条 工程款回收的原则：全面深入了解合同条款，加强与业主的联络，及时取得业主资金信息，采取合法手段，及时回收各种款项。

第三十六条 项目经理部应成立回收工程款及清欠小组，负责工程款及清欠日常工作，明确目标、方法，并落实到人。

第三十七条 在施工程项目，如业主不能及时支付工程款超过一个月（合同有规定的按合同），原则上应报公司总经理批准停止施工，并办理相关索赔签证手续。

第三十八条 项目月度奖金（或管理人员岗薪）发放应与工程款回收情况挂钩。原则上，项目累计工程款回收率（累计工程款回收率＝累计实收工程款/按合同计算可收工程款×100%）高于90%时，项目月度奖金可如数发放；

项目累计工程款回收率在 70％～90％之间时，按同等比例发放当月奖金，回收率达到要求标准时，再行补发；项目累计工程款回收率低于 70％时，项目月度奖金暂停发放，待达到要求标准时补发。如确因承诺垫资等原因，而非项目自身管理原因造成不能及时回收工程款，经公司总经理批准后，奖金可适当予以发放。

第三十九条 原则上项目兑现前必须收齐合同规定的全部款项，否则不予兑现。如确因承诺垫资及业主因素（如业主安排的付款时间较长）等原因，而非项目自身管理原因造成不能及时回收工程款，经公司经理批准后可予部分兑现，但总体上应从严掌握。

第四节 项目资金使用管理

项目部应建立健全货币资金内部管理制度，坚持钱、账、物分管的原则，及时准确地反映货币增减变动及结算情况。一般情况下，在支付货币资金时应先作付款凭证，然后付款。项目应于月底前填报下月"项目资金收支计划"报公司财务部门，由公司审核汇总后编制公司总的资金收支计划，经公司经理批准后执行。项目各项开支由公司统一支付。远离公司所在地单独开设银行账户的项目由公司根据审定的"资金收支计划"将款项划拨项目，由项目按计划支付。

第四十条 现金管理。

项目部的结算费用超过结算起点的支出（目前为 1 000 元），应办理转账结算，不得支付现金。确需超限额支出现金的应履行审批程序，必须有项目经理、财务主管的签字。

库存现金应按公司核定的限额执行。不准用白条抵充现金；不准单位间相互借用现金；不准利用其他单位或个人的银行账户存取现金；不准将公款以个人名义存入储蓄账户；不准设立小金库。

为保证现金出纳工作的安全，到银行存、取款要注意安全，存取现金时项目部综合办要保证派车，存取巨额款项应有保安人员随行，根据情况采取安全措施；项目经理部必须配有保险柜，由出纳员负责现金的收支、保管、记账工作，非出纳人员不得经管现金。

项目部应当建立健全现金账目，做到日清月结、账款相符。出纳人员发现账款不符，应及时报告财务主管人员，对浮多或短少部分作记录，暂作其他应收、应付账款先行登账，查明原因后按规定处理。

财务主管人员应对库存现金进行不定期检查，每月不得少于两次，并作检查记录。

第四十一条　银行存款管理。

项目部的银行存款是指存放在公司资金调度中心的货币资金，项目部收入的一切款项，以及一切支出，除按规定可以用现金支付的以外，均通过银行办理转账结算。

为了掌握银行存款增减变动及结余情况，应及时与内部银行对账，查明未达账项，按月编制银行存款余额调节表。

项目部的支票由出纳员持项目经理及财务主管签字的借款申请单、合同及有关单据到公司资调中心领取。支票领回后要及时在支票领用登记簿登记。万元以上的必须将金额、日期、收款单位、用途填写齐全，收款单位必须按合同单位填写。

要建立支票领用、登记制度，结清银行账户时，必须将剩余的全部空白支票交回公司注销。作废的银行结算凭证应加盖"作废"戳记，妥善处理，不得随意毁弃。

第四十二条　项目各项开支由公司统一支付，项目日常零星开支实行定额备用金制度（远离分公司所在地单独开设银行账户的除外）。定额备用金标准：大型及特大型项目30 000元，中小型项目10 000元。定额备用金由项目成本员于项目开工前向分公司借取，主要用于项目零星、急用的日常支出，项目成本员应汇总整理有关票据及时向分公司财务科报销。项目完工后，项目成本员应及时交回所借备用金。

第四十三条　外购材料、劳务结算及分包工程款的拨付，一般不允许预付款，拨付分包工程款一定要按施工进度或验工计价单扣除供应料款和使用的机械台班费后拨款，物资、设备部门出具应扣回的垫付料款和机械台班费证明，质安部门出具质量奖罚证明，每次拨款必须按照公司分包付款程序办理付款手续后方可付款。

　第四章　项目借款报销制度

第四十四条　项目部财务审批权限。

项目部一切财务费用开支，实行项目经理一支笔签字制度，领导应根据有关制度及标准的规定，行使审批权。

项目经理不能自己签字、自己报销。项目经理本人报账时，应由公司指派领导签字方可报账。

第四十五条　财务报销。

1. 要按章办事，严格执行公司的经济核算制度和财务制度，认真遵守各项财经纪律。

2. 各项费用的列销，必须坚持原则，不徇私情。有计划的开支项目，坚持计划内开支。负责报销的财务人员发现不能报销或需领导签署意见的事项，必须阐明自己的意见，然后报财务部门主管或单位领导签署意见，不得推诿。项目财务部门遇到重大的开支项目，需要上级财务部门解决的，要及时向财务部门汇报。

第四十六条 项目各室负责办理结算的范围。

1. 计财部负责承包商工程费、材料费和机械使用费的结算。

承包商工程费的结算包括劳务队工费的结算、专业分包单位工程款的结算等。

机械使用费的结算包括施工过程中使用的自有施工机械所发生的机械使用费和租用内外部单位施工机械的租赁费、安装、拆卸和进出场费。

2. 物资部负责材料费的结算，包括施工过程中耗用的构成工程实体的原材料、辅助材料、低值易耗品、构配件、零件、半成品的费用，周转材料的摊销及租赁费用；劳保用品的购买以及项目所用工具、机具、中小型机械及配件的购买；现场清理渣土垃圾的运费、材料退场时发生的运杂费；项目所用工具、机具、中小型机械的修理、租赁费。

3. 工程技术部负责技术资料等的购买。

4. 综合办公室负责管理用具、办公用品的购买及其他日常费用的开支，包括办公桌椅、柜子、饮水取暖用具、电风扇、电话、对讲机及班车的租赁、维修费和油费；后勤保障，公关性事务的办理。

5. 项目经理指派专人办理的事务的结算。

第四十七条 借款程序。

各部门到财务领用支票时，先由借款人按"借款申请单"填写齐全，项目经理签字后，方可到计财部领取支票。万元以上的材料、劳务、分包等用款，由经办人向财务提供合同及合同评审表、验工计价单、劳务计价单及财务需要的资料。

第四十八条 报销程序。

1. 办理承包商工程费结算。

（1）由合同工程师和计量工程师提供劳务合同和经公司工程部核定的分包单位结算单及有关单据，经财务室审核单据无误后，填制报销单据封面、借款单（一式两联），经办人员持报销单据和借款单报项目经理审批签字。

（2）财务主管凭项目经理签字的报销单及借款单签认借款单，由出纳持合同及借款单到公司财务部领取支票。

（3）计财部在领回支票后通知经办人员领取支票并签字，办理注销手续。对于民工队预借的生活费，计财部应提前两天办理借款手续，两日内办理报销手续。

2. 办理材料费结算（程序同人工费结算步骤）。

需持支票直接购买材料，材料室应提前两天办理借款手续，材料购进后，在三日内办理报销手续。

签订了购货合同，材料进场后需办理结算时，由物资部向财务提供原始单据、发票及合同，经财务室审核无误签字后，填制报销单据封面、借款单（一式两联），经办人员持报销单据和借款单报项目经理审批签字后，财务主管签认借款单，由出纳持合同及借款单到公司财务部领取支票，办理报销手续。

其他部门及经理指定专人负责办理管理用具及其他日常费用的开支，应提前两天办理借款手续，事情办完后两日内向财务提供原始单据、发票，经财务室审核无误报经理签字后，办理报销手续。

第四十九条　要求。

1. 借用支票后，要按借款用途使用，严禁更改和变动支票的用途。否则，财务部门有权拒绝报销。

2. 借用支票后，要及时找财务和项目经理签字报销，最迟不得超过一周。如无特殊情况，超过一周仍未报销的，按借款金额每日千分之二收取罚金，在工资中扣除。如有特殊情况，应及时以书面形式写明其理由。

3. 原始单据不符合法规或发生破损的，财务人员有权拒绝报销。

第五章　附　则

第五十条　本管理办法适用于项目有经济活动和财务收支的各个部门。

第五十一条　本管理办法自实施之日起生效，由公司行政人事部负责解释。

范本二十五　项目部财务管理规定（一）

为了加强、规范经理部财务日常管理工作，强化项目成本管理，发挥财务在经理部经营管理和提高经济效益中的作用，根据新《会计法》、《企业会计准则》的规定，结合经理部实际情况，制定本财务管理办法。

第一条　会计和出纳的职责。

（一）会计的职责。

1. 按照国家会计制度、总公司财务管理办法的规定，依法组织会计日常核算、记账、复账、报账，做到手续完备、账目清楚。按期报账，登记会计账簿，编制会计报表，及时上报总公司。

2. 收集、整理和分析有关会计数据与资料，提出管理意见，实行事前控制与事中监督。

3. 紧密联系工程计量部，准确核算联合施工单位应分摊的各项税费、应拨工程款以及各施工队的计价工作。

4. 与设备部、材料部保持紧密联系，协助设备部和材料部搞好机料管理，严把成本控制关。

5. 按照经济稽核原则，定期检查资金使用情况，挖掘增收节支的潜力，考核资金使用效果，及时提出合理化建议。

6. 遵守职业道德规范，不得泄露经理部机密。

7. 每月编制资金使用情况表，交项目经理审核。

8. 完成经理部领导交给的其他任务。

（二）出纳的工作职责。

1. 认真执行现金管理制度，根据财务会计审核签字的收付款凭证办理款项收付，收付款凭证及原始凭证附件上加盖"收讫"、"付讫"，并在登记后将收付款凭证返回会计。

2. 建立健全现金出纳各种账目，严格审核现金收付凭证。

3. 严格支票管理制度，编制支票使用档案。

4. 积极配合银行做好对账、报账工作。

5. 配合会计做好各种账务处理。

6. 遵守职业道德规范，不得泄露经理部机密。

7. 完成经理部领导交给的其他任务。

第二条　财务部门的职责与权利。

（一）财务部门的职责：依法组织与实行经理部的日常会计核算，收集、整理和分析有关会计数据与资料，提出管理意见，实行事前控制与事中监督。

（二）财务部门的权利：审核各种原始凭证的真实性、合法性与有效性，对于不真实、不合法的原始凭证有权拒绝报销，情况严重的上报项目经理。

（三）财务部直接对项目经理负责。

第三条　财务日常工作办法。

（一）项目经理部财务采取印鉴分管制度，出纳一枚，会计一枚，其中一人外出时，交由项目经理监管。

（二）财务人员审核各种原始凭证的真实性、合法性与有效性，对于不真实、不合法的原始凭证有权拒绝报销，情况严重的上报项目经理。

（三）对于发生的业务，应开具对口行业的正规发票，不能取得正规发票的，应由业务经办人到税务局开具税务发票，特殊情况的经项目经理同意后，由财务办理。

（四）发票正面必须注明：日期、单位、货物名称、数量、单价、金额、收款人，并盖有销货单位发票专用章或财务专用章。

（五）发标反面必须注明：事项、经办人、证明人、验收人或在发票粘贴簿反面注明事由，并根据有关规定办理报账手续。

（六）大额购买材料、办公用品等，须填写申购单，经项目经理批准后方可购买。

（七）职工医疗费用原则上不能报销，工伤除外，具体参照总公司管理办法执行。

（八）发票张数多的需用发票粘贴簿，由财务会计审核后，项目经理签字报销。

（九）材料部购买固定资产、大型周转材料，必须向总公司设备物资部提出正式的申请报告，经总公司审批同意后，材料部才能购买，材料设备发票必须由项目经理签字报账。

（十）一切罚款应该写明具体情况，并有人证明，经项目经理签字后，可报销50%，列为间接费用。

（十一）出租车车票，视具体情况报销。

（十二）汽车司机的每日出车补贴为5元，每月按30天计。无重大交通事故，年终按每月60元标准发奖励，由行办造册。

（十三）费用报销的程序是：报销人收集原始单据→会计初步审核同意→项目经理签字同意→会计制凭证→出纳付款或会计制凭证冲账。

（十四）不按有关规定执行报销程序的，一律不给予报销。

（十五）报销金额，不能有任何人为涂改，涂改后的报销凭证，不能报销。

（十六）考虑到职工野外施工的艰苦，职工应承担的所得税从福利费中支出。

（十七）总公司列转的技术装备费，进入待摊费用中进行核算，分期进入成本。

（十八）职工生活补贴每人每天10元，由食堂统一用于生活费开支，不再造册发放，此费用列入间接费用，抵扣总公司管理费。

第四条 备用金及借款程序管理。

（一）采购人员、驾驶员、对外联系业务人员等可借支备用金；每人借支累计总额具体规定为：项目经理、项目副经理2万元，总工10 000元，办公室主任10 000元，驾驶员3 000元，部门负责人3 000～4 000元，其他人员视具体情况而定。

（二）备用金借支程序：借款人申请→会计审核，签署意见→项目经理签字同意→会计出凭证→出纳付款。

（三）民工个人不能直接向财务部借支，必须通过所属施工工区负责人向财务借支。

（四）借款人必须在每年年底或离职、工程竣工前报销冲账，对借款人未及时偿还的借支，财务部门有权扣工资偿还。

（五）超过借支总额累计金额的，不能再次借支。

（六）备用金使用过程中，1 000元以内的经济活动可由项目部部门负责人签字负责，1 000元以上的必须由项目经理同意，否则不给予报账。

（七）施工队借款必须由工程计划部、质检部、分管领导开具工程量情况说明，交财务扣除借支款后报项目经理审批，预防不良超支现象发生。

上述相关规定，若遇到特殊情况，可视具体情况，经项目经理签字同意后，灵活变通处理。

第五条 支票领用管理。

（一）为严格控制现金使用量，超过现金结算金额和范围的必须使用支票；特殊情况下，使用大额现金结算，应事先征得财务部门的同意，并经项目经理同意后，方可进行现金支付。

（二）未经项目经理审批的，超过结算起点的大额现金，财务部将拒绝支付。

（三）各部门应在每月月底，将下月的用款计划送交财务部门，支票领用人凭借有效的用款计划填写支票领用单，经领导审批后领用，并同时登记支票领用登记簿。支票领用单上应注明所需金额上限，超出上限，应通知财务部，否则财务部将通知银行，作废该份支票，由此所引起的一切后果，由支票领用人承担。

（四）支票存根应由收款人签字，并加盖印章，支票存根因故遗失，支票领用人应立即通知财务部，并以书面形式上报项目经理，由此而造成的一切后果，由支票领用人承担。

（五）已用的支票在 3 天内必须办理有关冲账手续，对无故拖延冲账的，按支票金额的 5‰ 处以罚金，在当月工资中扣缴；特殊情况应向财务部说明。

（六）未用的支票应在当日（最迟次日）退回财务部门，否则罚款 500 元；如果丢失支票，领用人必须立即报财务部门采取补救措施，并向项目经理写出书面报告，由此造成的一切损失，由支票领用人承担。

（七）出纳开具支票，应填写收款人栏目。

（八）支票领用人对所领用的支票的大小写金额、收款人名称等全部内容可能发生的差错负全责。

第六条　业务招待费和误餐费。

（一）业务招待费仅限于招待与本项目有关的单位及个人。

（二）因办理经理部相关业务事项发生的误餐费，可以报销。

（三）业务招待费和误餐费必须取得正式发票，并在发票后注明时间、经办人及证明人。

（四）业务招待费原则上由部门负责人以上报销，但发生业务招待费前应告知项目经理。其他人员一般情况不得报销业务招待费，若特殊情况需由部门负责人向项目经理反映审批后方可发生，报销程序按财务日常工作办法执行。

（五）业务招待过程中发生的无票支出，由项目经理同意后，财务统一办理。

（六）项目部各部门的业务招待费，应本着节约的原则合理开支。

第七条　差旅费的报销。

（一）因为总公司开会、培训等，需出公差，项目部主要领导和主要负责人，由项目经理根据事由缓急，可自行安排乘坐飞机、火车或汽车，票务费用，按实报销；其余人员按火车（硬卧）标准报销，紧急情况下，项目经理特批者除外。

未经同意的飞机票，只能按照火车（硬卧）票报销，差价由经办人自行承担。

（二）项目部职工每季度享受 7 天探亲假（含往返时间），假期不能累计。项目部根据具体情况，适当安排轮休，探亲假为带薪休假，休假期间的工资按照项目部基本工资同期发放，不再享受效益工资和各种补贴。

探亲差旅费可以报销，车船费可包括往返飞机票和汽车票、火车票，省内不允许报销飞机票。

（三）住宿费标准，执行总公司管理办法的相关规定。

（四）差旅费报销只能包括车船费和住宿费，出差期间发生的其他费用，要单独报销。

（五）所有休假、请假出公差者，均需填报请假条交行办存档，作为发放工资福利的依据；差旅费报销必须填写差旅费报销单。

第八条 计价单的开具。

（一）经理部发生的相关工程成本费用支出，收款单位（或个人）凭工程部门开具的工程计价领款书到财务部结账。

（二）工程计价领款书由计价者根据工程部门相关业务的原始单据，核实计算后开出。财务部审核只对金额正确与否负责，不对原始单据的正确性负责。

（三）工程计价领款书由相关部门签字以明确责任，交项目经理签字同意后，方可作为记账凭据。

（四）工程计价领款书应每月开一次，手续完善后交财务列账，做好每月成本核算工作。

（五）工程计价领款书由总公司统一印制。

第九条 工资核算。

（一）职工工资分为标准工资、加班费、效益工资及其他津贴。

（二）标准工资按照总公司项目经理部工资改革方案执行。

特别说明，根据总公司项目经理部工资改革方案的精神，岗位工资由项目部岗位负责人享有，重要岗位知识分子补贴是指在岗的而且具有职称的补助，不在岗而具有职称的不在此列。

（三）加班费计算方法：

1. 法定节假日加班，按下列公式计发加班费：

$$加班费＝本人月工资×300\%÷21.75×加班天数$$

2. 法定节假日以外的加班，按下列公式计发加班费：

$$加班费＝本人月工资×200\%÷21.75×加班天数×一定基数$$

3. 每月按 8 天计算加班费，法定节假日按国家相关规定执行。

4. 效益工资的评定由各部门负责人根据职工的能力、工作表现、工作态度来评定，各部门负责人由项目经理评定。

5. 每月发放工资，由会计根据行办提供的职工考勤表，会同行办一起制定工资发放单，经项目经理签字审批后，由出纳发放。

6. 职工因私事中途请假回家不超过 7 天（含往返时间），假期超过 15 天者，只发放基本工资，在此期间的所有工资、奖金、劳保、福利均不再发放。职工一次请假时间超过 30 天者，或一年内有 3 次请假时间超过 15 天者，项目部只发放基本生活费 500 元/月，其余所有工资、奖金、劳保、福利均不再发放；一年内请假时间累计超过 183 天（半年）者，取消年终奖、通勤奖等的发放。

7. 业主奖金的分配办法：业主奖金×总公司管理费×40％的余额，在经理部进行分配。分配原则采用职工所承担的风险比例进行。

8. 项目部职工各种补贴遵照国家劳动法和总公司管理办法执行。

第十条 材料、固定资产核算。

（一）钢材、水泥、砂石料、商品混凝土等主要材料购进时，材料部应向财务部提供规定的材料结算表，并附过磅磅单，经材料部两人签字，主管项目副经理审核，项目经理审批。

（二）其他零星材料的采购，由项目部与固定的供应商签订长期供货合同，定点采购，分月结算。零星材料必须附有详细清单和单价，由主管项目副经理审核。

以上包括五金材料、电器材料、油料、氧气乙炔、外加剂等。

（三）项目部存货（库存商品）的核算采用"实际成本"法，存货发出时，一律采用"加权平均法"计价。

（四）月末已经入库，未取得发票的材料，按暂估价入账，采用"抽单法"核算。

（五）低值易耗品的摊销，采用"五五摊销法"进行核算，建立低值易耗品领用台账，定期盘点，每月一次，达到报废的予以注销。

（六）周转材料的摊销，采用"分期摊销法"进行核算。

（七）固定资产的核算与管理，按照总公司《财务管理制度细则》、《固定资产管理办法》执行。对于固定资产的增减变动，设备部应及时报财务部进行相关的账务处理（否则后果自负），并上报总公司相应部门。

固定资产行政办公部分，应经行办签认。

（八）所有材料全部由材料部编制验收单，财务部以此为依据登记材料账。

（九）每月 25 日为材料结账日，同时材料部向财务部上报材料领用汇总表，并附材料领用的详细清单。上述单据最后经材料部部长签字并加盖公章生效，财务部以此为依据进行材料成本核算，并核销材料账。

（十）每月，材料部必须与财务部进行账账核对，做到账账、账实相合。

对于产生的差异，材料部填报材料盘点表，说明情况，并报主管项目副经理审批。

低值易耗品、周转材料的摊销、固定资产的折旧，由财务部进行核算并报材料部，材料部依据财务部提供的数据进行账务处理。

第十一条 车辆使用费和办公用品管理。

（一）经理部的车辆每月报销一次车辆使用费，跨月费用不再报销。修车费用金额使用权限参照备用金管理的相关规定执行，同时必须附有加盖公章的修理清单作为附件。

车辆使用费需先由行办主任审核签字。

（二）办公用品只能由行办（或指定的专门人员）定点采购，每月结账报销一次，并附采购清单，说明结账时的折扣情况。

（三）贵重商品的采购必须附有详细的采购清单，并由行办负责领取登记工作，定期与财务核对实物账。

第十二条 实施。

（一）本财务管理办法为试行办法，其未尽事项，由项目部制定相关条款的实施细则予以补充说明；最终解释权属于经理部财务部。

（二）本财务管理办法上报总公司审核、备案。

（三）本财务管理办法经项目经理签字同意后生效，自发布之日起实行。

范本二十六　项目部财务管理规定（二）

第一章　总　则

第一条　为了进一步加强项目部财务管理，规范项目部的各项经济行为，合理使用资金，严格财务制度，降低工程成本，提高经济效益，根据集团公司和工程公司的有关财务管理规定，并结合项目部的具体情况，制定本规定。

第二条　本规定适用于项目经理部及所属各部室、工程队。

第二章　费用报销管理规定

第三条　坚持一支笔审批、重大事情集体研究制度。

第四条　财务报账程序：先报告，后开支，再审核，最后经理签字，财务报销。任何开支必须事先填制费用支付审批表或呈批件，并注明事由和开支的大概金额。严禁先开支，后填报告，再审批。属于特殊情况的，可先开支，但必须向经理口头或电话汇报，同时告知财务，回来后补签报告。各部门需购买的物品，由各部门统一打报告经经理审批后，交给经办人员购买。

经办人凭审批报告可到财务借款。报账时，先由部门负责人审查后报财务主管审核，最后报经理审批。报账时，需附上费用支付审批表或呈批件。

第五条　各种费用支出实行谁经办，谁负责，谁报账。不得代为报账。各部室及经办人员在完成经济活动并取得合法凭证后，必须在十日内报账，无特殊情况，超过两个月未报账的，开支费用自理。

第六条　各种发票填写内容要真实完整、数字要准确，印章应与所购物品相一致，且发票日期、大小写金额不得涂改。凡不符合规定（如涂改发票日期、大小写金额）的发票视为无效发票，财务不予受理。

对于采购支出，凡超过千元的，除特殊情况外，一律采用银行付款方式，杜绝大量的现金支付。

第三章　招待费、办公费和包干费管理规定

第七条　业务招待费。

（一）本着热情周到、合理节约的原则进行招待，对于有关部门业务招待、

外来客人以及上级领导，尽量在食堂招待；如情况特殊，必须填写申请报告，并注明限额，经经理（或现场主管领导）批准后方可在外招待。费用发生后，应在三天之内凭报告单、就餐发票到财务报销，凡多次累计或票据不全（缺报告单或菜单）的，财务不予受理，所发生费用自理。报销费用不得超过申请限额，超过部分自理。

（二）各类招待用品如烟、酒、饮料、茶叶、水果及赠送礼品，由办公室统一购买，并登记收入、消耗台账，财务部门单设一科目进行核算。各类物品的消耗，必须有登记领用明细单。

第八条 办公用品。

（一）购买办公用品，在填写费用支付审批表时，需注明所购物品名称、数量、估计单价和总价，交领导审批后，由办公室统一采购。

（二）报账时，需填列由实际领用人签字的物品领用表。

（三）严格办公用品、用具验收制度，各部门要严格把关，防止巧立名目、公为私有；办公室应对各科室办公用品进行台账登记，大且贵重物品由办公室和财务人员共同购买，待完工后一并收回。

（四）生活用品、劳保用品等日常物品的管理，按照办公用品进行管理。

第九条 包干费用的使用。

（一）根据工地和项目部实际情况，项目部对电话费和职工每年的探亲差旅费的使用实行包干制度。其余间接费用不列入包干范围。

（二）电话费包干范围：各部门手机、坐机和自行购买的充值卡等。

（三）电话费包干标准：项目部各部部长、总调度、办公室主任 200 元/月；其他人员（含司机）100 元/月，项目部炸药库 100 元/月。

（四）探亲费的包干标准见第四章第十七条的有关规定。

（五）对不实行包干制度的各项费用，各部门也应该厉行节约，减少不必要的浪费。如对项目部生活、办公用电应做到人走灯灭，电脑打印机、复印机等在不使用时应随手关机；复印纸张尽量双面使用；外部用车尽量各部门统一使用，减少派车次数。用电用车等相关规定由办公室负责制定实施细则并监督落实。

第四章 差旅费的报销规定

第十条 职工到××及以远地区出差的，必须填写出差报告单，报项目部领导批准。报销差旅费时，必须附领导签字批准的出差报告单，财务凭出差报告单报销车费、住宿费，并按规定给予相应的补助。无出差报告单的，不予报账。

第十一条　项目经理、书记出差适用乘坐火车软席、轮船三等舱、飞机普通舱，其他人员适用乘坐火车硬席、轮船四等舱、飞机普通舱。因工作需要与项目经理书记一同出差人员，可按经理、书记相同标准予以报销。乘坐除上述交通工具以外的其他交通工具（主要指公共汽车或公交车）的，可据实报销往返交通费。

第十二条　为减少开支，原则上公出人员不得乘坐飞机和出租车，确因情况紧急的，须请示项目领导同意后方可乘坐；出租车票要附说明，经主管领导审批后报销。乘坐飞机的公出人员，不享受各项补助。

第十三条　司机出车发生的过路、过桥等费用，按月报销，票据应按时间先后顺序依次粘贴，报销时需附派车单。实行定点加油后，司机必须到定点加油站加油，财务不再报销司机短途范围内的加油票，但到××等以远地区的可按次据实报销油票。

第十四条　各种出差补助按实际出差天数和标准核发。

（一）司机补助：司机补助（包括洗车费、零星补胎费）不分长途、短途，按月一次性补给，标准为 200 元/月。

（二）伙食费补助（含司机）：到××城区原则上不得在外就餐，在外就餐的每人每天补助 10 元；到××周边县区办事在外就餐的每人每天补助 15 元；到××或其他省会城市按每人每天 25 元的标准补助，到其他地区出差的按每人每天 20 元标准补助。到公司内部单位出差可凭内部单位所开的伙食费收据按实际天数给予补助：一般地区 4 元/天；经济特区 6 元/天。

因工作需要进行招待的，可按申请标准报销，不再另给补助。

（三）职工出差乘坐火车，需凭出差报告单，按有关规定享受卧铺补助和途中补助。从晚八时至次日早晨七时之间在车上过夜超过 6 小时或连续乘车超过 12 小时以上的，可购买硬卧票，项目经理、书记可购买软卧票。符合乘坐卧铺条件而全程未购买卧铺的，可按本人购买硬席座位票价的一定比例计发卧铺补助，即：慢车和直快列车 60%；快速列车 50%；特快列车、新型空调车和旅游列车 40%；符合乘坐软卧而改乘硬席座位的 60%，但改乘硬卧的不执行本规定。以上补助均凭票计发和列账。

（四）连续乘坐火车超过 12 小时（含 12 小时）的，可加发 30 元伙食补助费；夜间乘坐长途汽车、轮船最低一级舱位超过 6 小时，可加发 15 元/夜的伙食补助费。

第十五条　住宿费。

（一）因公出差人员的住宿费实行限额凭票管理，住宿费发票必须注明住宿日期、天数和单价。住宿标准如下。

项目部领导：一般地区，每晚120元；省会及直辖市，160元；经济特区，220元。

其他人员：一般地区，每晚80元；省会及直辖市，120元；经济特区，180元。

如接待建设单位、设计单位、其他单位和公司领导，在外一同住宿，可按对方标准相应提高住宿标准。自愿降低标准的，按结余额的60%发给个人补助。

出差人员住宿费用一律实行凭票报销的原则，无票一律不予报销。

两人一起出差，在报销时，应两人同时签名或注明另一人姓名。

（二）投标人员或到局机关出差住集团公司招待所的，不受上述标准限制，可据实报销。

（三）有下列情况之一的，不报销住宿费：出差人员由接待单位免费接待的；回基地出差，家在基地或住亲友家的；参加会议，由会议组织统一列销的；无住宿发票的。

第十六条　职工培训、学习费用。

（一）公司或项目部派往地方各类院校组织的短训班、研讨班以及集团公司以上单位组织主办的各种学习班、训练班的人员，其住宿费和差旅费按出差人员标准报销。

（二）参加上述培训、学习的职工，在培训学习期间，凭院校或主办单位开具的伙食费收据，每人每天给予5元伙食补助费。但培训学习时间半年以上、长期脱产学习、在职学习人员，其伙食费自理。

（三）职工参加的全国统一的职称考试，其住宿费、差旅费和伙食补助按出差人员标准办理。

（四）职工参加的自学考试或其他考试，需经公司批准，其报名费等费用在公司报销，项目部无权报销。经公司批准的自学考试或其他考试，按出差人员标准办理，否则费用自理。

第十七条　职工探亲费用实行包干制。标准为：

（一）已婚职工每年探亲费2 000元；

（二）未婚职工每年探亲费800元。

（三）职工在岗未满一年的，按实际月份数计算，不足一月的按一月计算。

第五章　工资奖金的发放规定

第十八条　考勤。

项目部考勤由办公室统一负责。为了保证考勤天数的准确性，应建立完整的请销假制度。职工出差或探亲，应填写职工出差或探亲报告单，由经理或书记审批后，将存根交办公室。职工出差或探亲返回项目部后，应持出差/探亲报告单及时到考勤员处销假。因职工个人原因，不及时请销假造成的考勤错误，由职工自行负责。职工出差需报销差旅费的，应将销假后的出差报告单一并附上，财务方可列销。同时，考勤员应对每个职工高度负责，认真考勤，根据职工出差/探亲报告单的日期及时登记。

考勤表实行公示制，办公室应在每月 27 日之前公布。请职工注意核对，经核对无误后，交项目部财务统一制作工资表。

第十九条　工资分配的构成及标准。

实行岗位工资和施工现场工资两部分工资并行的工资管理模式，具体计算方式如下。

（一）岗位工资设基础工资、年工工资、岗位工资三项，其中：

1. 基础工资：基础工资按每人每月 400 元计发。

2. 年工工资：从员工本人参加工作的当年算起，每年按 20 元标准计发，从每年一月起增加。

3. 岗位工资：根据员工所在岗位的劳动技能要求确定，一岗一薪，岗变薪变，其中：项目经理、书记 3 000 元，副指挥长、副书记、工总 2 700 元，各部门主管及总调度 2 400 元，科员及其他业务工作人员按管理岗位不同级别确定工资标准，汽车司机和食堂工作人员按照生产服务人员岗位工资标准确定。

（二）施工现场工资。

施工现场工资设流动津贴、加班工资和节假日工资三部分，其中：

1. 流动津贴：按考勤天数，执行每天 8.63 元的标准，每月计发。

2. 加班工资：为施工现场人员每周应休而未休的假日工资设置的。按平均每月 8 天（每月 4 周，每周 2 天）固定计算，其工资标准为：月岗位工资÷20.92×加班天数（8 天）×200%（劳动人事部标准）。考勤日期是 7 的几倍，则按 2 乘以几计算，最高不超过 4 倍；如果考勤日期小于 7，则不计算。

3. 节假日工资：按国家规定的假日时间，即元旦 1 天，三八 0.5 天（仅适用于女职工），五一 3 天，国庆 3 天，春节 3 天，共 10.5 天。按月岗位工资÷20.92×月假日天数（按考勤期，有几个假日，计算几个）×300%。

第二十条　职工各种休假及工资发放标准。

（一）探亲假、婚假、丧假、产假、哺乳育儿假、搬家假和就地年休假等正常休假时，在规定假期和往返路程时间内，发给全部的基础工资、岗位工资、工龄工资和与考勤无关的津补贴，不发效益工资。

（二）在休育儿假期间，发给全部基础工资、工龄工资和与考勤无关的津补贴，不发效益工资。

（三）因公负伤停止工作和治疗期间，发给全部的基础工资、岗位工资、工龄工资和法定性的津补贴。公伤假在一个月以内的，可发给相当于在岗职工同等数额的效益工资；超过一个月的，不发效益工资。

（四）事假期间，只发给与考勤无关的各项津补贴。

（五）职工因违反项目部有关规定，经项目部研究决定给予待岗的，待岗期间除发给按当地标准计算的最低生活费外，不发给任何工资。

（六）职工因病或非因工负伤请病假、伤假，不发效益工资，除发给工龄工资和与考勤无关的津补贴外，另按本人基础工资和岗位工资的一定比例支付：（1）在病假6个月以内的，工龄不满5年者发60%；工龄满5年（含5年）不满10年者发70%；工龄满10年（含10年）不满20年者发80%；工龄在20年以上者发100%。（2）连续休病假在6个月以上者，工龄不满5年者发50%，工龄满5年以上者发60%。

（七）息工待岗人员工资待遇。因单位施工任务不足而息工待岗人员，只发基础工资、年功工资，另根据息工时间长短，发放一定数额的待岗津贴；息工时间6个月以内的，发放待岗津贴600元；6个月以上1年以内的，发放岗津贴300元；息工1年以上，待岗津贴取消。

第二十一条 奖金根据项目部具体效益情况发放。奖金系数根据公司有关规定，并考虑到项目部实际情况确定如下：项目部经理书记2.1；项目部总工1.9；各部室负责人1.8；工程师1.6；助理工程师1.5；干部1.3；工人1.0。

第二十二条 职工个人所得税由项目部财务根据实际需要予以代扣代缴。

第六章　设备物资的管理规定

第二十三条 材料采购应先由工程部和计划部按月提供计划，经领导审批后，由物资部门统一采购。

第二十四条 设备物资采购实行质量责任制，即"谁采购，谁负责"的制度。所购设备物资因质量不合格或数量短缺造成损失的，由采购人员负责，并视情节轻重，给予一定的处罚。未经项目部同意，施工队和非物资人员一律无权采购，单位主管不得直接进行物资设备采购。

第二十五条 设备物资采购实行招标制。凡批量采购设备物资金额较大（价值1万元以上），应根据实际情况推行招标竞标制度，从质量、价格、服务、运输方式和渠道等方面择优进货，降低采购成本。

第二十六条　物资材料和设备采购必须签定购销合同，做到条款清楚、责权分明，避免经济纠纷。对大型材料的采购和合同签定，应有财务人员参加。

第二十七条　采购沙石料，到财务报账时，必须有当地地税部门开具的发票，财务方可办理，否则，由财务代扣相应的税金及当地政府规定的各项费用。

第二十八条　车辆（设备）维修：项目部用车由综合办公室统一负责维修，先由车辆驾驶员提出申请，说明故障原因，预计维修金额，由办公室负责人和财务批准后报项目领导审批，并到指定地点进行维修。

第二十九条　物资部在购进材料到财务报账时，应按统一分类标准对入库材料进行分类，注明入账月份。

第三十条　物资部应在每月 28 日前，将物资报表报项目部财务。财务部与物资部应每月核对库存物资账面余额，并编制库存物资余额调节表，做到账账相符。必要时，财务部将会同有关人员进行物资盘点，做到账实相符。

第三十一条　退料。工程完工后，按合同规定应由项目部收回的工程物资和小型机具等，应由物资设备、财务、工程部、项目部领导等相关科室共同清点回收；对损坏或遗失而造成相应的工程物资或机具不能使用的，应按一定的标准折价回收。对合同以外不由项目部回收的，一律不得回收。

第七章　食堂管理

第三十二条　食堂应建立完善的食堂账，并接受项目部财务监督。食堂账由管理员统一管理。

第三十三条　财务部按月核给食堂备用金，由管理员统一管理。标准为每人每天 9 元。

第三十四条　食堂应建立完善的食品入库出库登记，每天购回食品，先交由炊事员点验入库并签字，报财务审核，经经理审批后入食堂账。食堂应按日核算库存，并定期进行清点。

第三十五条　每月扣职工生活费，由财务统一代扣，直接冲减食堂备用金。家属来工地的，每人每天扣除 9 元。

第三十六条　项目部和各部室接待上级来人或外来人员，在食堂进行招待的，食堂应根据实际成本收费，由进行招待的部门负责人签字后报财务审核，最后报经理审批。发生费用直接冲减食堂备用金，同时增加各部门包干费用。

标准为（不含烟酒）：局机关和公司部以上领导中、晚餐 150～250 元/桌，早餐 30 元/桌；公司其他人员和外来人员中、晚餐 80～150 元/桌，早餐 20 元/桌。

第三十七条 财务部应不定期地对食堂账进行检查监督。

第八章 资金管理

第三十八条 为了加强对现金、银行存款和其他货币资金的管理，项目部的货币资金由财务部门集中统一管理。

第三十九条 物资部、计划部和工程部应在每月月底提出下月资金用款计划，即材料采购计划用款和工程施工预计应拨工程款，报财务和项目经理审批，财务根据用款计划统一安排资金。凡超过计划的资金，必须严格控制。

第四十条 向各队拨付工程款，必须由各队法定代表人即合同签定人或其委托人到财务办理各项手续。合同签定人应对被委托人出具书面委托书，委托书上应注明被委托人的姓名、年龄、身份证号码、住址和权限，各队开户银行名称、账号和收款人名称以及合同签定人的签名（盖章）。各队应将拨款收据号码和被委托人身份证复印件报财务备案。凡不具备上述条件者，财务一律不予拨付工程款。

第四十一条 各队到物资领用材料（包括由项目部物质部联系各队直接使用的材料，由项目部付款的），必须由各队法定代表人或其委托人（应出具书面委托书）签名办理，否则物资部和财务部不予办理领料和拨款。

第四十二条 备用金和借款规定。对项目部综合办公室、物资采购人员、司机实行定额备用金制度，其中，办公室 2 000 元，物资采购人员 2 000 元，专车司机 2 000 元，专车 500 元。职工因公借款，必须在 10 天之内报账偿还借款，如因个人原因不能及时报账，则视为个人借款，在每个月工资中扣除。原则上不允许个人借款，确有特殊情况的，需由经理审批，财务方可借款。职工个人借款实行每月公示制，在工资中扣除。

第四十三条 项目部实行印章和票据分管制度，分管印章和票据的人外出时，应将其分管的印章或票据交给领导指定人员保管，严禁将印章和票据交由一人保管。分管印章和票据的人不得私自将其保管的印章或票据交由他人保管。

第四十四条 签发支票，应在专门的支票登记本上进行登记，并由领用人签名，作废支票应在大小写金额处和印章处加盖（书写）"作废"二字。严禁签发远期支票、空头支票和空白支票，严禁将空白支票交于他人作抵押。确需签发收款人或金额不确定的支票时，必须经财务主管批准，并在支票上填写当日日期，在用途栏注明限额，并在金额小写栏根据注明的限额填写货币符号（￥）；签发空白支票限额不得超过1万元，且仅限于内部职工使用，不得对施工队或外部人员使用。内部人员在领用空白支票后，应注意保管，在使用时应按实际金额填写（或监督他人填写）后方可交于他人。不得将空白支票交于他人任意填写，由此造成的损失由支票领用人负责。

第四十五条　出纳人员对现金要按日进行清理核对，并做好记录，做到日清月结；银行存款日记账要根据银行对账单每月与银行进行核对，并编制银行存款余额调节表，对未达账项要及时入账。财务主管要不定期地对现金和银行存款进行监督和检查，至少每月一次，发现问题及时处理。

第四十六条　不允许白条报账和冲抵现金。

第九章　其　他

第四十七条　项目部财务部应根据需要，及时向项目部领导反映财务情况，并提供相关数据。

第四十八条　项目部财务应及时准确地向上一级财务部门上报各种所需资料，并接受上级财务和审计部门的监督和检查。

第四十九条　为加强财务资料和数据的保密性，项目部财务会计档案资料未经项目部领导和财务主管批准，严禁向外人借阅、复印。任何人不得将财务资料和相关数据向外人透露。

第五十条　各种报账单据（发票及其附件）的粘贴必须整齐，不得超过封面或凸起；封面的填写要字迹清晰、数字准确、内容完整；报账单据封面不得折叠。对粘贴和书写不规范、封面不整洁的财务，不予审核。

第五十一条　"费用支付报告"或"呈批件"仅作为借款的依据和报账的依据，不作为借款单据。

第五十二条　本规定未尽事项可参照集团公司和工程公司相关规定执行。

范本二十七　工程项目分包管理办法

第一章　总　则

第一条　为加强工程项目外协队伍的管理，规范对外结算管理程序，提高企业综合盈利水平，结合公司实际，制定本办法。

第二条　公司直属项目部以分包工程（工程分包及劳务分包）形式涉及的分包队伍的管理及结算，均执行本办法。

第二章　外协队伍管理

第三条　协作队伍的选用。

（一）公司建立合格分承包方准入登记制度，公司招议标工作组负责外协队伍准入及选用的评审工作。

（二）项目部成立以项目经理为组长，副经理、总工为副组长，各部门负责人为组员的外协队伍考察工作小组，负责外协队伍考察及推荐工作。

（三）外协队伍的资格评审，由项目管理部牵头，将外协队伍评审所需企业法人营业执照、资质等级证书、安全资格证书及业绩资料等装订成册，提报招议标工作组，经评审，纳入合格分包方名录。

（四）外协队伍的选用应本着实事求是、机会均等、不徇私情、综合平衡原则，根据工程项目实际需要及各自的施工能力，择优选用。

第四条　分包工程招（议）标。

（一）公司所有工程项目的分包均应采用招标或议标方式选择外协队伍。

（二）专业（工程）分包价值在 300 万元及以上、劳务分包价值 100 万元及以上的项目，项目经理部提报分包方案，由公司内部招（议）标工作组组织招（议）标，公司分管副总经理组织签订分包合同；单项分包价值不足 300 万元的，由项目经理部主持，公司招议标工作组参与进行招（议）标，项目经理部组织签订分包合同，并将招议标结果及分包合同报公司项目管理部核备。

第五条　合同的签订及管理。

（一）项目外协队伍管理应全部实行合同化管理，根据被选用的协作队伍所承担的工程项目特点确定承包形式，合同的签订应本着双方平等、协商一致的原则。

（二）与协作队伍签订工程分包合同、劳务分包合同，应按公司《合同管理办法》规定的权责严格执行，主要内容必须遵循公司制定的合同范本，增删、修改有关条款，必须报企业发展部审批。

（三）合同单价或总价的确定应控制在公司确定的责任成本单价或总价范围内，超出标准必须报公司项目管理部进行分析，并经公司经营业绩考核评价小组评审批准后办理。

（四）合同必须由双方法定代表人或委托代理人签字，加盖企业合同专用章后生效。不具备法人代表资格的，要有法人委托书，未经法定代表人授权，任何人不得以企业名义签订合同。

（五）完善合同管理工作，建立合同管理台账。正式合同签订后，报项目管理部、企业发展部备案，并发至各相关部门。

（六）项目经理部应委派专人对外协队伍施工的项目从开工到竣工交付实行全过程监督管理，落实施工员岗位责任制。

第三章　结算及付款

第六条　价款结算。

（一）项目部要成立以项目经理为组长，副经理、总工、部门负责人、现场施工员为组员的验工结算领导小组。

（二）进度结算。

进度结算应按月或季度进行。月末或季度末月 25 日前，分包单位提报完成工程数量单，由技术部门对完成工程数量清单进行审核，物资、设备部门提供外协队伍使用项目部材料费、机械费清单，其他相关部门出具应扣费用清单。对超合同规定数量领用材料的，超出部分按实购价及运费加 8% 的采购保管费后，列入外协队伍使用项目部材料费清单。

次月 5 日前，项目部根据签订的合同单价及经过项目部技术部门审核完的工程数量清单，对分包单位提报的进度结算单进行审核。结算单须经项目部相关部门共同签认，并附技术、材料、设备、领工员等部门提供的相关资料，最后由项目经理审核批准。审批手续不全或所附资料不全的，财务部门不得付款。

（三）最终结算。项目竣工验收合格后，由分包单位提报项目的最终结算单，项目经理部技术负责人、项目总工负责审核最终结算的工程数量，物资、设备部门提供外协队伍使用项目部材料费、机械费清单。项目部根据签订的合同单价及经过项目部技术部门审核完的工程数量清单，对分包单位提报的进度结算单进行审核，最后由项目经理审核批准。

（四）分包结算应扣除分包单位的相关费用，如检验试验费、质保金等。

（五）零工管理。

零工指劳务分包时发生的零星用工，专业（工程）分包不准结算零工费用。

项目部应严格控制零星用工费用的支出，原则上不允许发生零工费用。确实需要发生的，由现场领工人员、项目部工地负责人和项目经理签认后方可结算，但结算的零星用工数量或用工价值不能超出结算总工天或总工费价值的3%；因项目部原因给外协队伍造成停工损失，连续停工超过5天的，停工期间由现场领工人员出具停工人员数量小票、工地负责人和项目经理审核签认的，方可考虑支付停工生活费，标准为每人每天不超过5元。

第七条 资金拨付。

（一）财务部门付款依据：签订的合同、完成工程数量清单、应扣材料费清单、应扣机械费清单、签批的结算单。

（二）预付款：按照分包合同执行，分包合同中未规定预付款的，不允许拨付分包单位预付款。

（三）进度款：按照进度结算价值，扣除相应的材料费、机械使用费、其他应扣费用后，不应超过当期应付款额的80%。

（四）最终付款：根据最终结算价值，扣除相应的材料费、机械使用费、其他应扣费用后，再扣除按合同规定留取的质保金后，拨付剩余的工程款。

（五）质保金返还：保修期满后，由原项目经理部技术、安质、物资、设备、预算部门及项目经理出具质保金返还证明后，由财务部门返还质保金。

第四章 监督与约束

第八条 对外协队伍的使用管理，由监察审计部进行过程监督，并实行群众监督举报制度。

第九条 选用协作队伍，必须坚持招（议）标制度，按照公司《分包工程招议标管理办法》确定中标协作队伍，合同单价的制定、验工计价、结算付款必须坚持"会审"制度。辞退协作队伍，必须按照合同规定并依照有关法律法规规定进行。

第五章 责 任

第十条 责任。

（一）项目经理及各相关部门在办理结算手续时，要认真履行职责，切实维护企业利益，防止企业效益流失。

（二）由于对协作队伍施工组织、现场安排不合理，造成返工浪费、效益流失的，项目经理应负主要责任，现场负责人负次要责任。

（三）由于协作队伍结算工程数量超出实际完成工作量的，工程技术人员负主要责任，项目经理负次要责任。

（四）由于对外包合同单价超出公司确定的责任成本单价，又未按程序报公司项目经营业绩考核评价小组批准的，项目经理负主要责任，项目部预算管理人员负次要责任。

（五）由于出现安全质量事故，给企业造成损失的，由项目安全质量人员负主要责任，项目经理负次要责任。

（六）由于结算手续不全，实际结算滞后，造成当期实际超支价款的，财务人员负主要责任，项目经理负次要责任。

（七）外协队伍领用我方材料，物资部门应核实所验工程应需材料费，同时与结算单上扣减材料费相对比，核查二者有无出入。对出入较大的，应搞清楚原因。由于漏扣外协队伍领用我方材料和周转材料等费用或需用料与实际用料费用出入较大的，由项目部物资人员负主要责任，项目经理负次要责任。

（八）外协队伍租用我方的机械，设备部门应认真做好台班记录，按合同台班单价计算应扣机械费。由于漏扣、少扣机械费用，设备人员负主要责任，项目经理负次要责任。

第十一条 相关处罚。

对给企业造成损失的相关责任人，视情节轻重给予一定的经济处罚，负主要责任者，按造成损失的20%～100%处罚；负次要责任者，按损失的10%～30%处罚。

第六章 附 则

第十二条 本办法自公布之日起执行。

附录二 新旧准则制度转换中未完施工项目的会计衔接

与《施工企业会计制度》、《施工、房地产开发企业财务制度》等行业会计、财务制度相比，《小企业会计准则》与《企业会计制度》对工程施工收入与费用的会计核算规定了不同的原则和方法。按照行业会计、财务制度规定，施工企业工程施工，以出具的"工程价款结算账单"经发包单位签证后，确认为营业收入的实现。《小企业会计准则》规定，劳务的开始和完成分属不同会计年度的，应当按照完工进度确认提供劳务收入。

施工企业在新旧会计制度转换时，要根据新制度的要求对相关科目余额进行追溯调整，以实现新旧账目的衔接。

一、新旧准则制度下的案例比较与分析

【案例】假设某工程项目部承建工程施工，该工程 20×2 年开工，当年业主计价 100 000 元，发生工程成本 100 000 元，年底全部转入工程结算成本。20×3 年发生工程成本 200 000 元，当年结转工程结算成本 160 000 元，业主中期已经计价 180 000 元，年末还向业主申报验工计价 120 000 元，预计该申报的计价款可以全部收回。假定此时的完工率为 100％。

【分析】1. 按照原会计制度的规定应进行的会计处理

20×2 年度。

（1）工地上发生各种成本费用：

借：工程施工		100 000
贷：原材料等科目		100 000

（2）结转本期发生的实际成本：

借：工程结算成本		100 000
贷：工程施工		100 000

（3）根据与业主的结算金额确认收入：

借：应收账款		100 000
贷：工程结算收入		100 000

20×3 年度。

（1）工地上发生各种成本费用：

借：工程施工 200 000
　　贷：原材料等科目 200 000
（2）结转本期发生的实际成本：
借：工程结算成本 160 000
　　贷：工程施工 160 000
（3）根据与业主的结算金额确认收入：
借：应收账款 180 000
　　贷：工程结算收入 180 000

20×3 年度末"工程施工——未完施工"科目余额为 40 000 元。

2. 按照《小企业会计准则》的规定应进行的会计处理

20×2 年度。

（1）工地上发生各种成本费用：
借：工程施工 100 000
　　贷：原材料等科目 100 000
（2）按照完工进度确认收入和费用（假定预算未来尚需发生成本 200 000元）：

完工进度＝100 000÷（100 000＋200 000）×100％＝33.33％
应确认的主营业务收入＝400 000×33.33％＝133 320（元）

应确认的主营业务成本及主营业务收入：
借：主营业务成本 100 000
　　贷：工程施工 100 000
借：应收账款 100 000
　　贷：主营业务收入 133 320

20×3 年度。

（1）工地上发生各种成本费用：
借：工程施工 200 000
　　贷：原材料等科目 200 000
（2）按照完工进度确认收入和费用：

完工进度百分比＝100％
应确认的主营业务收入＝400 000×100％－133 320＝266 680（元）

应确认的主营业务成本及主营业务收入：
借：主营业务成本 200 000
　　贷：工程施工 200 000

借：应收账款 266 680

贷：主营业务收入 266 680

【案例的比较分析】

由于新旧准则制度对建造合同收入确认的方法不同，同一工程项目按照不同制度确认的不同阶段的收入和费用是不同的。在新旧准则制度转换中，对于按新准则确认的未完施工项目的收入与费用与前期已确认工程结算收入、工程结算成本的差异要进行调整。

按照税法规定，营业税纳税义务发生时间为纳税人收讫营业收入款项或者取得索取营业收入款项凭证当天。对建造工程而言，取得索取收入款项凭证通常指办理了工程结算文件。在实际工作中，企业一般按实际缴纳的营业税确认营业税金成本。因此，新旧准则制度转换中，相关营业税金及附加项目可以不作调整。

因此，在 2013 年年初由于按照完工进度确认收入，与工程项目损益直接相关并需要调整的项目为"工程施工"和"利润分配——未分配利润"。

二、相关科目调账程序与方法

（一）成立组织机构

成立由经营计划、劳资、物资、设备、施工技术、统计、财务和审计等相关人员参与的建造合同工作协调小组。该小组承担劳务总收入、预计劳务总成本和完工进度的确定。

（二）劳务总收入的确定

根据所签合同确定的初始合同收入，以及业主认可的合同变更、奖励和索赔等收入，从而计算确定劳务总收入。

（三）开工以来验工计价及结转工程结算成本情况

根据合同项目开工以来验工计价情况，确定历次业主认可的验工计价金额及累计验工计价金额。

财务部门根据合同项目开工以来工程结算成本核算情况，确定历次结转工程结算成本金额及累计金额。

（四）建造合同未来成本的测算

（1）施工技术部门，提供合同各分项工程施工未来所要发生的用工数量、材料品种和数量、机械种类和台班数量。

（2）劳资部门，根据施工技术部门提供的合同项目施工过程中所需要的用工数量编制项目的直接人工费预算（包括作业工人工资支出预算及民工工资支出预算），根据预计的项目管理人员数量、工资收入水平、合同工期等计算编制管理人员工资支出预算并及时将这些工费预算提供给财务部门以便确认预计合同总成本。

(3) 物资供应部门, 根据施工技术部门提供的合同项目施工过程中所需要的材料品种和数量, 详细调查当地各种材料的供应价格, 编制材料价目表并据此编制项目的直接材料费预算提供给财务部门。

(4) 设备管理部门, 按照施工技术部门提供的合同项目施工过程中所需要的机械种类和台班数量, 根据施工机械配置、机械使用状况及台班消耗定额结合当地电力、燃油料价格、工日单价、实际折旧情况、预计修理支出等分析机械费用开支, 确定台班单价并编制机械使用费预算提供给财务部门。

(5) 财务部门, 根据工资预算表, 按国家规定的标准预测未来计提的职工福利费; 根据施工人员数量、合同工期编制办公费、差旅费、折旧费、修理费、管理工具用具等间接性费用的开支预算。

根据相关业务部门提供的预算资料, 计算确定合同项目的未来成本, 并报经理办公会议批准。

(五) 将上述相关数据填入"建筑劳务相关新旧科目衔接调整表", 完成工程施工项目的新旧账衔接

建筑劳务相关新旧科目衔接调整表

单位名称: 调账基准日期: 2013 年 1 月 1 日

工程项目名称								
合同初始收入①					开工时间			
总工程量					完工时间			
		项目	第一次	第二次	第三次	第四次	第五次	金额合计
开工以来合同收入变动情况	变更	甲方批复的时间						—
		批复的金额						
	索赔	甲方批复的时间						—
		批复的金额						
	奖励	甲方批复的时间						—
		批复的金额						
开工以来合同收入累计变动增加金额②								
开工以来甲方验工计价情况	次数	时间		金额	已结转工程结算成本情况	时间		金额
	第一次							
	第二次							
	第三次							
	第四次							
	累计已验工计价金额③					累计已结转金额④		

建造合同完工 百分比计算	2012 年末工程施工科目余额⑤		
	完成合同尚需发生的成本⑥		
	建筑劳务预计总成本⑦＝④＋⑤＋⑥		
	完工进度⑧＝(④＋⑤)÷⑦		
新账相关科目 期初余额调整数	科目名称	计算公式	金额性质
	工程施工——合同成本	④－⑦×⑧	正数调增借方 负数调减借方
	应收账款	(①＋②)×⑧－③	正数调增借方 负数调减借方
	利润分配——未分配利润	(①＋②－⑦)×⑧－(③－④)	负数调增借方 正数调增贷方

参考文献

[1] 俞文青. 建筑施工企业会计 [M]. 上海：立信会计出版社，2007.

[2] 李志远. 建筑施工企业税务与会计 [M]. 北京：中国市场出版社，2010.

[3] 李志远，余园林. 建筑施工企业内部财务会计制度实用范本（第二版）[M]. 北京：中国市场出版社，2011.

[4] 李志远，杨柳，刘冬梅. 施工企业会计实务（第二版）[M]. 北京：中国市场出版社，2010.

[5] 李志远，刘建科. 施工项目会计核算与成本管理 [M]. 北京：中国市场出版社，2009.

[6] 曹锡锐，李志远，王磊. 建筑施工企业执行新会计准则讲解 [M]. 北京：财政经济出版社，2007.